AF150506

Katharina und Claudia Orth

Ich geh pilgern – kommst du mit?

Tochter und Mutter gemeinsam auf dem Jakobsweg

Bibliografische Information der Deutschen Nationalbibliothek: Die Deutsche Nationalbibliothek verzeichnet diese Publikation in der Deutschen Nationalbibliografie;
detaillierte bibliografische Daten sind im Internet über http://dnb.dnb.de abrufbar.

2016
BoD – Books on Demand, Norderstedt

© 2016 Katharina Orth, Claudia Orth
Umschlaggestaltung: Christina Orth
Umschlagfoto: privat. Weg nach Hornillos del Camino
Herstellung und Verlag: BoD – Books on Demand, Norderstedt

ISBN: 978-3-7392-6917-7

Der Jakobsweg – seit Jahrhunderten zieht er Pilger aus aller Welt an.

Bereits als Kind, im zarten Alter von zehn Jahren, wurde Katharina von Faszination erfasst, als sie in einer Zeitschrift ein Foto sah, das Pilger auf dem langgestreckten, weißen Jakobsweg zeigte. Sofort beschloss sie, den Weg eines Tages ebenfalls zu laufen. Nach dem Abitur war es so weit, und sie bat ihre Mutter, sie zu begleiten. Ohne groß zu überlegen, sagte diese begeistert zu.

Völlig unbedarft machten sich die beiden auf zu einer Reise, die ihren Blick auf das Leben verändern sollte – einer Reise, die man als Wanderer beginnt und als Pilger fortführt. Und immer wieder tauchte die Frage auf: *Warum* tut man so etwas? Zumal etliche Anstrengungen und körperliche Probleme zu bewältigen waren. Aber der Weg zog sie vom ersten Schritt an weiter, Santiago de Compostela rief, und so marschierten sie von Ort zu Ort, von Tag zu Tag – bis an Ziel.

Katharina Orth (Jahrgang 1989) studierte Germanistik und Buchwissenschaft, sie lebt bei Stuttgart. Der Weg nach Santiago und Finisterra war ihre erste Pilgerwanderung, aber sicher nicht die letzte.

Claudia Orth wohnt in der Nähe von Kassel, sie ist verheiratet und hat zwei Töchter. Das Pilgern hat sie nicht mehr losgelassen – bis heute ist sie auf vielen anderen Wegen unterwegs.

Den Pfeilen folgend, die Muschel im Blick. Mit einem lieben Menschen an meiner Seite die Erlebnisse, aber auch die Stille teilen. Jeden Tag zusehen, wie die Sonne mich überholt. Pilger kennenlernen und wieder aus den Augen verlieren. Den Weg gehen. Die Zeit genießen. Dankbar sein.

Inhalt

Prolog

„Mama, ich geh pilgern – kommst du mit?"

„Ja, klar. Natürlich. Warum nicht?"

„Super, aber du organisierst! Schließlich bin ich mitten im Abi ..."

Ich hätte wissen müssen, was das für mich bedeutet. Schließlich kenne ich meine Mutter.

~ ~ ~

2. Januar 2008, 7.30 Uhr. Es war noch dunkel, und ich fröstelte vor mich hin, als wir mit einigen weiteren Menschen vor einem Sportgeschäft standen, das an diesem Morgen Sonderverkauf hatte, während der Mann neben mir seinen Kaffee schlürfte und die Zeitung las. Punkt 8 Uhr – kaum waren die Pforten geöffnet, stürmten wir ins Warme. Einige Zeit später waren wir stolze Besitzer zweier Trekkingrucksäcke und sämtlicher benötigter Wanderutensilien. Das Warten hatte sich gelohnt.

Während ich eifrig für die Prüfungen lernte, bereitete meine Mutter das gemeinsame Projekt vor, buchte im Kasseler Reisebüro Kreger Hin- und Rückflug etc. Das war gar nicht so einfach, denn wir wussten ja nicht genau, wo wir am Ende landen würden, deshalb waren wir sehr dankbar für die engagierte und kompetente Unterstützung durch Frau Kreger. Da wir in diesem Sommer nur gute drei Wochen Zeit hatten, in denen aber die 900 Kilometer des gesamten Jakobsweges bis zum Atlantik nicht zu schaffen waren, wollten wir den Weg in zwei Abschnitte teilen und 2008 die erste Hälfte der Strecke pilgern, die uns ungefähr bis nach León führen würde. Im darauffolgenden Jahr sollte dann der zweite Teil bis Santiago de Compostela und weiter nach Finisterra drankommen.

9

Warum geht man nun pilgern? Sicher gibt es viele mögliche Gründe, und jeder hat seine eigenen. Für mich war der Auslöser ein Foto in einer Zeitschrift. Es zeigte zwei Personen, die mit großen Rucksäcken einen langen, weißen Weg entlangliefen. Ich war zehn Jahre alt und fasziniert: Wer waren die beiden, und wo wollten sie hin? So erfuhr ich vom Pilgerweg zum Grab des Heiligen Jakobus in Santiago und beschloss sogleich, dass auch ich eines Tages den Jakobsweg laufen würde. Mit den Jahren blieb der Wunsch zu pilgern bestehen, weitere Intentionen kamen hinzu, das Mosaik vervollständigte sich. Nun stand ich also kurz davor, dass mein Traum in Erfüllung ging, aber ein wichtiges Steinchen fehlte mir noch: *Warum* mit meiner Mutter? – Es war einfach naheliegend. Wir verstanden uns gut, und ich fühlte, dass das Pilgern auch sie interessieren könnte. Außerdem beabsichtigte ich im Herbst mein Studium in Erlangen anzufangen. Das Abenteuer mit ihr zu teilen, die gemeinsame Erfahrung – sicherlich würde uns das später auch über die Entfernung verbinden.

Unser Pilgerweg 2008

Anreise

16. Juni 2008

Ein Traum wird wahr

Endlich war es so weit: Nach dem Abiball tauschten wir die eleganten Kleider gegen die Wanderkluft, welche uns die nächsten Wochen begleiten sollte. Die Rucksäcke standen bereit, etwa 10 Kilogramm Gewicht pro Person, Wasserflasche und Verpflegung kamen später noch hinzu. Wie sollten wir es nur schaffen, das alles quer durch Spanien zu tragen? Das Gefühl aber war einzigartig: aufzubrechen zu einer Wanderung, bei der ich letztendlich überhaupt nicht wusste, was mich erwartete. Der Pilgerausweis war neben der am Rucksack befestigten Jakobsmuschel als sichtbares Symbol des Jakobspilgers das Wichtigste, er berechtigte uns, in Pilgerherbergen zu übernachten. Bei unserem Pfarrer ließen wir uns den ersten Stempel hineingeben, er wirkte auf dem jungfräulichen Papier noch ziemlich verloren, aber es würden ja bald viele hinzukommen.

Unsere Familie ließ uns nur ungern ziehen, sie machte sich Sorgen – zwei Frauen, ganz allein auf dem Jakobsweg, der durch dunkle Wälder und menschenverlassene Gegenden führt … Doch mich kümmerte das nicht. Ich wusste nur, dass ich endlich den Weg in Angriff nehmen würde. Wie ich das letztendlich schaffte, war mir egal.

Nach Zwischenstationen in Bilbao und Hendaye erreichten wir am folgenden Tag Saint-Jean-Pied-de-Port, wo der Camino Francés, der klassische Jakobsweg, offiziell startet. Es liegt noch in Frankreich, die Grenze ist aber nah. Als wir aus dem Bus stiegen, war ich ziemlich erschöpft. Die Reise war lang gewesen und der Rucksack wahnsinnig schwer. Darüber hinaus hatten wir nicht die geringste Ahnung, wo wir eine Schlafmöglichkeit finden konnten. So stolperten wir den anderen Reisenden

11

einfach hinterher, die sich zielstrebig Richtung Dorf aufmachten. Als wir ein Schild sahen, das auf freie Zimmer in einer Pension hinwies, schlugen wir sofort zu – sozusagen ein kleiner Luxus vor dem kargen Leben in den Pilgerherbergen.

Im ganzen Ort sahen wir die Pfeile an den Häusern, die den Jakobsweg markieren, sogar auf dem Essbesteck waren Muschelsymbole abgebildet, wie sie uns auf den nächsten Kilometern begleiten würden. Wir überlegten hin und her, ob wir wirklich gleich den Ibañetapass mit 1200 Höhenmetern überqueren sollten, eigentlich die erste Etappe. Auf der einen Seite wollten wir den Weg ungern damit beginnen, mit einem Bus etliche Kilometer zu überspringen – also gleichsam zu mogeln, wie man auch sagt. Auf der anderen Seite ist der Pass zwischen Frankreich und Spanien berühmt-berüchtigt. Es heißt, er sei eine Feuerprobe und strapaziere den Körper aufs Extreme. Für etliche Pilger war der Weg bereits nach der Überquerung beendet. Zudem waren wir ja überhaupt nicht vorbereitet für solch lange Strecken, wie sie vor uns lagen ... Als wir das Höhenprofil sichteten, das wir von der Pilgerinformation des Ortes bekommen hatten, entschieden wir uns schließlich schweren Herzens dafür, eine Fahrgelegenheit zu suchen. Ich hatte schon seit Jahren Probleme mit den Knien, und vermutlich würde ich sie mir sonst komplett ruinieren, wodurch der Weg auch für mich vorzeitig beendet wäre.

So standen wir am nächsten Tag an der Bushaltestelle und fuhren mit einem kleinen Van, der normalerweise Rucksäcke von Herberge zu Herberge transportierte, über den Pass. Während der Fahrt unterhielten wir uns mit Iván, dem Fahrer, über den Jakobsweg. Er wollte uns weismachen, dass wir im Schnitt 20 bis 25 Kilometer am Tag laufen würden. Meine Mutter und ich schauten uns an und versuchten, nicht loszulachen. 25 Kilometer! 20 waren in meinen Augen das absolute Maximum, was wir jemals schaffen könnten. Schließlich hatten mir bei einer Testwanderung mit fünf Kilo Gepäck im Rucksack schon acht Kilometer gereicht. Sollte er aber recht behalten ... Das kann ja was werden!

Um 10 Uhr erreichten wir Roncesvalles in den spanischen Pyrenäen, unseren Startort am Jakobsweg, dem Camino, wie sie ihn hier nennen. Der Himmel zeigte sich bedeckt, und es war ziemlich kalt. Im klösterlichen Pilgerbüro holten wir uns den nächsten Stempel. Dort lag ein Fragebogen aus, der sich nach den Gründen für die Pilgerschaft erkundigte: Sind es religiöse Motive, kulturelle oder sportliche? Es gibt ja so viele, individuell ganz unterschiedliche! Jeder hat seine Geschichte zu erzählen, wie er auf den Weg gefunden hat, und jede Geschichte ist es wert, gehört zu werden.

Schließlich reihten meine Mutter und ich uns ein in die lange Reihe der Pilger auf dem Weg zum Grab des Heiligen Jakobus, die neben ihrem Rucksack auch ihre Geschichte im Gepäck hatten.

Roncesvalles → Zubiri

17. Juni 2008 | 23 km

Alles ist neu, alles unbekannt. Der Weg wartet. Geh los.

Nun denn, das Abenteuer kann beginnen. Glücklich, aber auch mit etwas Angst vor der eigenen Courage traten wir aus dem Kloster und stellten uns der Herausforderung. Wir schauten uns um, wussten aber nicht, in welche Richtung wir gehen sollten, und liefen die Straße hinunter. Als wir einen Einheimischen erblickten, fragten wir nach dem Weg und folgten seinem ausgestreckten Zeigefinger, der direkt auf ein riesiges Straßenschild zeigte (siehe folgende Seite).

Mittlerweile war es halb elf, als ich meinen ersten Pfeil entdeckte. Es war ein großes Schild, nicht zu übersehen. Der Pfeil leitete uns auf einen Waldweg, der sich immer weiter von der Straße entfernte. Der etwas romantisch anmutende Anfang fand jedoch nach 500 Metern sein Ende, als meine Mutter sich über einen Stein beschwerte, der irgendwie den Weg in ihren Schuh gefunden hatte. Nun ja, jeder weiß, wie man einen Schuh ausleert und dass man danach nochmals in die Knie geht, um ihn wieder zuzubinden. Nur hat man normalerweise keinen Rucksack auf dem Rücken, der gefühlte 20 Kilo wiegt. Dieses Problem fiel uns auf, als meine Mutter sich wieder aufrichten wollte. Mit großem Geächze und meiner Hilfe schaffte sie schließlich den Kraftakt. Ob das jetzt wohl immer eine so große Aktion wird, einen Stein zu entfernen, der mit dem bloßen Auge fast nicht zu erkennen ist ...?

Nachdem wir dieses erste Hindernis überwunden hatten, ließ das nächste nicht lange auf sich warten: eine Kreuzung. Wo soll es langgehen? Wir waren aufgeschmissen. Da war zwar ein Stein mit einem Muschelzeichen drauf, aber wie soll man es interpretieren? Auf gut Glück wanderten wir einfach weiter und hofften, bald weitere Zeichen zu finden.

Wir brauchten einige Kilometer und die Erklärung unseres Pilgerhandbuchs, um zu lernen: Pfeilen folgt man am besten in die Richtung, in die sie zeigen. Die Muscheln haben eine symbolische Bedeutung. Die Strahlen zeigen die verschiedenen Wege, die in einem Punkt, Santiago, zusammenlaufen. Also darf man keinesfalls den Strahlen folgen, sondern muss auf den Punkt zugehen. (Kleiner Tipp am Rande: Lesen Sie das Vorwort Ihres Reisehandbuchs! Da stehen oft sehr nützliche Informationen drin, die einem das Leben deutlich erleichtern können. Quellenangabe unseres Pilgerhandbuchs: Spanien: Jakobsweg Camino Francés. Outdoor-Handbuch aus dem Conrad Stein Verlag, Reihe „Der Weg ist das Ziel".)

Nachdem wir uns nun endlich auf dem richtigen Weg befanden, hörten wir Regen auf die Blätter der Bäume prasseln und packten unsere Regencapes aus. Schließlich waren wir ja gerüstet. Doch wie zieht man die an? Das erwies sich als die dritte Hürde, denn unsere Versuche erinnerten eher an das Aufstellen eines Klappliegestuhls aus den 60er-Jahren. Schließlich durchstiegen wir die hochkomplexe Konstruktion, zogen die Capes über den Kopf – und sahen beide aus wie Quasimodo. Bald darauf verließen wir den schützenden Wald und wanderten entlang einiger Felder. Zwar war es kalt und nass, aber ich fühlte mich so lebendig und motiviert wie schon lange nicht mehr. Der Wind zerrte an mir, als ich mir meinen Weg durch den Regen bahnte und dabei bedächtig meine Füße voreinander setzte, denn ich wollte nicht so auszusehen wie meine Mutter, die auf dem schlammigen Weg ausgerutscht und der Länge nach hingefallen war. Ich konnte mir das Grinsen nicht verkneifen, als sich die erdfarbene Schildkröte, die meine Mutter nun war, wieder erhob.

Wir durchquerten die kleinen Pyrenäendörfer Burguete und Espinal, deren Straßen im strömenden Regen menschenleer vor uns lagen, und erklommen bald darauf einen kleinen Berg, von dem aus wir eine grandiose Aussicht über die grünen Anhöhen der Pyrenäen hatten. Andere Pilger trafen wir nicht, die hatten wahrscheinlich Roncesvalles schon vor

8 Uhr verlassen und waren bereits Stunden vor uns hier durchgewandert. Links und rechts des Weges standen immer wieder kleine Steinhaufen Spalier, von Pilgern aufgeschichtet, um Spuren zu hinterlassen. Durch wochenlangen starken Regen waren die Wege arg aufgeweicht und mit tiefen Pfützen übersät. Bei jedem Schritt saugten sich unsere Schuhe im weichen Untergrund fest, zudem blieb der Matsch an den Schuhen hängen. Als wir schließlich auch noch glitschige Abstiege im Wald erreichten, kam meine Mutter ins Zweifeln, ob es noch freie Betten in der Herberge gäbe, wenn wir erst so spät ankämen, denn unser Tempo war schneckenmäßig langsam. Gut, dass wir unsere Stöcke dabei hatten, mit denen wir Halt suchend im Schlamm herumstocherten. Über deren Nutzen hatten wir auf dem Frankfurter Flughafen noch gegrübelt, jetzt waren wir dankbar für die Hilfe.

Am frühen Nachmittag blies ein leichter Wind die Wolkendecke Richtung Osten davon, die Sonne kam hervor, und schlagartig wurde es warm. Erleichtert zogen wir die Capes aus und liefen unverdrossen weiter über Wurzeln und Bachläufe, auf den Pfaden, die schon Tausende Pilger vor uns genommen hatten. Die Eindrücke überrollten mich. Die unmittelbare Naturerfahrung war grandios, doch mein Körper schien für das Abenteuer noch nicht bereit: Die Hüften waren durch den Beckengurt wundgescheuert, meine Schultern und Füße brannten. Wo ist die Zivilisation, wenn man sie braucht? Hinter jeder nächsten Biegung oder Kuppe hoffte ich unser Tagesziel zu erblicken. Da, endlich eine Häuseransammlung vor uns: Zubiri. Über die sogenannte Tollwutbrücke betraten wir den Ort und hielten Ausschau nach der kommunalen Pilgerherberge, denn nun wollten wir uns auf das Leben auf dem Weg einstimmen. Nach einhundert Metern sahen wir das Schild: Albergue de Peregrinos. Es ist schwer zu beschreiben, was ich in jenem Moment gefühlt habe. Zum einen war es Erleichterung, weil ich kaum mehr laufen konnte, zum anderen Neugier auf meine erste Pilgerherberge. Stolz war nicht dabei, vielleicht aber ein merkwürdiges Gefühl im Bauch, weil ich keine Ahnung hatte, was nun auf mich zukam. Geduldig warteten wir auf die Herbergsmutter, die Hospitalera, um einzuchecken. Als eine Mitpilgerin uns sah, empfahl sie uns, die Rucksäcke auszuziehen. Das war die beste Idee des Tages! Ich fühlte mich gleich so viel leichter. Die Herbergsmutter gab uns den Stempel unserer ersten Herberge und wies uns zwei Betten zu. Kurze Zeit später betraten wir einen schlichten Schlafsaal, meiner Mutter fiel die Kinnlade runter: 14 Stockbetten mit blau gemusterten Matratzen, ganz im Stile der 50er-Jahre. Den Boden bedeckten Erdklumpen, die von den Schuhen unserer Mitpilger abgebröckelt waren, und es roch nach feuchter Kleidung – kein Wunder. Nun, es war recht einfach, aber so ist das Leben auf dem Weg.

Nachdem wir ein paar Sachen auf unsere Betten gelegt hatten, um sie zu reservieren, gingen wir zu den Sanitäranlagen – und wurden dort von einem älteren Mann begrüßt, der bei offener Tür geräuschvoll in eine der Damentoiletten strullerte ... Die Waschbecken erwiesen sich eher als großer Trog, worin die Pilger die Kleidung waschen und die Schuhe säubern konnten. Dementsprechend sah es auch aus. Die Duschen waren Gemeinschaftsduschen, immerhin nach Männlein und Weiblein getrennt, aber es waren trotzdem Gemeinschaftsduschen! Sind hier alle Herbergen so? Auf was hatte ich mich da nur eingelassen! Vielleicht hätte ich mich doch vorher mal informieren sollen, was es überhaupt bedeutet, den Jakobsweg zu laufen. Aber jetzt war ich da, hier in Zubiri, die Würfel waren gefallen. Nun ja, dachte ich, vielleicht könnten wir ja doch ab und an in einer Pension schlafen ...

Die Essensplanung für den nächsten Tag stand an, so suchten wir eine Möglichkeit, um einzukaufen, fanden einen kleinen Laden und holten dort Schinken, Käse und Brot sowie Saft und natürlich Obst für den kleinen Hunger zwischendurch. Als wir aus dem Geschäft heraustraten, kam ein Pilger auf uns zu und fragte: „Hey folks, how can you eat this ham?" Ich glaubte zuerst, einen militanten Vegetarier vor mir zu haben, und erwiderte, dass wir ihn ganz normal essen würden, in Gedanken ergänzte ich: „ohne schlechtes Gewissen". Doch dann ging mir auf, dass er es ernst meinte und einfach nur wissen wollte, ob er den Schinken zubereiten müsse. Also erklärte ich ihm, dass er den Schinken roh essen könne, ohne ihn kochen zu müssen. Während des Gesprächs teilte er uns mit, dass er Tim heiße und aus Ohio käme. Wir stellten uns ebenfalls vor, woraufhin er freudig erzählte, dass er Vorfahren aus Westpreußen hätte. Anschließend kaufte er ebenfalls etwas von dem Schinken.

Abends gingen wir in ein Restaurant, setzten uns zu zwei Pilgerinnen aus Oklahoma, Tony und Melissa, und bestellten das Pilgermenü. Es bestand aus drei Gängen, wobei wir jeweils zwischen drei bis fünf Gerichten auswählen konnten. Gemeinsam schlenderten wir wieder zurück zur Herberge und machten uns fertig für die erste Nacht. Vorsichtshalber hievte meine Mutter ihren Rucksack auf das Stockbett und legte ihn ans Fußende, denn sie fürchtete um die wichtigen Dokumente darin. Das ist nachvollziehbar, wenn man noch nie auf dem Jakobsweg unterwegs war. Normalerweise bringt man fremden Menschen ja nicht sein vollstes Vertrauen entgegen, vor allem wenn es um Wertsachen geht. Aber im Laufe der Zeit lernten wir den Menschen, die mit uns nach Santiago gingen, Vertrauen entgegenzubringen, ebenso wie sie uns vertrauten. Und wenn man es von der pragmatischen Seite sieht: Wenn man irgendwo etwas mitgehen ließe, müsste man es auch tragen. Und wir merkten bald, dass jedes Gramm zählte ...

Zubiri → Pamplona

18. Juni 2008 | 21 km

Der Weg des Schmerzes und des Staunens.

Am nächsten Morgen brauchten wir ewig, bis wir endlich zum Aufbruch bereit waren. Die meisten Mitpilger waren schon um 6 Uhr aufgestanden, was wir nur im Halbschlaf mitbekommen hatten. Nachdem wir noch gemütlich in der kleinen Küche im Nebengebäude zusammen mit ein paar spanischen Nachzüglern gefrühstückt hatten, machten wir uns um 8 Uhr endlich auf in Richtung Pamplona. Es war recht warm für diese frühe Morgenstunde, und ein wolkenloser Himmel versprach einen schönen Tag. Voller Elan wandten wir uns nach Westen, die wärmende Sonne im Rücken, und hörten das Lied der Vögel hoch oben in der Luft. Was kostet die Welt? Uns ging es gut. Dieses Gefühl überkam mich in dem Augenblick. Kurz hinter der Ortschaft passierten wir ein Industriegebiet, dahinter führte uns der Weg in einen Wald. Die kunterbunte Randbepflanzung wucherte wild: Heckenrosen, Orchideen und vieles andere an Büschen und Blumen. Plötzlich ertönte Glockengebimmel, als erwartete uns eine Almwiese voller Kühe. Doch hier waren es Pferde, denen Kuhglocken am Hals baumelten. Unsere erste Pause des Tages machten wir am Brunnen eines kleinen Dorfes, um uns herum viele Katzen, von denen einige lädiert waren: Der einen fehlte ein Auge, der anderen der Schwanz, und eine weitere humpelte. Nach der kurzen Rast gingen wir unternehmungslustig weiter, entlang murmelnder Bäche und durch lichte Wälder, welche uns vor der heißen Sonne schützten. Alles war neu, die Eindrücke purzelten wild durcheinander. Unsere Wasserflaschen füllten wir an den Brunnen am Wegesrand auf, die meistens trinkbares Wasser anboten. Einheimische und Mitpilger grüßten mit dem üblichen *„Buen Camino"* – einen guten Weg –, Worte, die uns nun bis Santiago begleiten würden.

Im Laufe des Tages kletterten die Temperaturen auf über 30 Grad. Meine Fußsohlen brannten wie Feuer, ein Schmerz, wie ich ihn bis jetzt noch nicht kannte, hinzu kamen große Schmerzen in meinen Knien, sodass ich bald kaum noch die Beine bewegen konnte. Ich hatte zwar befürchtet, dass ich damit Probleme bekommen würde, aber mit solch großen Schmerzen hatte ich nicht gerechnet. Wie soll ich so noch meilenweit laufen ...? Das war es dann wohl, dachte ich. Weit bin ich ja nicht gekommen. Meine Mutter dagegen hatte überhaupt keine Probleme. Sie stiefelte neben mir her, es ging ihr gut, aber sie hatte ja auch 30 Jahre breitere Füße. Ich wurde traurig und auch ziemlich mutlos. Als wir endlich Pamplona vor uns sahen, dauerte es dennoch endlos lange, bis wir die Vororte durchquert hatten. Die Pfeile führten uns kreuz und quer durch Gartenanlagen und Straßen, bis wir schließlich einen Park erreichten. Bänke standen an den Wegrändern, am liebsten hätte ich mich einfach darauf niedergelassen. Die Gedanken meiner Mutter konnte ich wie ein Spruchband auf ihrer Stirn lesen: „Ich kann Katharina gar nicht beim Laufen zusehen. Wenn ich ihr doch nur helfen könnte!"

Auf den Wegen waren zwar gelbe Pfeile aufgemalt, doch sie zeigten in die verkehrte Richtung! Irritiert schauten wir im Pilgerhandbuch nach, welches unsere Richtung bestätigte. Was tun? Ich fragte schließlich jemanden nach dem Weg, denn meine Mutter schob Panik, dass wir uns verlaufen hätten. Für sie war es sehr fraglich, ob und wie ich überhaupt die nächste Herberge erreichen würde. Umwege jedenfalls wollte sie mir ersparen. Doch jeder kleine Schritt brachte die Erlösung näher. Nach einer Ewigkeit erblickten wir die Puente Magdalena, eine alte Römerbrücke, die uns ins Zentrum Pamplonas führte. Und endlich, endlich ein Schild: *Casa Paderborn 100 Meter*. Nur noch einhundert Meter! Auch meine Mutter atmete auf. „Egal, wie die Herberge ist, die nehmen wir, wenn Betten frei sind! Hoffentlich kannst du morgen weitergehen. Ich hätte nicht gedacht, dass deine Knie so viel Ärger bereiten würden. Mit 19!"

Der restliche Weg raubte mir die letzte Kraft, diese einhundert Meter schienen die längsten in meinem ganzen Leben zu sein. Ich schlich durch die weit offen stehende Tür, ließ meinen Rucksack zu Boden fallen und sank auf den nächstbesten Stuhl. Die netten deutschen Herbergseltern boten uns Kekse und Orangensaft an. Welch ein Luxus! Leider konnte ich nicht sitzen bleiben, sondern musste mich noch irgendwie bis in den ersten Stock schleppen. Die Treppe aber stand wie eine Mauer vor mir, wie sollten das meine Knie schaffen? Nachdem ich meine Schuhe ausgezogen und im Flur deponiert hatte, schulterte ich noch einmal den Rucksack und folgte der Hospitalera mit schmerzverzerrtem Gesicht ins Frauenschlafzimmer mit vier Stockbetten – hier gab es tatsächlich noch Geschlechtertrennung. Meine Mutter nahm das obere Bett, um mir die Leiter zu ersparen, und brach dann zu einer Erkundungstour durch das Haus auf, von der sie freudestrahlend zurückkam und mir von Einzelduschen berichtete. Sofort rappelte ich mich auf, ohne Rucksack ging das bedeutend leichter. Die Dusche war herrlich und belebte mich, sodass ich mich wieder in der Lage sah, die Stadt zu besichtigen.

Die Schmerzen quälten mich noch immer, als wir Richtung Innenstadt loszogen. Vermutlich war es etwas verrückt, kaum laufen zu können, aber zu einer Stadtbesichtigung aufzubrechen; ein gewisser Grad an Verrücktheit muss allerdings vorhanden sein, um sich auf den Weg einzulassen ... In der Innenstadt fiel uns eine rückwärtsgehende Uhr auf, die an einer Hauswand befestigt war: In 17 Tagen und 4 Stunden sollte die Stierhatz hier in der Stadt beginnen. Pamplona, die Stadt der Stierkämpfe! Wir liefen durch die typisch spanische Fußgängerzone, wo das Spektakel der besonderen Art stattfinden würde. Die Gebäude hatten vor allen Fenstern kleine Balkone. Einige der Arkadenhäuser waren bereits wegen der Stierhatz durch dicke Holzbalustraden geschützt. Links und rechts befanden sich Geschäfte und kleine Cafés, die zum Eintreten einluden. Doch mein einziger Wunsch war eine geöffnete Apotheke, um meinen Vorrat an Schmerzgel auffüllen zu können …

Die Stierkampfarena wollten wir natürlich auch besichtigen, aber lange Schlangen vor dem Eingang schreckten uns ab. Außerdem hätte das bedeutet, längere Zeit stehen bzw. laufen zu müssen, und das wollte ich mir nicht antun. So schlichen wir weiter durch die Fußgängerzone. Meine Mutter lief staunend voraus, ihre Augen wurden sogar noch größer, als sie in eine Schinkenbar hineinblickte, wo riesige Serranoschinken in enormer Anzahl an der Decke hingen und Schweineküße in der Auslage angeboten wurden. Sofort beauftragte sie mich zu fragen, ob sie diese fotografieren dürfe. Aber wer könnte einer so begeisterten Pilgerin diesen einfachen Wunsch abschlagen? Während ich durch die Straßen humpelte, überkam mich trotz allem ein Hochgefühl, so als hätten wir schon viel geschafft, immerhin war die erste große Stadt erreicht. Doch waren es ja erst 40 Kilometer von insgesamt 800 bis Santiago ...

Erschöpft, aber zufrieden kehrten wir abends in die Herberge zurück. In unserem Zimmer wurden wir begrüßt von Maja aus Bremen, Maria aus Österreich, Tamara aus der Schweiz, die schon seit Le Puy in Frankreich unterwegs war, und Silvia aus Bochum. Mit ihnen plauderten wir bis spät in die Nacht, ehe wir in einen tiefen und erholsamen Schlaf fielen.

Pamplona → Obanos

19. Juni 2008 | 24 km

Da vorn ist ein Dorf. Da gibt es Wasser.

Den folgenden Tag wurden wir sanft von Mönchsgesang geweckt, der aus kleinen Lautsprechern in unser Zimmer drang. Sofort dachte ich an meine Knie, ohne große Hoffnungen zog ich sie vorsichtig an, doch zum Glück ließen sie sich bewegen. Die Schmerzen waren zwar noch da, hielten sich aber in Grenzen. Zuversichtlich robbte ich aus dem Schlafsack. Zu dem Mönchsgesang gesellte sich leckerer Kaffeeduft, der durchs Haus zog und mich augenblicklich stimulierte. Hunger stellte sich ein. Erwartungsvoll erkundigte sich meine Mutter nach meinem Befinden und freute sich riesig, als ich meinte, dass wir weitergehen konnten. Bald hatten wir die Sachen gepackt und stiefelten runter in den Frühstücksraum, wo uns liebevoll und reichhaltig gedeckte Tische erwarteten, um uns für die Anforderungen des Tages zu stärken. Am Nachbartisch saßen Fahrradpilger aus Deutschland, die sich für den gesamten Jakobsweg zwölf Tage Zeit genommen hatten. In diesem Moment war ich sehr stolz, den Jakobsweg zu Fuß erleben zu können, mit all seinen schwierigen und schönen Seiten.

Nach dem Frühstück verabschiedeten uns die Herbergseltern mit einer herzlichen Umarmung und gaben uns einen Satz mit auf den Weg: „Ihr werdet euch noch wundern, was ihr alles erleben werdet!" Voller Dankbarkeit über so viel Herzlichkeit schnürten wir unsere Schuhe und schulterten die Rucksäcke, um uns dem Abenteuer zu stellen. Aus verschiedenen Richtungen strömten die Pilger an diesem frühen Morgen auf den Camino, der entlang einer Straße aus der Stadt herausführte. Einer überholte uns zügig mit großen Schritten. Spontan tauften wir ihn „die Muschel", weil an seinem tannengrünen Rucksack eine große Jakobsmuschel wie festgenagelt befestigt war. Nachdem wir endlich die Vororte Pamplonas hinter uns gelassen hatten, erblickten wir am Horizont die Herausforderung des Tages: den Alto de Perdón, eine Anhöhe mit 400 Höhenmetern. Schlagartig kam ich ins Zweifeln, ob meine Knie mir diese Anstrengung wirklich verzeihen würden. Durch kleine Dörfer und entlang großer Flecken voller Wildblumen, deren Duft in der Luft hing, sahen wir den Weg, der sich den Berg hochschlängelte. Es war unser erster Aufstieg, und mir fiel das Lied von Xavier Naidoo ein: „Dieser Weg wird kein leichter sein, dieser Weg wird steinig und schwer."

Und der Weg *war* steinig und schwer. Auf halber Strecke fingen meine Knie an, sich heftig zu beschweren, was ich aber ignorierte. Zum einen blieb mir nichts anderes übrig, zum anderen wollte ich sie an die Belastung gewöhnen. Meine Mutter konnte sich das Humpeln nicht länger mit ansehen und nahm mir den Schlafsack von immerhin 650 Gramm ab, damit ich den Aufstieg überhaupt durchstand. Sie quälten weder Knie- noch Hüftbeschwerden. Meine ach so gepriesene Jugend half mir gerade überhaupt nicht. Wie sollte ich es jemals bis Santiago schaffen, wenn ich schon nach 50 Kilometern so viele Probleme hatte? Doch ein Seitenblick auf meine Mutter sagte mir, dass ich es schaffen würde, egal wie. Der Ginster am Wegesrand roch wunderbar und begleitete uns wie ein gelber Fluss den Berg hinauf. Sobald ich den Blick hob, sah ich die Windräder auf dem Plateau, die mir zeigten, wie weit ich noch zu gehen hatte. Hin und wieder saßen erschöpfte Pilger mit hochrotem Gesicht am Wegesrand, die versuchten, wieder zu Atem zu kommen. Etwas abseits des Weges erkannten wir Tamara im Schatten eines Baumes. Behutsam rieb sie ihren Fuß mit Schmerzgel ein. Heute Morgen hatte sie uns von ihrer Sehnenentzündung erzählt, die ihr große Schwierigkeiten bereitete. Trotzdem hoffte sie bis Santiago zu kommen.

Pünktlich zum Mittag hatten wir den Berg endlich bewältigt und waren auf dem Grat angelangt. Ungläubig betrachtete ich meine Knie, die mich bis hierher getragen hatten. Als ich in das Gesicht meiner Mutter blickte, erkannte ich mein eigenes im Spiegelbild ihrer Sonnenbrille: zerzauste Haare, verschwitztes Gesicht und Ränder unter den Augen. Abgekämpft setzten wir uns auf die Stufen eines Monuments, für eine wohlverdiente Pause wie geschaffen, und aßen unser karges Mittagsmahl: trockenes Brot, das wir mit Leitungswasser aus der Flasche hinunterspülten, und durch die Hitze geschmolzenen Käse, den wir am Vorabend in Pamplona gekauft hatten. Die Aussicht aber war atemberaubend und entschädigte uns für alles. Zur einen Seite konnten wir Pamplona im leichten Dunst erkennen, ein Blick in die andere Richtung zeigte uns ein weitläufiges Tal, in dem sich kleine Dörfer versteckten, eines davon war unser Tagesziel: Obanos. Erst einmal genossen wir es, hier oben zu sein, und betrachteten die Eisenfiguren, ein Symbol für die vielen Pilger unterwegs gen Santiago. Darunter war ein Schild angebracht, auf dem folgender Satz stand: Donde se cruza el camino del viento con el de las estrellas – Wo sich der Weg des Windes mit dem der Sterne kreuzt. Augenblicklich bekam ich eine Gänsehaut, und auch meine Mutter kämpfte mit den Tränen. Es mag nur ein Satz auf einer Eisentafel sein, aber allein das Gefühl, hier auf dem Berg mit den vielen anderen

Jakobspilgern zu sein, war doch sehr bewegend. Ein Pärchen, das wir am Vorabend in Pamplona in einem Café gesehen hatten, saß etwas abseits unter den Eisenfiguren und schien sich selbst genug zu sein.

Endlich bekam ich auch die Möglichkeit, meine eingerosteten Spanischkenntnisse wieder auf Vordermann zu bringen, denn ich machte die Bekanntschaft von drei Frauen aus Barcelona, die sich gemeinsam auf den Weg gemacht hatten und die ich „Die Drei von der Tankstelle" taufte. Eine von ihnen zeigte verständnisvoll auf meine Kniebandage und erzählte mir von selbigen Problemen. Spontan beschlossen wir, den steilen Abstieg auf dem losen Gerölluntergrund gemeinsam zu bewerkstelligen, denn geteiltes Leid ist ja bekanntlich halbes Leid, oder? Wahrscheinlich boten wir dann ein amüsantes Spektakel für die anderen Pilger, welche schnell an uns vorbeizogen. Für mich aber war es das Wichtigste, mit meinen wackeligen Knien überhaupt hinunterzukommen und nicht auf einem der großen Geröllbrocken auszurutschen, was sicherlich das Ende meiner Reise bedeutet hätte. Wieder einmal fragte ich mich, was mich wohl geritten hatte, den Jakobsweg laufen zu wollen.

Doch all meine schmerzenden Körperteile, die Gemeinschaftsduschen, die Hitze und das karge Essen wurden wettgemacht durch etwas viel Wichtigeres: die Gemeinschaft mit den anderen Pilgern, die Freude, in der Herberge anzukommen, die Neugier auf den Weg und das Kommende, von dem die Herbergsmutter gesprochen hatte. In meine Gedanken brachen die Worte der Spanierin ein, die neben mir versuchte, den Abstieg einigermaßen heil zu überstehen. Hochkonzentriert versuchte ich nun, dem Gesagten zu folgen, von dem ich leider nicht allzu viel verstand. Aber ich genoss es, wieder mit der spanischen Sprache in Kontakt zu sein, die mir schon immer viel bedeutet hat. Nach einer gefühlten Ewigkeit kamen wir wohlbehalten im Tal an. Ich verabschiedete mich mit einem *Adiós* von meiner netten Begleiterin, die von ihren Freundinnen erwartet wurde, und gesellte mich wieder zu meiner Mutter.

Gelbe Pfeile wiesen uns nun den Weg durch die Ebene. Unser Wasservorrat war mittlerweile aufgebraucht, und uns plagte großer Durst. Endlich: Vor uns waren Dächer zu sehen, und mir rutschte der Satz raus: „Da vorn ist ein Dorf, da gibt es Wasser!" Ich dachte nicht an Cola, Saft oder Kaffee, sondern nur an das Nötigste: Wasser. Tatsächlich konnten wir bald unsere Flaschen an einem Brunnen mit klarem Wasser auffüllen, Vorrat für die verbleibenden Kilometer bis Obanos, das wir eine gute Stunde später mit brennenden Füßen erreichten. Wie stolz waren wir, dass wir an diesem Tag sogar 25 Kilometer gelaufen waren!

Die Herberge fanden wir zum Glück gleich, denn sie lag pilgerfreundlich direkt am Weg, ein hübsches, weiß verputztes Haus, dessen Fensternischen mit Natursteinen ummauert und mit roten Geranien verziert waren. Ein großes, weit geöffnetes Holztor lud uns ein. Ich konnte kaum noch auftreten, aber meine Hüften und Schultern hatten sich zum Glück mit dem schweren Rucksack abgefunden. Im Vorraum standen ein Regal, in das wir unsere Wanderschuhe stellen konnten, und eine alte Milchkanne für die Wanderstöcke. Der große Schlafraum war mit 18 Stockbetten aus hellem Holz bestückt. Durch zwei große Glastüren gelangte man in den Hof, wo Wäscheständer in der Sonne und Bänke im Schatten standen. Was wollten wir mehr?

Nachdem wir zwei Betten ausgesucht hatten, besichtigten wir die Sanitäranlagen. Für Männlein und Weiblein standen je eine Toilette und eine Dusche zur Verfügung. Wie das wohl gehen sollte mit 36 Personen? Schnell sprangen wir unter die Dusche, bevor die nächsten Pilger eintrudelten. Tatsächlich kamen kurze Zeit später Tony und Melissa mit hochrotem Kopf angestolpert. Sie waren beide so abgekämpft, dass sich Tony mitsamt ihrem Rucksack auf das nächste freie Bett warf und Melissa sich langsam an der kühlen Wand herunterrutschen ließ. Über das gesamte Gesicht grinsend kam ein Pilger, eine Plastiktüte in der Hand schwenkend, auf uns zu. Meine Mutter schaute mich fragend an, doch ich wusste auch nicht, wer das war. Erst als er uns die halbleere Schinkenpackung zeigte, erkannten wir ihn: Es war Tim, der Westpreußen-Amerikaner aus Ohio. Spontan beschlossen wir, zusammen mit Tim zu einer Dorfbesichtigung aufzubrechen und danach eine Pilgergaststätte aufzusuchen. Als wir am Abend in die Herberge zurückkehrten, waren alle Betten durch Schlafsäcke oder Kleidung belegt: 36 Pilger aus verschiedenen Nationen, Männer, Frauen, alle zusammen in einem Schlafsaal. Ich hoffte, dass unter ihnen kein Schnarcher war, der uns den wohlverdienten Schlaf rauben würde.

Obanos → Estella

20. Juni 2008 | 25 km

Folge dem Weg, auch wenn es dir schwerfällt.

Irgendwann mitten in der Nacht zupfte jemand an meinem Schlafsack, anfangs hielt ich es für einen Traum. Gern hätte ich noch länger geschlafen, so unsäglich müde war ich. Also drehte ich mich einfach auf die andere Seite in der Hoffnung, dass das Zupfen dann aufhören würde. Doch das Gegenteil war der Fall. „Mama! Es ist 6 Uhr, wach auf, wir wollten doch heute früh losgehen!", drang Katharinas Stimme an mein Ohr. Sie stand fertig angezogen neben meinem Bett und sah mich aufmunternd an.

Sofort war meine Müdigkeit wie weggeblasen. Unternehmungslustig befreite ich mich leise aus dem Schlafsack – in der Annahme, dass alle anderen Pilger noch schlafen würden. Dem war aber nicht so, einige Betten waren bereits leer. Tim, Melissa und Tony rieben sich müde die Augen und ließen den neuen Tag langsam angehen. Dank der erholsamen Nachtruhe packten wir mit neuem Elan unsere Sachen zusammen und verschwanden aus dem Schlafraum. Aufs Frühstück wollten wir zunächst verzichten. Gut gelaunt zogen wir unsere Schuhe an, nahmen die Stöcke und verließen die Herberge in der Morgendämmerung. An einer Straßenlaterne gegenüber entdeckten wir den ersten gelben Pfeil.

Ganz allein wanderten wir durch die hügelige Landschaft, in der uns die Vögel mit vielfältigem Gezwitscher ein Gratiskonzert gaben. Der Mond verblasste langsam, und die Sonne erhob sich hinter uns am Horizont, als wir den Ort Puente la Reina durchquerten und auf eine alte Pilgerbrücke aus dem 11. Jahrhundert zugingen, die über den Fluss Arga führt. Außer einer jungen Frau mit einem frischen, wunderbar duftenden Brot in der Hand, was uns sofort das Wasser im Mund zusammenlaufen ließ, begegneten wir keiner Menschenseele. Mit lautem Knurren machte mein Magen auf sich aufmerksam. Katharina grinste mich an, es war unüberhörbar gewesen. Fröhlich gestand sie mir, dass es ihr nicht anders erging. Eine Steinbank am Flussufer mit einer wundervollen Sicht auf das klare Wasser, in dem sich das alte Gemäuer im Morgenlicht spiegelte, kam gerade recht. Wir nahmen Platz und muffelten unser Brot vom Vortag, mit Brunnenwasser als Dreingabe. Allein waren wir bald nicht mehr, denn einige Pilger zogen mit freundlichem *Buen Camino* oder *Que Aproveche*, was *Guten Appetit* bedeutet, an uns vorbei. Andere waren so in ihre Gedanken vertieft, dass sie die Welt um sich herum gar nicht wahrzunehmen schienen. Auch zwei Bekannte passierten: einen Wanderstock in der einen Hand, eine Tüte in der anderen, Schlendergang – das konnte nur Tim sein! Zusammen mit einem anderen Pilger steuerte er direkt auf uns zu. Natürlich, das war „die Muschel".

Das karge Frühstück war schnell vertilgt, Katharina und ich machten uns wieder auf den Weg. Es dauerte nicht lange, da holten wir Tim mit seinem Pilgerkollegen ein. Nun wünschten wir *Buen Camino* und überholten sie. Über die alte Römerstraße, über die schon Millionen von Pilgern auf ihrem Weg nach Westen gegangen sind, gelangten wir in das Dorf Mañeru, wo uns wiederum „die Muschel" einholte und sich als Richard vorstellte. Einige Zeit gingen wir zusammen, und er erzählte, dass er sehr viel über den Jakobsweg gelesen und Spaß bekommen habe, ihn selber zu laufen, um sich mal eine Auszeit zu gönnen. Wir verstanden uns auf Anhieb sehr gut.

Katharinas Knieschmerzen gingen langsam auf ein erträgliches Maß zurück. Ich freute mich nach wie vor, dass sie so ein großes Vertrauen in mich hatte, diesen Weg mit mir zu erleben und zu gehen. Dazu bereiteten uns die in voller Blütenpracht stehenden Blumen und Büsche links und rechts am Wegesrand ein Feuerwerk für die Sinne. Weit in der Ferne sahen wir bereits den kleinen Ort Cirauqui auf einem Hügel liegen, bis dorthin waren es noch etwa drei Kilometer zu laufen. Durch einen Torbogen betraten wir bald dieses kleine mittelalterliche und sehr gepflegte Dorf, in dem die Straßen so schmal waren, dass Autos keinen Platz zu haben schienen. Blumenkästen und Rosenstöcke an den Häusern verliehen dem Ganzen eine solche Gemütlichkeit, dass wir eine Pause einlegen wollten, um unsere Pfirsiche zu essen, die mittlerweile so weich und glitschig waren, dass sie uns fast aus der Hand rutschten.

Frisch gestärkt verließen wir Cirauqui und pilgerten auf der alten Römerstraße weiter Richtung Estella, dem Ziel des Tages. Auf den nächsten einhundert Metern erwartete uns allerdings knöcheltiefer Schlamm, dem wir recht erfolgreich auszuweichen suchten. Das völlig verregnete Frühjahr 2008 war zum Glück vorüber, sodass wir nicht ständig auf solchen Wegen laufen und Regencapes tragen mussten.

In Lorca, etwa neun Kilometer vor Estella, erholten wir uns von der bisherigen Wegstrecke. Da entdeckten wir im Schatten eines Hauses am Marktplatz Silvia, die große Blasen an den Füßen hatte. Mit Verbandsmaterial hatte ich mich vor der Reise gut eingedeckt, aber nicht die Absicht, es wirklich zu benötigen. Also versorgte ich ihre Blasen mit diversen Salben und Pflastern, damit sie ihren Weg fortsetzen konnte. Ein Brunnen mit klarem Quellwasser in der Mitte des Marktplatzes hatte einige Pilger dazu verlockt, ihre Füße in dem kühlen Nass zu baden. Verträumt betrachtete ich die Szenerie der Ruhe und Entspannung. Meine Schuhe hatte ich mittlerweile sowieso schon ausgezogen, um ein bisschen Luft daran zu lassen, und so kam ich zu dem Entschluss, mir ebenfalls ein Bad zu gönnen. Das hätte ich lieber bleiben lassen sollen, denn direkt danach bekam ich eine Blase – die erste von *sehr vielen*.

Später trotteten wir müde weiter. Die Sonne brannte gnadenlos auf unsere Köpfe, und unsere Gesichtsfarbe hatte durch die Wärme schon seit Längerem zu Hochrot gewechselt. In der Hoffnung, bald in Estella anzukommen, keuchten wir über die sonnenüberfluteten Wege und freuten uns auf eine erfrischende Dusche in der Herberge. Doch ein Spanier erklärte uns auf Katharinas Frage, dass wir noch ca. 40 Minuten laufen müssten. Entgeistert schaute ich ihn an, denn ich hatte ihn verstanden. Er beschrieb uns gleich noch den Weg zur Herberge und entließ uns mit einem mitleidigen *Buen Camino*. Demotiviert sanken wir auf den nächsten Stein, um unsere Energie für den nochmaligen Kraftakt zu bündeln, und beäugten die fast leeren Wasserflaschen. Doch blieb ja nichts anderes übrig, als uns erneut aufzuraffen.

Kurz hinter dem Ortsschild durchfuhr Katharina immerhin noch der beste Einfall des Tages: Wir könnten am Abend unsere Isomatten mit je einem Kilo zurückschicken, denn der Jakobsweg war ziemlich leer, und mit großem Andrang nicht zu rechnen. Begeistert stimmte ich zu, und allein der Gedanke an die Gepäckerleichterung führte dazu, dass ich wieder zügiger vorankam. Bis zur Herberge war es nun auch nicht mehr weit. Nachdem wir durch eine kleine Grünanlage gestapft waren und die alte Brücke über den kleinen Fluss Ega überquert hatten, waren wir da. In der kühlen Eingangshalle der Herberge Anfas, die u. a. von Behinderten betreut wurde, saßen, schon frisch geduscht, Maja, Richard und Maria aus Österreich zusammen mit einigen anderen Pilgern. Grinsend winkten sie uns zu. Sie wussten, wie uns zumute war, denn an ihnen war die mörderische Hitze des Tages auch nicht spurlos vorübergegangen. Nachdem wir eingecheckt hatten, bekamen wir von einem der Mitarbeiter eine Führung durch die Herberge. Über verwinkelte Flure erreichten wir die Küche, die mit allem ausgestattet war, was das Pilgerherz erfreut, um sich ein Essen zubereiten zu können. Danach ging es zu sauberen und geräumigen Sanitäranlagen, zum Schluss in den Schlafsaal mit 18 Stockbetten. Erleichtert belegten wir zwei Betten am Fenster. Nun stand der täglichen Reinigung nichts mehr im Weg. Unter der Dusche fiel mir allerdings auf, dass meine Handtücher noch friedlich im Rucksack schlummerten ...

Die nächste Überraschung wartete auf der Post. Wir ließen unser Paket mit den Isomatten auswiegen: 2,6 Kilo – das hatte sich doch gelohnt. Als mir aber Katharina den Preis übersetzte, blieb mir augenblicklich die Luft weg. Sage und schreibe 39 Euro kostete das Vergnügen! Zähneknirschend bezahlte ich das Porto. Die Füße würden es uns hoffentlich danken.

Estella präsentierte sich als hübsches mittelalterliches Städtchen. An Einkaufsmöglichkeiten mangelte es nicht, sodass wir die Zutaten für unser Abendessen in einem kleinen Lebensmittelgeschäft fanden. Das Café nebenan lud zum erholsamen Entspannen ein. Als Pilger lebt man langsamer und genießt jede freie Zeit. Das Erleben und Erfahren auf dem Jakobsweg ist so vielseitig wie intensiv, sodass man an großen Besichtigungstouren durch die Gegend kein Interesse mehr hat. Angesehen wird nur das, was man zu Fuß erreichen kann. Man erfreut sich am „Kleinen".

Estella → Los Arcos

21. Juni 2008 | 23 km

Der Weg verliert sich in der Ferne. Schmerzen behindern deine Schritte. Die Sonne brennt vom Himmel, kein Baum, der dich davor schützt. Der Rucksack drückt auf den Schultern. Du gehst einfach weiter, deinem Ziel entgegen.

Wie schafft man es, alle Pilger gleichzeitig aus dem Schlaf zu reißen? Die besten Chancen, es zu erleben, hat man, wenn man im selben Schlafraum wie meine Mutter übernachtet ... Nein, das war jetzt natürlich ungerecht, denn sie ist normalerweise sehr rücksichtsvoll. Normalerweise. An diesem Morgen aber hatten wir wirklich das große Los gezogen.

Durch irgendetwas wach geworden, wollte meine Mutter auf die Uhr schauen, die sie aber wegen der Dunkelheit nicht erkennen konnte. Ah, ich habe doch eine Taschenlampe, dachte sie sich. Diese befand sich an dem zigarettenschachtelgroßen Gerät namens Bodyguard, welches ein durchdringendes Warnsignal abgibt, wenn ein Stift herausgezogen wird. Als sie versuchte, es aus ihrer Wanderhose zu puhlen, die praktischerweise direkt vor ihrem Bett lag, hakte etwas. Also zog sie eben ein klein wenig stärker – und hatte den Stift in der Hand. Ich saß kerzengerade im Bett, denn das Warnsignal schrie einem förmlich ins Ohr und hallte an den Wänden des kargen Bettsaals wider. Meine Mutter steckte den Stift natürlich sofort wieder rein, doch ein vielsprachiges Murren im Schlafsaal zeugte davon, dass sie alle Pilger aufgeweckt hatte. Ich hoffte nur, dass keiner herausfand, wer der Übeltäter gewesen war ... Ich aber schaute vorwurfsvoll zu meiner Mutter, die meinen Blick schuldbewusst erwiderte. Mehrere Pilger nutzten das vorzeitige Ende ihrer Nachtruhe und erhoben sich. Andere drehten sich noch einmal um und schliefen weiter. Es war 5:30 Uhr. Auch wir standen auf, packten leise unsere Sachen zusammen und gingen in die Küche zum Frühstücken, in der schon einige Frühaufsteher saßen und ihren Kaffee schlürften. Nach und nach kamen Richard und Maja in die Küche geschlurft. Kopfschüttelnd fragten sie uns, ob wir ebenfalls durch das laute Geheul im Schlafraum geweckt worden seien. Mit vollem Mund die Augen verdrehend, nickten wir. Meine Güte, was war das peinlich!

In trauter Runde saßen wir zusammen, brachen aber bald darauf auf, schulterten unsere Rucksäcke und verabschiedeten uns locker von den beiden, die noch sitzen blieben. Sie würden uns ohnehin bei der nächsten Pause einholen. Wir folgten erneut den gelben Pfeilen Richtung Westen durch die noch schlafende Stadt, in der vor langer Zeit die Könige von Navarra residiert hatten, deren Palast aus dem 12. Jahrhundert heute für Ausstellungen genutzt wird. Im Licht der Morgensonne passierten wir am Ortsausgang die Weinkellerei Irache. Wie wir aus dem Pilgerhandbuch wussten, konnte man sich hier aus zwei Zapfhähnen an der Außenmauer des burgähnlichen Gebäudes, auch Weinbrunnen genannt, wahlweise mit Vino oder Agua versorgen. Stimmengewirr signalisierte uns bald die Nähe des Brunnens, wo wir laut von einem uns unbekannten Pilger begrüßt wurden. Seinen Augen nach zu urteilen, hatte er am Vorabend kräftig Vino getankt – oder war er ein Opfer der Morgenattacke meiner Mutter? Er meinte jedenfalls, dass seine Leber nun lange genug gerastet hätte, und er müsse Trost suchen für die entgangenen Stunden wohlverdienten Schlafes ... Außerdem stand auf einer Tafel auf Spanisch geschrieben: „Pilger, willst du in Santiago voller Kraft und Lebensfreude sein, stoß mit uns an und trink einen Schluck Wein." Mehrere Pilger standen in geselliger Runde um den Brunnen und füllten ihre Flaschen mit Wasser oder Wein auf – bei einigen konnte man die Frage, was sie denn nun wählen sollten, an der Stirn ablesen.

Der Tag versprach wieder sehr heiß zu werden, Wein war vielleicht nicht das beste Getränk zum Durstlöschen. Andererseits – wann hat man schon mal die Möglichkeit, seine Flaschen an einem Weinbrunnen aufzufüllen? Da wir aber noch weiterkommen und die Tagesetappe nicht schon hier für beendet erklären wollten, entschieden wir uns für das Brunnenwasser. Sicher die rechte Entscheidung, denn bald darauf erblickten wir die Anhöhe, auf der unser nächstes Etappenziel lag: das Dorf Villamajor de Monjardín. 300 Höhenmeter mussten wir bis dorthin noch überwinden, auf einem weißen Weg aus kleinkörnigem Schotter, der sich steil den Hang hinaufschraubte. Meine Beine wurden schwer, und der Rucksack wog gefühlte 20 Kilo. Hinter uns ertönte ein lautes „Hello Katharina, wait for me!", was nur von Tim kommen konnte. Ich freute mich, ihn zu sehen, aber auch über die kleine Pause, in der ich verschnaufen konnte. Zusammen mit Tim wanderten wir den Hang hoch, auf den die Sonne mit all ihrer morgendlichen Kraft knallte. Einige andere Pilger saßen schon mit hochroten Köpfen am Wegesrand und hechelten nach Luft. Ob die vielleicht von dem Wein probiert hatten ...? Belohnt wurden wir für den anstrengenden Anstieg durch ein prächtiges Farbenspiel zahlreicher Blumen am Wegesrand, die zudem von Schmetterlingen umschwirrt wurden. Die Natur gab sich alle Mühe, die geplagten Pilger bei der Stange zu halten! Erschöpft, aber glücklich und stolz auf unsere Leistung erreichten wir das Dorf und rasteten an einem Brunnen in der Mitte des Marktplatzes. Der weite Blick über Weinrebenfelder, hinter denen hohe Berge am Horizont thronten, entschädigte uns für alle Mühen. Wir füllten unsere Flaschen nochmals mit Brunnenwasser auf und bereiteten uns auf die kommenden zwölf Kilometer vor, die auf steinigen Wegen stetig bergab führten, was einer Blasenbildung an den Füßen sehr zuträglich war. Viele Pilger hatten anschließend diese Plagegeister in den Schuhen, die sie so schnell nicht wieder losbekommen sollten.

Der Weg schien kein Ende zu nehmen, Füße und Knie begannen zu schmerzen. Der Rucksack wurde schwerer und schwerer, die Sonne heißer und heißer. Irgendwann erreichten wir die Ebene, durch die ein weißer, geschotterter Weg Richtung Los Arcos führte. Rechts und links standen die Felder in ihrer vollen Pracht unter wolkenlos blauem Himmel. Das schmale Band zog sich unendlich geradeaus, erst ganz weit am Horizont konnten wir einzelne Bäume am Weg erkennen. Mittlerweile war es Mittag geworden, unsere Mägen knurrten, und wir benötigten dringend ein schattiges Plätzchen für unsere Rast. Doch den einzigen Flecken ohne Sonnenbestrahlung entdeckten wir abseits auf einer kleinen Anhöhe. Jetzt noch da hoch? Entkräftet schauten wir uns an und waren nach kurzer Absprache der einhelligen Meinung, dass die Anstrengung zu groß wäre, auch wenn Tim uns von dort aufmunternd zuwinkte. Also schlurften wir weiter und fanden tatsächlich noch ein winziges schattiges Plätzchen unter einem hochgestellten Traktoranhänger. Hier quetschten wir uns hin und aßen zusammengepfercht ein Stück trockenes Brot mit Schmelzkäse, der seinem Namen alle Ehre machte. Irgendwann rappelten wir uns auf und nahmen die letzten Kilometer in Angriff.

Wie in Trance folgte ich dem Pfad, der die Felder teilte, die Pfeile nahm ich nicht mehr wahr, tief in Gedanken schlurfte ich weiter und weiter. Ab und an drehte ich mich zu meiner Mutter um, die sehr weit zurücklag, doch bald ließ ich auch dies. Sie würde schon hinterherkommen. Schritt für Schritt tauchte ich in eine Fantasiewelt ohne Schmerz und Hitze ab – im Nachhinein betrachtet, sicher ein Selbstschutz vor der enormen Anstrengung. Meine Gedanken entführten mich in eine Welt, wo alles in Ordnung war: Ich baute mir ein Haus und richtete es in Gedanken ein. Die Küche sollte hell gehalten werden, am besten helles Holz oder weiß gestrichen, die Arbeitsfläche vielleicht aus Marmor. Mein Arbeitszimmer versah ich mit einem großen Schreibtisch, der vor dem Fenster stand. Davor wuchsen hohe Bäume, deren Blätter leise im Wind raschelten und … „Katharina, crem' dir den Nacken ein, der ist ja schon ganz rot!" Sofort war alles wieder da: die sengende Hitze, der endlos erscheinende Weg und meine Mutter, die mich besorgt betrachtete. Als sie aber meinen vernichtenden Blick auffing, klappte sie den Mund wieder zu. Grummelnd lief ich neben ihr her. Meine Füße brannten bei jedem Schritt. Sich dann auch noch wie ein Kleinkind behandeln lassen zu müssen war echt zu viel! Warum nur hatte ich mich darauf eingelassen, ausgerechnet mit meiner Mutter zu laufen? So viele Pilger waren alleine unterwegs, das hätte ich doch auch geschafft, und es hätte mir dieses Genörgel erspart! Wann endlich würde dieser Weg enden? Missgelaunt suchte ich den Horizont immer wieder nach Anzeichen für eine Ansiedlung ab. Aber da war nichts. Kilometer um Kilometer liefen wir weiter, die Stunden verstrichen, und noch immer war kein Haus in Sicht.

Ich hatte schon beinahe die Hoffnung aufgegeben, als hinter einer Kuppe endlich ein Kirchturm auftauchte. Los Arcos. Am Ortseingang ließen wir uns neben einem Getränkeautomaten auf Stühle fallen, welche mitfühlende Bewohner für die ankommenden Pilger dort aufgestellt hatten. Schließlich reichte die Kraft, um noch zur Unterkunft zu trotten, einer sehr netten Herberge, in deren Eingangsbereich gemütliche Sessel standen, die bereits von einigen Pilgern belagert waren. Nachdem wir uns angemeldet hatten, belegten wir unsere Betten in einem 12er-Zimmer, in dem wir die einzigen weiblichen Vertreter waren. Einige Pilger schliefen bereits, zum Glück gehörten sie nicht zur Gattung „Holzfäller". Hoffentlich traf das auch auf die anderen Mitbewohner zu!

Nach einer erfrischenden Dusche erkundeten wir die Herberge. Vom Speiseraum, in dem zwei riesige Tische aus rohem Holz mit Stühlen rundherum standen, gelangte man in den Garten, wo in einer Ecke auf Wäscheleinen frisch gewaschene Hosen, Shirts und andere Kleidung lustig im Wind flatterten. Tim, Richard und Maja winkten uns freudig an ihren Tisch im Schatten einiger Bäume. Nach einem wohltuend kühlen Getränk mit unseren Pilgerfreunden verließen wir zusammen mit Tim die Herberge, um durch das Städtchen zu bummeln. Kopfsteinpflaster, Schaufenster kleiner Geschäfte und Arkaden bestimmten das Ortsbild. Die Kirche Santa Maria lud um 20 Uhr zur Pilgerandacht ein, und wir beschlossen, der Einladung zu folgen. Doch zuerst kauften wir in einem winzigen Lebensmittelladen Nudeln und Käse-Sahne-Soße aus der Tüte und bereiteten davon in der Herberge ein üppiges Mahl. Anschließend gingen wir alle zusammen zur Kirche. Während einer kleinen Pause in der Zeremonie, als alle raschelnd ihre Liederzettel hervorkramten, flüsterte ich meiner Mutter und den anderen in meiner Reihe zu: „Jetzt weiß ich endlich, warum der Katholizismus als Religion des Schmerzes gilt: Wenn man nicht auf brennenden Füßen steht, kniet man auf malträtierten Knien!", woraufhin etwas Unruhe entstand, sodass der Priester uns strafende Blicke zuwarf. Endlich war die Andacht zu Ende, und die Pilger strömten nach vorne, um den Segen in ihrer jeweiligen Landessprache zu erhalten. Mit steifen Gelenken trabten wir zurück zur Herberge, wo wir den Tag mit unseren Pilgerfreunden ausklingen ließen.

Los Arcos → Logroño

22. Juni 2008 | 33 km

Roggen hört sich so an, wie Hafer aussieht.

Die Nacht verlief viel ruhiger als erwartet, denn mein Ohropax hatte potenzielle Schnarchgeräusche ferngehalten. Vielleicht war ich aber auch schlicht so müde, dass ich überhaupt nichts wahrnahm. Ausgeruht saßen wir um 6:30 Uhr vor unserem Pilgerfrühstück aus geröstetem Weißbrot, Marmelade und Kaffee. Eile hatten wir an diesem Morgen nicht, denn unser Tagesziel lag nur 20 Kilometer entfernt, Viana in der Provinz La Rioja. Der Himmel war bedeckt, die Temperatur zum Laufen sehr angenehm. Wir freuten uns auf diesen neuen Wandertag, nachdem der letzte so unendlich mühsam und heiß gewesen war. Durch Los Arcos führten uns die gelben Pfeile an der Kirche Santa Maria vorbei aus dem Ort heraus. Wir waren nicht die Ersten an diesem Morgen auf dem Weg, wie einige vor uns her wackelnde Rucksäcke signalisierten.

Katharina hatte heute ihre Bandage nicht mehr angezogen, ihre Knie schienen sich an die Belastung gewöhnt zu haben, so hofften wir jedenfalls. An meinen Füßen hatten sich dafür mittlerweile mehrere Blasen gebildet, die langsam anfingen zu schmerzen. Katharina erzählte ich davon noch nichts, denn es genügte, wenn einer Probleme hatte, und beunruhigen wollte ich sie nicht. Wir waren zügig unterwegs und holten bald Tim ein, der die Herberge zwar früher verlassen hatte, aber den Jakobsweg ohne Hetze genießen wollte. Er würde sowieso die gesamten 800 Kilometer aus Zeitgründen nicht laufen können und öfters mal den Bus nehmen, wie er uns erzählt hatte. Nun trottete er mit seinen Wandersandalen neben uns her, einen Stock über der Schulter, an dem sein Hut und die Einkäufe von Vortag hingen. Auch er wollte nach Viana, das er wahrscheinlich am Nachmittag erreichen würde. Mit einem unverbindlichen „Bye, perhaps we will meet us" zogen wir an ihm vorbei und erreichten kurz darauf zusammen mit Richard, der uns mittlerweile eingeholt hatte, das Dorf Sansol, wo wir eine kleine Pause machten, da wir dem Duft frischen Kaffees, der aus einer Bar in unsere Nasen drang, nicht widerstehen konnten Auf dem Jakobsweg habe ich es sehr zu schätzen gelernt, dass die Bars schon sehr früh geöffnet waren. Einen Kaffee samt Nachrichten und neuestem Wetterbericht schon morgens um 7 Uhr zu bekommen war gar kein Problem. Lange hielten wir uns allerdings nicht auf und zogen bald weiter.

An Getreidefeldern und Olivenplantagen entlang wanderten wir drei durch hügelige Landschaften, begleitet von Vanilleduft, der, warum auch immer, in der Luft hing. Kakteen, Olivenhaine und unbekannte Sträucher säumten die Wegesränder. Kleine Ortschaften versteckten sich zwischen den Hügeln. Langeweile kam nicht auf. Das Pärchen, das wir das erste Mal in einem Café in Pamplona gesehen hatten, beendete gerade eine Pause. Sie war aus Cambridge und der Mann, Daniel, aus Canberra. Die beiden hatten sich bereits am ersten Tag kennengelernt, als sie über den Ibañetapass liefen, erzählten sie uns. Bei starkem Regen sei sie gestolpert und einen Hang hinuntergerutscht. Er hatte das gesehen und ihr geholfen. Seither hatten sie jeden Kilometer gemeinsam hinter sich gebracht. Das glaubte ich ihnen sehr gern, denn es knisterte gewaltig zwischen den beiden. Nun wollten sie bis Santiago laufen und hofften, dass die kommenden Wochen sehr langsam vergingen.

Bald erreichten wir Viana – viel schneller als erwartet. Im Schatten eines großen Baumes, der seine dicken Äste weit ausstreckte, schlief tief und fest eine Pilgerin. Ihren Rucksack hatte sie an einen Baum gelehnt mit der Gewissheit, dass er auch später noch dort stehen würde. Auf der Bank nebenan saßen zwei Pilger, die uns schon am Alto de Perdón aufgefallen waren. Der Mann, Guy aus Kanada, hatte seinen großen Strohhut neckisch ins Gesicht gezogen. Die Frau, Anne, war aus Irland. Nun war neben unseren Englischkenntnissen auch noch Französisch gefordert, was zum Glück weder für Katharina noch für mich ein Problem darstellte. Im Gegenteil, es gefiel uns sehr, uns in den verschiedenen Sprachen zu bewegen und die Möglichkeit zu haben, mit den Pilgern anderer Nationen in Kontakt zu treten. Was wäre eine Pilgertour ohne Fremdsprachenkenntnisse? Sicherlich viel weniger interessant, denn wir lernten so viele verschiedene Menschen aus aller Herren Länder kennen, mit denen wir uns unterhalten konnten. Sie erzählten von ihrer Heimat oder aus ihrem Leben, den Gründen für das Pilgern und vielem mehr.

Es war Mittagszeit, und in der kleinen Stadt mit 3200 Einwohnern brodelte an diesem Sonntag das Leben, das meist außerhalb der Häuser stattfand. Hier in Spanien lebten die Leute nicht für sich, sondern miteinander, wie wir immer wieder feststellen konnten. Mit Mühe fanden wir zwei Plätze in einem Straßencafé, bestellten uns Café con leche und besprachen unser weiteres Vorgehen. Logroño, die nächstgrößere Stadt, war 13 Kilometer entfernt. Die Herberge in Viana sollte erst in zwei Stunden öffnen. Der Teil unseres Gehirns, der für die Vernunft verantwortlich ist, hatte durch die Hitze bestimmt einen Knacks bekommen, denn wir überprüften nur kurz unsere körperliche Verfassung und beschlossen weiterzugehen. Ich dachte an den Busfahrer vor Roncesvalles, der gesagt hatte, dass 20 Kilometer das Minimum seien. Lustig hatten wir uns darüber gemacht, weil wir das nicht für möglich hielten. Und nun wollten wir noch 13 Kilometer dranhängen, die zu Hause allein schon eine Tageswanderung ergeben hätten!

Entschlossen schulterten wir unsere Rucksäcke und verließen das bunte Treiben der Stadt. Doch kaum hatten wir das Ortsschild passiert, bereuten wir unseren spontanen Entschluss. Viana lag gerade mal einen Kilometer hinter uns, und schon knallte die Sonne unerbittlich auf uns herab. Das hatten wir vorher gar nicht so wahrgenommen. Aber nun war es heiß, richtig heiß, und der Asphalt brannte unter den geschundenen Füßen, jeder Schritt eine Qual, weit und breit kein Schatten. Sollten wir uns ein Taxi holen? Nein, sagte Katharina, sie wolle lieber zwölf Kilometer vorwärts gehen als einen zurück, schließlich hätten wir uns das ja auch selbst eingebrockt. So ließ ich ihr die Entscheidung, nahm ihr aber einen kleinen Teil des Gepäcks ab, damit ihre Knie die Belastung besser durchstanden und sie heil in Logroño ankam. Neben Getreidefeldern her laufend, sagte sie plötzlich: „Roggen hört sich so an, wie Hafer aussieht!" Dabei schaute sie mich erwartungsvoll an, doch konnte ich dieser Weisheit nichts abgewinnen. Mitleidig betrachtete ich sie, während ich grübelte, ob sie bedingt durch die Hitze nicht mehr alle Tassen im Schrank hatte.

Auf dem letzten Abschnitt schleppten wir uns einen heißen Teerweg entlang. Katharina schien am Ende ihrer Leistungsfähigkeit, ihre Schmerzen waren mit voller Wucht zurückgekehrt. Kraft, sich auf ihren Stock zu stützen, hatte sie auch nicht mehr. Ihr hochroter Kopf, dazu ein verzweifelter Gesichtsausdruck ermahnte mich, langsam die Rufnummer des Notarztes aus dem Gedächtnis hervorzuholen. Wie in Trance schaute sie auf ihre Füße, die Meter für Meter zurücklegten. Der Weg schien wirklich kein Ende zu nehmen, und ich begann, mir richtige Sorgen um sie zu machen ... Doch irgendwann erreichten wir tatsächlich den Außenbezirk der Stadt, Gebäude spendeten etwas Schatten, den wir sofort aufsuchten. Als sich Katharinas Gesichtsfarbe wieder etwas normalisiert hatte, gingen wir die letzten zwei Kilometer an. Am Ortseingang wartete eine Frau unter einem Feigenbaum auf Pilger, um ihnen Stempel in die Pilgerausweise zu geben und Getränke zu verkaufen. Maria hatte diese Tätigkeit von ihrer Mutter nach deren Tod übernommen. Grimmig blickte sie uns entgegen. Wir waren uns keiner Schuld bewusst und grüßten ganz normal mit *Hola*. Vielleicht hatte sie einen schlechten Tag? Lustlos drückte sie die Stempel in die Ausweise, und wir waren froh, als wir weitergehen konnten. Nun schlichen wir am Fluss Ebro entlang, den wir bald überqueren sollten. Als wir endlich, nach insgesamt 33 Kilometern, in der Herberge ankamen, begrüßte uns Maja mit einer festen Umarmung. Andere Pilgerfreunde saßen am Bassin, die Füße im kalten Wasser, und winkten uns zu, was uns für die Strapazen des Weges entschädigte. Die Herberge lag nahe der Innenstadt und verfügte über 88 Betten in ziemlich engen Zimmern. Im lauschigen Innenhof standen viele Sitzgruppen, wo sich bereits einige Pilger ausruhten.

Beim Check-in bekamen wir für je 3 Euro zwei Zettel mit Bettnummern in die Hand gedrückt. Zuversichtlich und mit der verlockenden Aussicht, bald die Schuhe ausziehen zu können, stapften wir mit letzter Kraft zwei Etagen hoch, um unsere Schlafstätte zu suchen, die wir auch fanden: zwei obere Stockbetten – ohne Leiter. Entsetzt betrachteten wir den Bettenturm, denn zumindest Katharina käme nur mithilfe eines Gabelstaplers dort oben hinein. Ein Blick in ihr verzweifeltes Gesicht, und ich sagte, dass ich runtergehen und versuchen würde, andere Betten zu bekommen.

Die beiden Hospitaleros bemühten sich, meine Zeichensprache zu verstehen, erkannten zum Glück bald meine Notlage und wiesen mir seniorengemäß zwei untere Betten zu. Das war das erste Mal von sehr vielen Situationen unterschiedlichster Art während der Pilgerwanderung, bei denen es von großem Vorteil für mich gewesen wäre, Spanisch zu sprechen, und so nahm mir vor, nach dem Urlaub einen Sprachkurs zu besuchen.

Nach dem täglichen Säuberungsprozedere hatte sich Katharina wieder so weit erholt, dass sie mir sogar vorschlug, an einer Führung durch das angrenzende Kloster teilzunehmen und zum Schluss die Pilgerandacht in der Klosterkapelle zu besuchen. Dort spürte ich zum ersten Mal eine tiefe Ruhe von mir Besitz ergreifen, es war wie ein Loslassen und Abstreifen des Alltäglichen. Die spanischen Gebete, der Duft nach Weihrauch und die Gemeinschaft mit den anderen Pilgern gaben mir inneren Frieden. Im Anschluss daran sah sich Katharina auch noch in der Lage, Logroño zu besichtigen. Die Innenstadt war voll flanierender Menschen, die sich die Schaufenster der Geschäfte ansahen oder ihre Freizeit mit Freunden verbrachten. Auf dem Marktplatz waren fast alle Stühle vor den Straßencafés und Bars von Pilgern und Einheimischen besetzt, doch aufgeregtes Winken machte uns auf Tony und Melissa aufmerksam, die vor einer Pizzeria einen Tisch ergattert hatten, an dem noch zwei Stühle frei waren. Dankbar setzten wir uns zu ihnen, plauderten über Gott und die Welt und genossen unsere Pizza. Zusammen konnten wir gut das Spiel „Pilger erkennen" spielen. Verräterisch war das Schuhwerk, vorzugsweise Flipflops oder merkwürdige Sandalen, untypische Kleidung und allem voran das Humpeln. Aber ein Pilger kann auf das Humpeln sehr stolz sein, weil es bedeutet, etwas geschafft zu haben – trotz aller Hindernisse. Auch wir waren sicherlich leicht als Pilger zu erkennen.

Als wir in den Hof der Herberge zurückkehrten, ließ ich suchend meine Blicke über die zwischenzeitlich angekommenen Pilger schweifen in der Hoffnung, Tim unter ihnen zu entdecken. Doch wahrscheinlich war er in Viana geblieben, so wie wir es eigentlich auch vorgehabt hatten. Richard und Maja setzten sich zu uns an den Tisch, und wir hatten viel Spaß miteinander. Pünktlich um 22 Uhr war Zapfenstreich, und wir verschwanden in den Kojen.

Logroño → Ventosa

23. Juni 2008 | 21 km

Der Weg sei das Ziel und nicht das abendliche Ankommen.

In der Nacht wurde ich nach der ersten erholsamen Tiefschlafphase unsanft durch das Quietschen und Schaukeln des Bettes geweckt, denn die französische Pilgerin im Bett über mir kämpfte wahrscheinlich im Traum mit den Sarazenen. Die Betten waren wohl auch der Grund, dass am nächsten Morgen alle Pilger in unserem Zimmer zeitgleich aufstanden, was die qualvolle Enge des kleinen Raumes eigentlich gar nicht zuließ. Doch innerhalb einer halben Stunde waren alle ausgeflogen. Meine Knie hatten endlich den Widerstand aufgegeben, aber die Blasen an den Füßen meiner Mutter expandierten fröhlich weiter, was sie beim Laufen mehr und mehr behinderte. Sicherlich dachte sie oft an den Fernsehbericht eines Jakobspilgers, der 500 Kilometer mit dicken Blasen gegangen ist und nie daran dachte aufzuhören. Das Ankommen war für diesen Mann so wichtig, dass er all seine Schmerzen, den Hunger und oftmals sogar großen Durst einfach vergaß. Bis kurz vor Santiago de Compostela hat er durchgehalten, bis ihn eine heftige Entzündung im Fuß den Weg abbrechen ließ. Nun stand meine Mutter vor demselben Problem. Wie weit würde sie kommen? Würde auch sie aufgeben müssen? Aber was sollte ich mir jetzt Gedanken darüber machen. Das hatte Zeit, bis der Moment da wäre, ändern konnte ich daran ohnehin nichts.

Die Pfeile führten uns durch die morgendlich ruhige, noch fast menschenleere Fußgängerzone, in der wir nur hin und wieder Einheimische auf dem Weg zur Arbeit sahen. Wir passierten das Parlament von La Rioja und verließen Logroño durch das Stadttor Puerta del Camino. Bald erreichten wir den Park San Miguel mit seinem großen Stausee. Viele Jogger begegneten uns auf ihrem frühen Fitnesslauf, Fahrradfahrer und Spaziergänger strahlten eine gewisse Gemütlichkeit aus. In diesem Park hatte Marcelino seine Hütte, ein herzlicher, älterer Mann, der den Jakobsweg schon sehr oft als mittelalterlich gekleideter Pilger gegangen war. Nun hatte er sich zur Aufgabe gemacht, die Pilger mit Obst, frischem Wasser und Keksen zu versorgen und Stempel in ihre Ausweise zu geben. Auch wir wurden großzügig mit Leckereien eingedeckt, die wir genüsslich am Ufer des Stausees verspeisen wollten. Doch wir hatten nicht mit den vielen Stechmücken gerechnet, die nur darauf lauerten, sich an uns zu bereichern. Im Laufschritt entkamen wir dem blutrünstigen Volk. Zum Glück war nach der Attacke noch etwas Blut im Kreislauf, denn sonst hätten wir den folgenden Anstieg entlang der Autobahn nicht so zügig hinter uns bringen können. Ein Maschendrahtzaun, in den Hunderte von Kreuzen aus Zweigen und Ästen hineingeflochten waren, grenzte den Weg von der Autobahn ab. Meine Mutter ließ es sich natürlich nicht nehmen, Zweige zu sammeln und ein ebensolches Kreuz hinzuzufügen. Ich an ihrer Stelle würde mich ja beeilen, um aus diesen Schuhen wieder rauszukommen, denn sie humpelte jetzt schon ziemlich stark. Besorgt schaute ich sie an. Ein über den Zaun gestülpter Wanderschuh versinnbildlichte meine Gedanken, die in Richtung Aufgeben gingen, ich aber schob sie konsequent zur Seite.

Bald hatten wir den Ort Navarrete erreicht, wo meine Mutter ihre schnell schwindenden Vorräte an diversen Pflastern und Salben in einer Apotheke aufstocken wollte. Vor einem Café sahen wir Tamara und beschlossen, ihr etwas Gesellschaft zu leisten. Sie sah unglücklich aus und machte sich Sorgen, dass eine Sehnenentzündung am Fuß ein Weitergehen unmöglich machte. Eigentlich wollte sie nach Santiago, doch bis dahin waren es noch über 600 Kilometer. Deshalb habe sie sich entschlossen, in Navarrete eine Herberge zu suchen, um dort ein paar Nächte zu bleiben, damit die Entzündung abheilen konnte. Zeit hätte sie noch genug, da ihr Studium in Basel erst im Oktober losgehen würde. Wir verabschiedeten uns und wünschten ihr alles Gute, denn wir würden sie nicht mehr wiedersehen. Am Ortsausgang sahen wir in der Ferne ein Dorf liegen und gingen davon aus, dass es Ventosa sei. Erleichtert über das nahe Ziel schaute mich meine Mutter an. Mittlerweile freute sie sich weniger über das tägliche Laufen als auf das abendliche Ankommen, wenn sie endlich ihre Schuhe ausziehen konnte, teilte sie mir mit. Ich fand das sehr schade, denn der Weg soll das Ziel sein, und den muss man einfach genießen können. Ich konnte aber alles nachempfinden, denn diese Periode hatte ich ja gerade erst abgeschlossen.

Es kam, wie es kommen musste: Eine Richtungsänderung schickte uns von dem lauschigen Feldweg runter, direkt entlang einer vierspurigen Nationalstraße. Das anvisierte Dorf hatten wir aus den Augen verloren. Genervt beschloss meine Mutter, sich bei der deutschen Jakobusgesellschaft zu beschweren. Den Weg hier lang zu führen war nun wirklich nicht die richtige Maßnahme, um dem Pilger Ruhe und Abgeschiedenheit zu bescheren. Unwirsch, aber ohne weiter zu murren, stapfte sie, vorsichtig größeren Steinen ausweichend, neben mir her, mit dem festen Willen, so schnell wie möglich die Herberge zu erreichen. Nach nicht enden wollenden Kilometern kam die ersehnte Abzweigung nach Ventosa, wo wir die kleine Herberge in einem alten Wohnhaus fanden. Diese war ein Traum für jeden Pilger: Gedämpfte Musik säuselte aus verborgenen Lautsprechern, ein Räucherstäbchen verbreitete unaufdringlichen

Duft im Eingangsbereich, wo sich in kleinen Nischen Sitzecken versteckten. Der Empfang der deutschsprachigen Hospitalera war sehr freundlich. Eine urige Holzbank lud uns ein, vor dem Abwickeln der Formalitäten wieder etwas Kraft zu sammeln. Zu guter Letzt kam auch noch Richard die Treppe herunter und begrüßte uns herzlich. Nette Freunde, Behaglichkeit und etwas zum Sitzen. Was wollten wir mehr? Auf dem Pilgerweg lernt man diese Selbstverständlichkeiten neu zu bewerten.

Während meine Mutter ihre Schuhe auszog und in ein Regal neben der Haustür stellte, unterhielt ich mich mit Richard. Er sah ständig Richtung Tür und grinste. Als ich mich umdrehte, erblickte ich den Grund dafür: Meine Mutter tapste auf einer Fußmatte herum, die durch ihre Oberflächenstruktur ihre malträtierten Füße massierte. Nachdem sie sich endlich da loseisen konnte, gönnte ich mir das Erlebnis natürlich auch, bevor wir uns aufmachten, unseren Schlafraum zu suchen und den Außenbereich zu erkunden. Wir bewohnten ein schönes 10er-Zimmer zusammen mit Richard und Anton, einem Südafrikaner, der mit Frau und Schwester auf dem Jakobsweg unterwegs war. Allerdings bekam ich mal wieder das obere Bett zugewiesen, die unteren Plätze waren alle schon belegt. Ratlos stand ich davor und überlegte mir einen Plan, wie ich mich dort hochhieven konnte, ohne anschließend einen Orthopäden wegen verrenkter Knochen aufsuchen zu müssen. Den Luxus einer Leiter oder eines Stuhles gab es nicht. Richard stand grinsend neben mir, er las wohl meine Gedanken. Schließlich bot er mir sein Bett an, was darunter lag. Für ihn sei der „Aufstieg" wegen seiner langen Beine kein Problem. Erleichtert, dass ich in der Nacht keinen mit Klimmzügen wecken musste, breitete ich meinen Schlafsack auf dem Bett aus. Geschafft! Zufrieden schlappte ich raus in den Garten und setzte mich zum Erholen unter einen Sonnenschirm.

In der gut ausgerüsteten Küche fanden wir später alles, was wir brauchten. Frisches Obst und Gemüse wurde in einem Verkaufswagen, der praktischerweise vor der Herberge stand, angeboten. Stolz kehrte meine Mutter von ihrem „Großeinkauf" zurück – als ob sie die Tomaten, die sie in einer Tüte vor sich hertrug, selbst erlegt hätte. Bald vertilgten wir genussvoll unser Abendessen. Anschließend brachen wir zur obligatorischen Dorfbesichtigung auf, waren aber schon nach fünf Minuten wieder zurück, wie so oft in den kleinen Dörfern. Der Himmel hatte sich mittlerweile zugezogen, und es fing leicht zu nieseln an. Nach der Hitze der vergangenen Tage machte uns das aber nichts aus, im Gegenteil, die frische Luft tat sehr gut. Im Eingangsbereich saßen unsere Pilgerfreunde an einem großen Tisch. Wir setzten uns nun dazu und verbrachten einen kurzweiligen Abend, bis alle selig in die Schlafsäcke krochen.

Ventosa → Azofra

24. Juni 2008 | 20 km

Es gibt viele herzliche Menschen, die dir gern etwas mit auf den Weg geben.

Kühle Nachtluft zog durch das offene Fenster in den Schlafraum, sie deutete darauf hin, dass es die ganze Nacht geregnet hatte. Schade, denn eigentlich wollte ich heute wegen der Blasen meine Sandalen anziehen, was ich wegen der verschlammten Wege nun vergessen konnte. Wieso hatte ich mir vor der Reise keine richtigen Wandersandalen gekauft? Meine Freizeitsandalen hatte ich zu Hause zwar schon oft auf kleinen Wanderungen getragen, doch war das Fußbett ziemlich hart und deshalb für den Jakobsweg nicht geeignet. Wie konnte ich nur so blöd sein, ohne gescheites zweites Schuhwerk aufzubrechen! Hatte ich wirklich gedacht, Blasen werde ich sicher nicht bekommen, da meine Schuhe schon gut eingelaufen waren? Missmutig schälte ich mich aus meinem Schlafsack. Katharina wünschte mir fröhlich einen guten Morgen, ich antwortete grummelnd. Doch durch schlechte Laune wurde es auch nicht besser, im Gegenteil, positives Denken hatte mir bis jetzt gut geholfen, außerdem konnte ja Katharina nichts dazu. Also riss ich mich zusammen.

Lustiges Stimmenwirrwarr drang uns aus der kleinen Küche entgegen. Die Südafrikaner packten gerade ihre Rucksäcke und verabschiedeten sich bald darauf. Maja nagte gedankenversunken an einem Stück Brot, und Richard genoss einen Cappuccino aus dem Automaten. Augenblicklich gab es wahre Wasserfälle in meinem Mund. Ein Cappuccino! Das bedeutete Abwechslung zum normalen Frühstück, sofern man das karge Essen überhaupt als Frühstück bezeichnen konnte. Sogleich bekam auch ich das Himmelsgetränk in den Becher gesprotzt und schlürfte ihn dann mit so großem Genuss, dass ich fast schwach dabei wurde und die Augen schließen musste. Irgendwann drang Katharinas Stimme zu mir durch. *„Hallo ...?* Sollten wir nicht vielleicht bald mal aufbrechen?" Ich öffnete meine Augen und sah in die grinsenden Gesichter meiner Mitpilger. Die Realität hatte mich wieder. Ich knabberte den Rest des Brotes und schnürte seufzend die Schuhe. Wir verabschiedeten uns herzlich von Maja und Richard, denn sie wollten an diesem Tag weiter laufen als wir, 30 Kilometer bis Ciriñuela. Es war also möglich, dass wir sie gar nicht wiedersehen würden. Zusammen mit einem älteren Ehepaar aus Deutschland, das aus Dankbarkeit für die Heilung einer schweren Krankheit jedes Jahr pilgerte, verließen wir die Herberge. Heute hatten wir nur 16 Kilometer bis Azofra geplant, die dortige Herberge sollte der Beschreibung nach so richtig gemütlich sein. Außerdem würde uns ein Tag mit weniger Kilometern ganz gut tun.

An diesem 24. Juni, unserem achten Wandertag, übersahen Katharina und ich erstmals einen Pfeil, weil er durch ein Auto verdeckt war. Die fehlenden Zeichen fielen uns zwar schon nach einigen hundert Metern auf, aber wir waren zuversichtlich, demnächst irgendwie über Felder und Wiesen zurück auf den Camino zu finden, was bei trockenem Wetter sicher auch kein Problem gewesen wäre. Doch nach den Regenfällen in der Nacht war eine Überquerung wegen des aufgeweichten Bodens unmöglich. Obwohl wir immer weiter abdrifteten und die Pilger dort drüben bald nur noch als Punkte zu erkennen waren, liefen wir irrwitzigerweise weiter in die verkehrte Richtung, unverdrossen auf einen Zustreckweg hoffend. Weg und Hoffnung endeten jedoch abrupt vor einer Betonwand, welche die Autobahn von den Feldern abtrennte. Was war ich sauer! Auf mich, auf alle, weil wir nicht sofort umgekehrt sind. Uns blieb nun keine andere Wahl, wir mussten etwa zwei Kilometer zurück und verloren dadurch eine Stunde. Anfangs lief ich noch in mich hinein schimpfend vor mich hin, doch als ich endlich mal den Blick hob, sah ich, wie das Licht durch den Schleier des Morgens brach. Milchige Nebelschwaden stiegen empor, vor uns die sanften Hügel und Weinfelder, welche die Region Rioja kennzeichnen. Die Sonne kämpfte sich tapfer durch die Wolken und erwärmte die Erde, was die Luft sehr schwül werden ließ. Im weitläufigen Tal vor uns sahen wir nun eine kleine Stadt liegen, wahrscheinlich Nájera, durch das wir auf unserem Weg kommen sollten. Zügig stapften wir nebeneinander her und fragten uns, wo wohl Tim jetzt sei, den wir das letzte Mal vor Viana gesehen hatten.

In Gedanken oder Gespräche vertieft, bemerkten wir gar nicht, wie die Zeit verging. Erst am Ortsschild von Nájera schauten wir auf die Uhr. Es war mittlerweile Mittag. Auf den Straßen und Plätzen standen Menschengruppen um aufgeschichtete Reisighaufen herum, von denen einige brannten und qualmten. Irritiert schauten wir uns an. Ein Aufruhr, und wir mittendrin? Vorsichtig machten wir uns auf die Suche nach dem Touristenbüro, um uns Stempel in die Ausweise zu holen, vorbei an einem großen Festzelt, hinter dem dichter Qualm zum Himmel stieg. Hier in Nájera wurde nämlich gerade eine Fiesta vorbereitet, wie Katharina von einer Anwohnerin erfuhr. Lust auf Remmidemmi hatten wir keine, so zogen wir weiter unseres Weges. Beim Überqueren der Brücke über den Fluss Najerilla kam uns eine ältere Frau entgegen. Klein, unscheinbar. Sie schaute uns an, hielt uns zurück und flüsterte Katharina etwas zu. Fragend schaute ich sie an, und sie übersetzte mir die Worte: „Geht auf dieses Fest, ihr werdet es nicht bereuen!" Als wir uns wieder zu der Frau umdrehten, um ihr zu danken, war sie verschwunden, wie vom Erdboden verschluckt – so als hätte es sie nie gegeben. Na, wenn das kein Zeichen war! Neugierig geworden, kehrten wir um, dem Qualm entgegen. Vielleicht eine Bratwurstbude ...? Was wirklich hinter dem Festzelt zu finden war: Die Flusspromenade war zugestellt mit Tischen und Bänken, voll besetzt mit Menschen aller Altersgruppen, überall wurde auf kleinen Feuern gegrillt. Aber nicht so, wie wir das kennen, nein, hier legten sie das Grillgut auf einem Rost direkt in die Glut hinein. Sprachlos standen wir da, mit unseren Rucksäcken auf dem Rücken, den Pilgerstöcken in den Händen. Da kamen Spanier auf uns zu und luden uns an ihren Tisch ein. Wir stellten die Rucksäcke ab und setzten uns dazu. Wein wurde von uns hingestellt, dazu Weißbrot, Sardellen, Oliven, Ziegenfleisch und Peperoni, was wir alles probieren sollten. Katharina unterhielt sich sehr angeregt, wovon ich leider nichts verstand.

Nach einiger Zeit brachen wir bedauernd auf, denn wir mussten ja noch sechs Kilometer hinter uns bringen. Weit kamen wir allerdings nicht, eine andere Gruppe Spanier zog uns an ihrem Tisch, hier wurden wir mit Serranoschinken und Brot versorgt. Und natürlich auch wieder mit Wein. Schon mit leicht glänzenden Augen schlenderten wir weiter – bis zur nächsten Gruppe. Am Ende waren wir pappsatt und eierten ange- düdelt weiter. Als uns eine Gruppe Jugendlicher Essen anbot, winkten wir ab, die Hände und den Magen voll mit Leckereien. So einfach kamen wir ihnen aber nicht davon, denn sie nahmen meine Wasserflasche aus der Seitentasche des Rucksacks, klemmten sie mir unter den Arm und ersetzten sie mit einer Flasche spanischen Landweins. Zum Schluss füll- ten sie noch einmal unsere Becher und entließen uns wieder auf den Weg mit einem liebevollen *Buen Camino*. Zufrieden machten wir uns auf nach Azofra. Irgendwann nahm Katharina mir die schwere Weinflasche ab, da ich immer langsamer hinter ihr her trottete, weil ich nicht mehr wusste, was ich mit meinen Füßen machen sollte. Am Abend würde ich wohl ziemlich früh ins Bett gehen müssen, denn ... „*Buongiorno!*" Ver- schreckt schaute ich hoch und sah in das lächelnde Gesicht eines älteren Mannes, der mich fragte, woher ich komme. Als ich ihm antwortete: „From Germany", wollte er sofort wissen, ob ich das Buch von Hape Kerkeling gelesen hätte, was nicht der Fall war. Er sei Silvio aus Milano, und damit zog er auch schon wieder weiter. Grübelnd blickte ich ihm hinterher. Katharina traf ich am Ortseingang von Azofra wieder, wo sie auf mich gewartet hatte.

Die kommunale Herberge mit 60 Betten in 30 Doppelzellen im Spanplattencharme war die einzige im Ort. Auf dem Hof erkannten wir nur Philippe, den wir das erste Mal in Los Arcos gesehen hatten, sowie Silvia aus Bochum, gerade in ein Buch vertieft. Der Abend war also gerettet, wir würden die Flasche Wein nicht allein trinken müssen. An der Rezeption wurde uns „Zelle 10" im ersten Stock zugewiesen. Dorthin führten eine weite Treppe und ein langer Flur, von dem die Doppelzellen durch Schwingtüren abgetrennt waren. Ein kleiner Raum war nun unser, mit zwei Betten und Regalen, in die wir unsere Sachen hineinlegen konnten – ein Luxus nach den vielen Nächten in Schlafsälen!

Mittlerweile war es später Nachmittag. Dass Katharinas Magen anfing zu knurren, konnte ich gar nicht verstehen, denn ich war noch satt durch die vielen Köstlichkeiten von der Fiesta und hatte auch keine Lust zu kochen. So kam ihr das Angebot von Silvio, der sie zum Essen einlud, ganz recht. Er hatte Spaghetti all'arrabiata mit frischen Kräutern, gesammelt von den Feldern, an denen er im Laufe des Tages vorbeigekommen war, zubereitet. Die beiden saßen im Aufenthaltsraum am Tisch und genossen das Essen, das vorzüglich zu schmecken schien, was ich an Katharinas zufriedenem Gesichtsausdruck erkennen konnte. Ich gesellte mich zu den beiden. Verwundert schaute Silvio mich an: „Wie denn, Tochter und Mutter zusammen auf dem Jakobsweg? Und das klappt? Das habe ich ja noch nie gehört! Normalerweise kann doch der Abstand zwischen zwei Generationen in dem Alter nicht groß genug sein!" Katharina und ich grinsten uns an ... Das ging mir natürlich runter wie Öl. Es stimmte schon, es war nicht immer ganz einfach, ab und an ließ ich auch mal die Mutter raushängen, aber größtenteils verstanden wir uns sehr gut. Und wenn eine von uns mal eine Auszeit brauchte, ging sie einfach etwas vor oder ließ sich zurückfallen.

Am Abend richteten wir unsere Rucksäcke, sodass wir am nächsten Morgen nur noch Schlafsäcke und Zahnbürsten einpacken mussten. Im großen Speisesaal trafen wir Silvia, Silvio und Philippe, der bekümmert aussah. Er erzählte uns leise und bedächtig von den Problemen, die ihn belasteten. Ja – jeder hat seine Geschichte und seinen Anlass, den Weg zu gehen. Silvio berichtete, der Weg habe sich stark gewandelt, seit er ihn vor acht Jahren das erste Mal gegangen sei. Die Herbergen hätten sich sehr zum Vorteil verändert, sie wären renoviert worden, und neue seien hinzugekommen, weil die Spanier in Zukunft mit Scharen von Pilgern rechneten. In vielen Herbergen hätte es früher weder heißes Wasser noch bequeme Betten gegeben. Auf der anderen Seite sei es sehr schade, dass der Jakobsweg durch verschiedene Bücher so bekannt geworden sei, denn daraus sei ein richtiger Tourismus entstanden, der von Jahr zu Jahr zunähme. Trotz allem mache ihm das Pilgern stets großen Spaß. Und außerdem gefiele seiner Frau die „silviofreie Zeit" sehr gut. Sie bestärke ihn jedes Jahr aufs Neue, den Weg zu gehen. Und als fürsorglicher Ehemann würde er ja auf seine Frau hören ...

Langsam wurde ich ziemlich müde und gähnte. Katharina lächelte mich verschmitzt an und meinte, dass es nun Zeit für mich würde. Ja, natürlich, warum sollte eine Mutter nicht auch mal auf die Tochter hören. So verschwand ich in unserem Luxusappartement und fiel in meinem Bett in tiefsten Tiefschlaf.

Azofra → Belorado

25. Juni 2008 | 26 km

Wenn dir die Natur ein Konzert schenkt, bleib stehen und lausche.

Wir schafften es tatsächlich, schon um 5 Uhr aufzustehen. Einen Kater vom vorabendlichen Weingenuss hatten wir glücklicherweise nicht. Die Wanderschuhe in der Hand, tapsten wir leise den langen Gang hinab, vorbei an den Schlafzellen die Treppe hinunter in den Speiseraum. Doch waren wir nicht die einzigen Frühaufsteher, eine junge Schweizerin packte dort gerade ebenfalls ihren Rucksack. Kaltes Neonlicht beleuchtete die langen Tischreihen, der leere Raum erschien mir so unwirklich im Gegensatz zum Trubel am Vorabend. Auch hier entdeckte ich einen Cappuccinoautomaten, hocherfreut ließ ich für 50 Cent das Getränk schäumend in den Becher fließen, doch leider war er widerlich süß, nur in Verbindung mit dem harten Weißbrot vom Vortag konnte ich ihn herunterbringen.

Bald machten wir uns zum Aufbruch bereit. Gerade als wir die Schuhe schnürten, kam Silvio mit einem kurzen *Hola* in den Raum gestürmt. Bevor die Kirchenglocken die sechste Stunde ankündigten, waren Katharina und ich schon unterwegs. Hundegebell begleitete uns aus dem Dorf hinaus, wo wir die Pfeile im Licht der Straßenlaternen gut erkennen konnten. Doch kaum hatten wir das Ortsschild hinter uns gelassen, umfing uns tiefste Dunkelheit. Wohin uns wenden? Mit meiner Funzeltaschenlampe suchte ich nach Markierungen, die aber in dem schwachen Lichtkegel unauffindbar blieben. Auch das Pilgerhandbuch leistete uns keine große Hilfe. Damit war unser Vorhaben des frühen Aufbruchs gescheitert, was mich schon ziemlich ärgerte. Warum nur hatte ich keine stärkere Taschenlampe mitgenommen! Das wäre wirklich kein Problem gewesen. Jetzt waren wir so früh aufgestanden und kamen keinen Schritt weiter. Katharina wollte schon das kurze Stück zurück zur Herberge gehen in der Hoffnung, jemanden zu finden, der ihr den Weg erklären konnte, als Silvio schnellen Schrittes auf uns zueilte. Er war den Weg ja schon so oft gegangen und benötigte keine Pfeile mehr. Wir schlossen uns ihm an, während er flott durch die Dunkelheit marschierte. Nachdem wir nun endlich auf dem richtigen Weg waren, zog er mit einem *Buen Camino* und langen Schritten von dannen.

Nebelschwaden hingen über der Landschaft, als wir mutterseelenallein in der Morgendämmerung zwischen Getreidefeldern hindurchwanderten, die allmählich von frischem Grün zu hellem Gold wechselten. Aus dem Gebüsch am Wegesrand ertönte fröhliches Gezwitscher eines Schilfrohrsängers, dem wir minutenlang zuhörten, bevor wir schweigend weitergingen, um die Stille des anbrechenden Morgens nicht zu stören. Wir genossen die Ruhe und das knirschende Geräusch der Wanderschuhe auf dem steinigen Feldweg, während die Sonne hinter uns aufging und lange Schatten vorausschickte. Langsam ging es bergauf, was mir an den Füßen weniger Schmerzen bereitete als bergab oder ebenes Gelände. Jeden Morgen fragte ich mich nun, wie lange ich noch fähig sein würde weiterzulaufen. Die endlose Weite belastete mich, und ich war froh, Katharina neben mir zu wissen, die mir viel Kraft gab. Wahrscheinlich war es eine sehr gute Entscheidung gewesen, die Pilgerreise von vornherein auf zwei Urlaube zu verteilen. In diesem Jahr würden wir so weit gehen, wie wir wollten – oder konnten – und im nächsten Jahr von dort wieder starten. Egal war es mir trotzdem nicht, ich wollte so weit wie möglich kommen. Nur – manchmal ist zwischen Wollen und Können ein großer Unterschied ...

„Erde an Mama, bist du da?" Katharina riss mich aus den trüben Gedanken, und das war gut so. Pessimismus war hier nicht der richtige Begleiter – eigentlich sollte er das nie sein. Plötzlich verzog Katharina ihr Gesicht und gestand, dass sie Rückenschmerzen hatte. Nach Fuß- oder Knieschmerzen wieder etwas, das wir überhaupt nicht gebrauchen konnten. Ich rieb ihr die Stelle mit Schmerzgel ein und hoffte, dass die Behandlung ausreichen würde.

Der nächsten Ortschaft, Santo Domingo de la Calzada, sah ich mit großer Neugier entgegen, denn in der dortigen Kathedrale gab es einen Käfig, in dem ein weißes Hühnerpaar saß, gemäß einer Legende aus dem 14. Jahrhundert, wie Katharina im Pilgerhandbuch gelesen hatte und mir auf dem Weg erzählte: Ein Ehepaar war mit seinem Sohn auf Pilgerfahrt nach Santiago de Compostela und übernachtete in einem Wirtshaus in Santo Domingo. Die Wirtstochter verliebte sich in den Sohn, der aber nichts von ihr wissen wollte und am nächsten Tag mit

55

seinen Eltern weiterzog. Das beleidigte Mädchen hatte aber einen silbernen Becher in das Gepäck des Jungen gesteckt und zeigte ihn des Diebstahls an. Der Becher wurde entdeckt und der Junge zum Tod durch Erhängen verurteilt. Als die Eltern nach der Vollstreckung zu dem Baum gingen, an dem ihr Sohn hing, stellten sie überrascht fest, dass er noch lebte, denn der heilige Dominikus – Namensgeber des Ortes – stützte ihn an den Beinen. Das Ehepaar begab sich zum Richter, um ihm von dem Wunder zu berichten, das die Unschuld des Verurteilten bewies. Der Richter saß gerade beim Essen und sagte, er sei wohl so lebendig wie die zwei Hühner, die vor ihm auf dem Teller lagen. Daraufhin flogen die Brathühnchen davon, und der Junge wurde freigesprochen.

Vor dem Ort leuchteten große Teppiche aus knallroten Mohnblumen zwischen riesigen Getreidefeldern vor einem tiefblauen Himmel. Man könnte jetzt meinen, wie kitschig ist das denn, aber es hatte nichts mit Kitsch zu tun. Die Schönheit der Natur, die überall zu finden ist, wenn man nur die Augen öffnet, um sie in die Seele hineinzulassen, half mir auf jeden Fall, mich von meinen Fußschmerzen und sonstigen Gebrechlichkeiten abzulenken, ich versank regelrecht in diesem Farbenmeer. Hinter einer Kuppe verlief der Weg nun schnurgerade nach Santo Domingo hinab, weit und breit waren wir die einzigen Pilger. Katharina lief etwa 300 Meter vor mir. Eiernd humpelte ich hinterher, bemüht, das Tempo zu halten. Irgendwann zog mit großen Schritten und einem leisen *Buen Camino* ein französischer Pilger an mir vorbei.

In dem mittelalterlichen Städtchen, dem letzten der Provinz La Rioja auf dem Jakobsweg, schlenderten wir durch die engen Gassen der Fußgängerzone Richtung Klosterherberge, vor der klares Wasser aus einem Brunnen plätscherte. Auf dem Rand saß der Franzose und verzehrte bedächtig sein Frühstück. Wieder einmal eine Szene voll tiefer Ruhe, wie ich sie so oft schon auf dem Weg erlebt hatte. Wir aber gönnten uns keine Pause, denn es warteten nach Besichtigung der Kathedrale noch viele Kilometer auf uns. Wir brauchten auch nicht unbedingt zu rasten, um Ruhe zu genießen, die kam oft von ganz allein zu uns, wenn wir einsame Wege oder Tagesetappen hinter uns brachten.

Bald standen wir vor den legendären weißen Hühnern, die aber leider kein einziges Gackern von sich gaben. Anschließend verließen wir die Stadt, um zur nächsten Ortschaft, dem sieben Kilometer entfernten Grañón, zu gelangen. Auf dem Weg dorthin holte uns der Franzose wieder ein. Er wird sich schon so seine Gedanken gemacht haben über das ungleiche Paar, bei dem vor allem der ältere Part große Fußprobleme zu haben schien.

Nach etwa 23 Tageskilometern erreichten wir Grañón. Vor einem sehr alten Haus lud uns eine Steinbank zu einer Rast ein. Erleichtert packten wir unser Essen aus, das wie an jedem vorherigen Tag aus trockenem Weißbrot bestand, mit dem wir geschmolzenen Käse aus der wabbeligen Folie kratzten. Mit ein paar Schluck lauwarmen Wassers aus der Flasche ließ es sich irgendwie herunterspülen. Wirklich überzeugen konnte mich das Mahl nicht, aber ich war inzwischen nicht mehr wählerisch. Aus den Augenwinkeln beobachtete ich allerdings, dass Katharina gegen einen Würgereiz ankämpfte. Unsere gute Laune ließen wir uns dennoch nicht nehmen und alberten herum: Ob wir vielleicht mit dem vor dem Haus stehenden „Wippeauto" gen Santiago fahren konnten ...? Anschließend suchten wir eine Apotheke, um die schon wieder aufgebrauchten Pflaster und Salben nachzukaufen. Die Apotheken am Jakobsweg, und mochten sie in einem noch so kleinen Dorf sein, waren bestens ausgestattet mit allen möglichen Formen von Blasenpflastern, Schmerzgel und Sonnencremes aller erdenklichen Schutzfaktoren – eben mit allem, was das Pilgerherz begehrt.

Katharina las mir die Beschreibung der restlichen Strecke bis Belorado vor, die ab Redecilla del Camino nicht sonderlich empfehlenswert sei, denn sie verlief parallel zur vielbefahrenen Nationalstraße auf einem grob geschotterten Weg, der meinen Füßen wahrscheinlich den Rest gegeben hätte. Mit Pilgern hatte das nichts zu tun, da hieß es nur Augen zu und durch. Allein der Gedanke daran jagte mir Schauer über den Rücken. Ich musste noch weitere neun Wandertage durchhalten, doch nach diesem Abschnitt wären meine Füße wahrscheinlich nicht mehr zu gebrauchen gewesen. So entschlossen wir uns schweren Herzens, ausnahmsweise mal den Bus zu nehmen. Es gefiel mir überhaupt nicht, klein beizugeben, doch alles andere wäre in dieser Situation unvernünftig gewesen. Ich wollte ja durchhalten und nicht vorzeitig aufgeben müssen. Ich hatte eine Verantwortung meiner Tochter gegenüber, ich wollte den Weg mit ihr beenden und sie nicht allein weiterschicken. Als der Busfahrer unsere Rucksäcke sah, öffnete er sofort die große Ladeluke des Busses. Ungläubig betrachteten wir das Chaos aus Wanderstöcken, Koffern, Rucksäcken und Körben und fragten uns, wie in aller Welt da noch etwas hineinpassen sollte. Irgendwo quetschte der Fahrer unsere Rucksäcke noch dazwischen und schloss eilig die Luke, damit nichts herauspurzelte. Erleichtert ertastete ich meine Kamera in der Hosentasche, denn sie hätte das Manöver nicht überlebt. In Belorado angekommen, humpelte ich neben Katharina her, während sie die Herbergsbeschreibungen aus dem Pilgerhandbuch vorlas. Wir entschieden uns für eine Unterkunft mit Garten im Zentrum. Es wäre nicht der Camino, wenn wir dort nicht einige Pilger wiedergetroffen hätten, die wir am Vorabend in Azofra schmerzlich vermisst hatten: Richard lief uns gleich am Eingang in die Arme, Guy hatte das Bett am Fenster und drei Franzosen, die wir in Logroño kennengelernt hatten, die Betten uns gegenüber.

Ich hatte nun die Nase gestrichen voll und beschloss, meine Blasen entgegen allgemeiner Ratschläge aufzustechen. Dazu bewaffnete ich mich mit dem nötigen Equipment und setzte mich in den Garten, um mit einer Nadel in meinen Füßen herumzustochern. Es war gar nicht so leicht, ich musste mich ziemlich verbiegen, um überhaupt dranzukommen. Vor mich hinmurmelnd kommentierte ich meinen ärztlichen Eingriff und lenkte damit nicht nur mich selbst ab, sondern war auch zugleich Livemoderator für Katharina, die neben mir versuchte, Tagebuch zu schreiben. Richard saß grinsend in der Nähe und beobachtete die Szenerie. Bald darauf kamen andere Pilger hinzu, die mir ihr Mitgefühl aussprachen und über eigene Probleme berichteten, sodass wir bald eine Wartezimmersituation im Garten hatten und brüderlich Pflaster, Bandagen und Schmerzgel teilten.

Abends gingen wir zusammen mit Richard in ein kleines Restaurant auf dem Stadt- oder Dorfplatz, in Spanien weiß man das nie so genau. Erstaunt über meine eigene Courage, bestellte ich mir eine Paella, die wegen der Meeresfrüchte eigentlich nicht zu meinen Lieblingsspeisen zählt. Im Gegenteil, ich fühlte mich von den Augen der Krabben anklagend betrachtet. Den Gedanken daran, was in ihnen so alles enthalten war, verbannte ich rigoros aus meinem Kopf. Aber nun war ich in Spanien und wollte zumindest mal eine Paella probiert haben. Sie sah wirklich lecker aus, als der Kellner sie brachte. Schade, dass ich so skeptisch war. Der Reis war mit Wassertieren unterschiedlichster Farbe und Form dekoriert. Vorsichtig öffnete ich eine Muschel, wohl in der Hoffnung, darin vielleicht ein Steak oder Ähnliches zu entdecken. Doch ich fand nur knorpeliges Muschelfleisch, das ich mit der Gabel herauspulte. Richard und Katharina sahen mich neugierig an, ob ich den nächsten Schritt auch schaffen würde. Guy am Nebentisch nickte mir aufmunternd zu. Ich wägte die Vor- und Nachteile ab. Der Vorteil wäre, dass ich es probiert hätte und über meinen eigenen Schatten gesprungen wäre. Der Nachteil, dass mir eventuell schlecht würde. Muscheln und Schalentiere gab es noch zuhauf auf dem Teller, und wenn ich bei jedem Tier so ein Theater machen würde, wäre das Essen bald kalt. Also runter damit! Genauso hielt ich es mit dem Rest, beschloss aber, dass dies meine erste und letzte Paella sein sollte. Auch Richard litt unter verschiedenen Beschwerden an Füßen und Knien, sodass wir beschlossen, am nächsten Tag nur zehn Kilometer zu laufen. Ich konnte es kaum glauben und freute mich auf einen sehr kurzen Wandertag.

Belorado → Agés

26. Juni 2008 | 29 km

Wenn du noch nicht angekommen bist, geh weiter.

Erholsame Stille kehrte morgens im Schlafsaal ein, nachdem die anderen Pilger nach und nach ausgeschwärmt waren. Müde rieb ich mir die Augen und schwang mich aus dem Bett. Es war kurz nach 7 Uhr. In Ruhe machten wir uns fertig, denn Eile hatten wir nicht. Die zehn Kilometer bis Espinosa würden wir in zwei Stunden schaffen. Verlassen standen unsere Wanderschuhe im Schuhregal. Fröhlich zogen wir sie an und betraten mit einem *Hola* die Küche, in der die Hospitalera gerade am Aufräumen war. Viel Zeit brauchten wir nicht zum Frühstücken. Als die große Küchenuhr 8 Uhr zeigte, starteten wir, und die Herbergsmutter schloss mit dankbarem Blick die Tür hinter uns, um die Räume für den nächsten Pilgeransturm herzurichten.

Es war kalt, windig und nieselte leicht – nichts mehr zu merken von der Hitze des Vortages. Ganz allein waren wir drei unterwegs, zumindest bis wir wieder auf den Franzosen trafen. Ich versuchte ganz normal voranzuschreiten, was mir einigermaßen gelang, als wir ihn mit einem *Buen Camino* überholten. Ungläubig schaute er uns nach: Gibt es so etwas wie Wunderheilung ...? Ich konnte mir das Lachen nicht verkneifen, gackernd wie junge Hühner amüsierten Katharina und ich uns über seine Blicke. Lange konnte ich es allerdings ohne Humpeln nicht durchhalten, denn die Füße schmerzten wieder fürchterlich.

Um dem Nieselregen zu entgehen, waren wir recht zügig unterwegs. Für mich zu schnell, so eierte ich in meiner Höchstgeschwindigkeit von sechs Stundenkilometern hinter Katharina und Richard her. Was sollte ich machen? Zurückpfeifen wollte ich sie nicht, da sie in ein Gespräch vertieft waren und dabei immer schneller wurden. Außerdem freute es mich für Katharina, dass sie mal mit einem Pilger ihrer Generation unterwegs war und nicht nur mit mir Methusalem. Als ihnen nach einer

Weile auffiel, wie ich hinterherhinkte, wollten sie langsamer gehen, was ich aber abwinkte. Espinosa würde ich ohne sie finden, und so viel langsamer war ich auch wieder nicht. Das Laufen machte bei dem kalten und windigen Wetter weniger Spaß, doch es war gut so. Nach den letzten heißen Tagen war das eine Abwechslung, und das bisschen Regen würde uns schon nicht umhauen.

Nach knapp zwei Stunden hatten wir unser Tagesziel erreicht und betraten die einzige Bar des 36-Seelen-Dorfes, in der uns zwei Frauen mit einem Hund freundlich anschauten. Hier war es warm und trocken, wunderbar. Erleichtert stellten wir die Rucksäcke in einer Ecke ab, denn wir würden sie heute ja nicht mehr benötigen. Nachdem wir einen Tisch in Beschlag genommen hatten, holten wir uns erst einmal einen Kaffee, den wir, zufrieden mit unserem Tagespensum, genussvoll schlürften. 9:55 Uhr. Der Kaffee war getrunken, wir holten einen zweiten. Ich setzte mich etwas abseits, um meine diversen Neublasen zu versorgen, unterhielt mich aber weiter mit Katharina und Richard. 10:15 Uhr. Katharina schlug im Wanderhandbuch nach, wann die Herberge öffnete: um 14 Uhr. Jetzt waren wir gerade mal eine halbe Stunde hier, hatten bereits zwei Kaffee getrunken, und schon begann uns die Decke auf den Kopf zu fallen. Die Kleidung war mittlerweile auch trocken. Meine Güte, was war das langweilig! Was wollten wir so lange machen in diesem winzigen Dorf? Wir überlegten hin und her, brüteten über den Handbüchern, mittlerweile beim dritten Kaffee angelangt. Schließlich packte mich die Ungeduld, ich pfiff auf die Blasen, die auch nach einem Kurzwandertag nicht verschwinden würden, und fragte, ob die zwei bereit seien weiterzugehen. Erleichtertes Nicken. Sogleich stöberten wir im Pilgerhandbuch nach der nächsten Herberge auf dem Weg, die in Villafranca Montes de Oca (dt.: Gänseberge) lag, gerade mal 3,5 Kilometer weiter. Katharina fragte mich, ob das in Ordnung sei oder ob ich sogar noch weitergehen würde. Hm, 3,5 Kilometer, das lohnte sich nicht wirklich. Zuversichtlich peilten wir die übernächste Herberge mit Küche im 20 Kilometer entfernten Agés an – unfassbar. Nachdem wir uns eigentlich nur

61

zehn Kilometer vorgenommen hatten, wollten wir nun also 30 Kilometer laufen. Mit neuem Elan schulterten wir die Rucksäcke und verabredeten uns mit Richard in Agés, damit er in seinem Tempo gehen konnte. Das Wetter hatte sich nicht geändert, trotzdem stiefelten wir gen Westen und erreichten nach einer guten halben Stunde Villafranca Montes de Oca, hinter dem wir auf den nächsten Kilometern etwa 250 Höhenmeter bergan steigen mussten, und füllten unsere Flaschen am Brunnen auf, wer weiß, ob wir vor Agés noch einmal die Möglichkeit dazu hatten.

Der weiße Weg schlängelte sich nun in einen dichten Eichenwald, in dem sich Nebel festklammerte, der sämtliche Geräusche verschluckte. Nicht einmal Vögel waren zu hören, die hatten sich wahrscheinlich ein trockenes Plätzchen gesucht. Hohe Gräser und Farne standen am Wegesrand, zwischen denen große Spinnennetze gespannt waren, die, mit vielen Wassertropfen gesprenkelt, schwer durchhingen. Wir passierten einen Rastplatz mit Tischen und Bänken, von dem man bei klarem Wetter weit über das Land schauen konnte, wie wir von einem Informationsschild erfuhren. Wir aber blickten nur über ein graues Nebelmeer. Auf einer Mauer saß Richard, seine Füße massierend, die ihm wohl Schwierigkeiten machten. Es war kalt, und die Feuchtigkeit zog langsam durch unsere Kleidung, weshalb wir nicht anhielten, sondern uns nur zuwinkten. Aus dem weißen Weg wurde ein ausgetretener Schotterweg, der mal steil bergauf führte, mal bergab. Bald lichtete sich der Wald, und wir erklommen eine Hochebene, über die der kalte Wind Nebelfetzen jagte, weshalb wir an einem Denkmal für im Bürgerkrieg erschossene Republikaner zügig vorbeigingen. Dort anzuhalten hätte mit unseren verschwitzten Sachen mindestens einen ausgewachsenen Schnupfen bedeutet.

Als ob Petrus meinte, dass er uns nun genug demonstriert hätte, wie das Wandern bei schlechtem Wetter in Nordspanien sein konnte, lichtete sich irgendwann der Nebel, und es wurde wärmer. Dann brach die dichte Wolkendecke auf, und die Sonne kam mit Macht zum Vorschein. Wir trafen wieder auf Guy und einige andere Pilgerfreunde, die sich am Wegesrand eine Pause gönnten. Vor uns trotteten drei Pilgerinnen aus Frankreich in kurzen Hosen. Eine war braungebrannt, die mittlere hatte einen starken Sonnenbrand an den Beinen, und die letzte war wohl sehr vernünftig mit Sonnencreme umgegangen, denn ihre Beine waren nur leicht gebräunt. Spontan tauften wir die drei „Schwarzrotgold". Im Sonnenlicht sah alles so freundlich aus, und meine Stimmung stieg. Ich kam mir total dämlich vor mit meinem Humpeln, an das ich mich jedoch mittlerweile gewöhnt hatte. Manchmal spürte ich die fragenden Blicke von Katharina – wie lange hältst du wohl noch durch? –, doch eine Antwort konnte ich ihr nicht geben. Um sie aufzumuntern, machte ich Späßchen darüber, ja nahm sogar meinen Wanderstock und spurtete im Laufschritt los, setzte dabei aber meine Füße anders auf, was meine Schmerzen tatsächlich für kurze Zeit etwas milderte. Laut schallendes Gelächter folgte mir. Katharina und Richard, der mittlerweile wieder aufgeholt hatte, dachten sich wahrscheinlich, dass ich nun total durchgeknallt sei. Kurzerhand schnallte meine Tochter meinen Schlafsack ab und trug ihn für mich bis Agés. Das gegenseitige Entlasten war von Beginn an eine unausgesprochene Selbstverständlichkeit unseres gemeinsamen Weges.

In dem kleinen Dorf San Juan de Ortega legten wir noch eine Pause ein, bevor wir uns zu den letzten vier Kilometern aufmachten. Durch Wälder und Wiesen führte der zumeist schattenlose Weg, von bunten Blumen gesäumt. Bald sahen wir Agés, eingebettet in sanften Hügeln, und ich atmete erleichtert auf. Die Herberge in einem uralten Fachwerkhaus war augenscheinlich vor Kurzem renoviert worden, zudem verfügte sie über neue Möbel, abschließbare Schränke in sauberen Zimmern, Einzelwaschkabinen und Schattenplätze vor dem Haus, wo wir die Franzosen und Philippe entdeckten. Richard hatten wir auf dem Weg, von Thunfisch mit Tortellini und frischem Tomatensalat schwärmend, den Mund wässerig gemacht. Die Küche in der Herberge konnten wir nutzen, die Essenszubereitung war kein Problem. Ein *Hola* ertönte hinter uns, die Franzosen betraten, vollbepackt mit Lebensmitteln, den Raum. Neugierig fragten wir nach dem Laden, in dem sie eingekauft hatten. Dieser war nur ein paar Häuser weiter in einem alten Fachwerkhaus untergebracht, wo es einen Raum gab, dessen eine Hälfte zur Bar umfunktioniert war, während in der anderen eine kleine Kühltheke mit frischen Sachen stand. Und auf einem an einer Wand angebrachten raumhohen Regal fanden wir neben Drogerieartikeln auch Nudeln und Thunfisch in Dosen.

Während der obligatorischen Dorfbesichtigung nach dem Essen stand die Sonne noch immer hoch am Himmel und knallte heiß auf uns herunter. Zwei, drei verwinkelte kleine Straßen – mehr gab es in Agés mit seinen 56 Einwohnern nicht. Als wir an der Rückseite unserer Herberge an einem sonnenüberfluteten Hof vorbeikamen, saß dort ein älterer Mann auf einem Gartenstuhl und schlief, Einsamkeit umhüllte ihn. Ungläubig betrachteten wir seine Kleidung: lange Hosen, Hemd, Hut und Pullover. Bei der Hitze! Sein Spazierstock lehnte am Stuhl. Zwei Stunden später saß der Mann noch genauso dort. Das tat richtig weh.

Später gesellten wir uns zu den drei Franzosen aus Sète, von denen ich nun die Namen erfuhr: Danielle, Marga und Alain. Sie waren im Ruhestand, nach 40 Jahren „schwerer Arbeit" beim Bureau de Contribution, dem Finanzamt, wie sie uns schmunzelnd erzählten. Nach einigen unterhaltsamen Stunden wurden wir doch müde und krabbelten in unsere Schlafsäcke, da wir uns am nächsten Morgen, nach nunmehr 280 Kilometern, sehr früh auf den Weg nach Burgos machen wollten, der nächsten großen Stadt nach Logroño.

Agés → Burgos

27. Juni 2008 | 24 km

Auch wenn dir der kalte Wind entgegenpfeift, folge deinem Ziel.

Der frühe Vogel fängt den Wurm, hatte sich Katharina wohl gedacht und ihren Handywecker am Vorabend auf 6 Uhr gestellt, denn in der Innenstadt von Burgos gab es nur eine Herberge mit 18 Betten, die durch ihre zentrale Lage sehr frequentiert sein würde. Dort wollten auch wir übernachten, die andere Herberge lag zwei Kilometer außerhalb. Voller Tatendrang schwang sich Katharina aus dem Bett und weckte Richard, der sich uns anschließen wollte. Wir freuten uns auf den neuen Wandertag, der uns in eine Stadt bringen sollte, in der eine der schönsten Kathedralen Spaniens stand. Für die 24 Kilometer lange Strecke würden wir etwa fünf Stunden benötigen, also mittags ankommen. Größere Pausen hatten wir nicht vorgesehen. Nach einem kurzen Frühstück verließen wir um 7 Uhr die Herberge und wurden von kalter, nebliger Luft umhüllt, die langsam unter unsere Jacken kroch.

Atapuerca, das wir nach einer halben Stunde durchquerten, ist berühmt als Heimat der ersten Europäer, denn in der Hügellandschaft vier Kilometer südlich des Dorfes wurden 800 000 Jahre alte menschliche Reste gefunden. Das Informationszentrum sowie Ausstellungen und auch ein archäologischer Park, den man besichtigen konnte, waren zu dieser frühen Stunde noch geschlossen, sodass wir ohne schlechtes Gewissen daran vorbeiziehen konnten, einem Anstieg von 200 Höhenmetern entgegen, den wir zügigen Schrittes hinter uns ließen. Ich versuchte den eisigen Wind, der über den Höhenzug fegte, am Durchdringen meiner nassgeschwitzten Kleidung zu hindern, weshalb ich hektisch mit Jacke, Seidentuch und Wanderhut hantierte, denn eine Erkältung wollte ich nicht riskieren. Ich war sehr beschäftigt und nahm gar nicht wahr, dass Katharina und Richard mich grinsend bei meinen Verrenkungen beobachteten. Fast hätte ich darüber sogar den großartigen Ausblick über das weite Tal verpasst.

Die Dörfer, die wir nun durchwanderten, machten teilweise einen verlassenen Eindruck: Tore hingen halb aus den Angeln, umgefallene Zäune, kaputte Dächer und Fenster fristeten ein trostloses Dasein. Einige Häuser schienen aber doch bewohnt zu sein, denn ab und an kamen Hunde zähnefletschend auf uns zugeschossen, von dicken Ketten ausgebremst. Andere Hunde sahen den Pilgern gelassener entgegen. Trotzdem hielt ich meinen Wanderstock mit der großen Schraube am Ende fest umklammert, hoffte aber, dass ich ihn nicht benötigen würde. Nicht auszumalen, was passieren würde, falls mal eine Kette riss ... Wie bei jeder anderen Stadt, mussten wir auch vor Burgos ein Industriegebiet durchqueren. Fabrikhallen türmten sich vor uns auf, und vorbeidonnernde Lastwagen schleuderten uns Abgase entgegen. Hinzu kam der kalte Wind. Und laut Pilgerhandbuch sollte es noch schlimmer kommen, denn Richtung Innenstadt führte der Weg vier Kilometer an einer stark frequentierten Einfallstraße entlang. Das wollten wir uns nicht antun und beschlossen den Bus zu nehmen. Ohne schlechtes Gewissen! Doch als wir gemütlich unserem Ziel entgegenfuhren, sah ich einige Pilger neben der Straße entlangeilen, denen wir nun den Platz in der Herberge nehmen würden. Ein bisschen regte sich doch das Gewissen ... Kaum aus dem Bus gestiegen, riss uns der Trubel der Großstadt mit, was uns nach der Einsamkeit der ländlichen Gebiete eher befremdete. Menschen mit Einkaufstüten hasteten an uns vorbei, schreiende Babys in Kinderwagen forderten die Aufmerksamkeit der Eltern ein, Jugendliche standen in Grüppchen zusammen, und einzelne Pilger schlappten mit ihren Rucksäcken Richtung Herberge.

Es war Samstag, und am Abend sollte auf dem Marktplatz eine Fiesta beginnen, also nicht weit entfernt von der Herberge, in der wir übernachten wollten. Wir bahnten uns den Weg dorthin, wo bereits zwölf Rucksäcke aufgereiht an der Tür standen, deren Besitzer im angrenzenden Café auf die Öffnung warteten. Wir stellten unsere Rucksäcke dazu und gesellten uns zu den anderen Pilgern, die wie aus dem Ei gepellt aussahen: Wanderhemden und -hosen waren frisch gebügelt und die Schuhe schienen unbenutzt. Vielleicht hatten sie die Sachen gerade eingekauft? Auf unseren Schuhen dagegen zeugten verkrustete Schmutzränder und abgestoßene Ecken von starker Beanspruchung. Maja kam an unseren Tisch, traurig erzählte sie, dass sie bald zum Bahnhof müsse, von wo sie zuerst mit dem Zug nach León und dann mit dem Bus weiter nach Sarria fahren wolle. Von dort würde sie zu Fuß auf die letzten einhundert Kilometer nach Santiago de Compostela gehen. Mit einer festen Umarmung verabschiedeten wir uns von ihr, und mit einem kurzen Winken zog sie von dannen.

Nun sprachen uns die Pilger an, über deren Kleidung ich noch immer staunte. Sie seien mit dem Bus unterwegs, erzählten sie, in fünf Tagesetappen fuhren sie bis Sarria und sahen sich die großen Städte an. Aha, sagte ich mir, das erklärt natürlich die makellose Wanderkluft, die sie, warum auch immer, trugen. Da hätten leichte Sandalen auch gereicht. Ab Sarria würden auch sie zu Fuß gehen, denn sie wollten ja schließlich mit der „Compostela", einer Urkunde, die bestätigt, dass man die letzten einhundert Kilometer auf dem Jakobsweg nach Santiago de Compostela gegangen ist, nach Hause kommen ...

Um 14 Uhr wurde die Herbergstür geöffnet, und wir stellten uns in der Reihenfolge unserer Rucksäcke treppauf zur Anmeldung an. Ich dachte an Maja, die nun schon im Zug nach León saß. Sie wäre sicherlich sehr gern weiter zu Fuß unterwegs gewesen. Nachdem wir die Stempel in unsere Pilgerausweise bekommen hatten, reservierten wir uns zwei obere Betten, denn hier war an jedem Bett eine Leiter angebracht. Erleichtert zog ich mir meine schweren Schuhe von den Füßen und machte eine Erkundungstour durch die Räume. So viel gab es eigentlich nicht zu sehen: In der Küche fand sich weder Herd noch Backofen, sodass wir am Abend zum Essen ausgehen würden. Eine Tür führte direkt zur Dusche, welche die Größe eines Besenschranks hatte. Spontan beschloss ich, an diesem Tag aufs Duschen zu verzichten. Durch den kalten Wind an dem Tag hatte ich überhaupt nicht geschwitzt, das warme Wasser im handtuchgroßen Bad am anderen Ende des Flures sollte also reichen.

Ich kletterte in mein Stockbett, um den Schlafsack für die Nacht zurechtzulegen. Das untere hatte einer der Buspilger belegt, den ich mir nun genauer ansah. Ein längerer Fußmarsch mit Gewichtsreduktion hätte ihm sicherlich mal ganz gutgetan. Katharina und ich machten uns dann auf zur Besichtigungstour. Wir folgten der Haupteinkaufsstraße Richtung Kathedrale. Straßenmusikanten erfreuten die Menschen mit ihrer Musik, und fliegende Händler boten ihre Waren feil. Musikgruppen in weißer Kleidung und roten Tüchern zogen durch die Straßen und brachten die Einheimischen langsam in Stimmung für die Fiesta am Abend. Ich hielt vor allem die Augen nach einem Outdoorgeschäft auf, um mir richtige Trekkingsandalen zu kaufen, fand aber leider keines. Dann endlich standen wir ergriffen vor der beeindruckenden Kathedrale von Burgos, dem drittgrößten Gotteshaus Spaniens, vom 13. bis 15. Jahrhundert im gotischen Stil erbaut. Über dem Hauptportal erhoben sich Zwillingstürme, über 80 Meter hoch, sowie zahlreiche kleinere Türme. Figuren und Spitzornamente verzierten die helle Fassade. Über eine weite Treppe gelangten wir ins Innere. Durch bleiverglaste Fenster flutete helles Sonnenlicht hinein. Für die Besichtigung der vielen Bilder sowie der Bildhauer- und Holzschnitzarbeiten ließen wir uns Zeit. Katharina hätte gern auch noch das Kartäuserkloster Miraflores besucht, das einige Kilometer außerhalb der Stadt liegt und in dem das Leben der Mönche durch Stille und Einsamkeit geprägt ist. Sprechen dürfen sie nur an bestimmten Tagen oder wenn es die Arbeit erfordert. Leider war es schwer, ein Taxi zu bekommen, für eine Besichtigung wurde es bald zu spät.

Die Suche nach einem erschwinglichen Lokal für unser Abendessen gestaltete sich schwieriger als gedacht. Erst nach langer Suche fanden wir eine Pizzeria mit annehmbaren Preisen. Wir genossen die Atmosphäre, das Prickeln in der Luft, das Gefühl, auf dem Weg zu sein. Meine Gedanken drifteten zu den Buspilgern, welche dieses Prickeln wahrscheinlich nie zu spüren bekamen. Den Weg muss man fühlen, mit allen zur Verfügung stehenden Sinnen erleben! Man muss ihn respektieren, ihn in sich aufnehmen und genießen, und das geht nur, wenn man läuft, auch wenn es oft schwerfällt. – Wie weit werden meine Füße noch durchhalten? Katharina fasste mich am Ärmel, denn sie sah den Kellner mit Riesentellern auf uns zueilen, was auf sehr große Pizzen schließen ließ. Tatsächlich wurden unsere Erwartungen noch übertroffen. Katharinas war dick mit Schinken belegt, meine mit frischen Champignons und Tomaten. Hm, wie hatte ich das vermisst! Die Pizza schmeckte vorzüglich. Trotz großen Hungers schafften wir aber gerade mal etwas mehr als die Hälfte. Die andere ließen wir uns für den nächsten Tag einpacken und schlenderten zurück Richtung Marktplatz. Da war was los! Übergroße Figuren bahnten sich einen Weg durch die Massen aus meist weiß gekleideten Menschen mit roten Tüchern. Kapellen und Musikgruppen waren zu hören, Fahnen wurden geschwenkt und Hunderte von Luftballons in den Himmel entlassen. Ja, genau so hatte ich mir eine Fiesta vorgestellt!

Wir aber mussten uns nun beeilen, die Herberge schloss um 22 Uhr. Müde von dem Tag mit seinen vielen Eindrücken fiel ich in einen tiefen Schlaf der Erschöpfung – der nicht lange währte, denn ein Feuerwerk knallte um Mitternacht los, sodass ich senkrecht im Bett saß. Tapfer steckte ich mir mein „Schlafmittel" in die Ohren, was aber nicht viel half. Mit dem Gedanken, dass auch dieses Feuerwerk irgendwann ein Ende haben musste, harrte ich ohne Verdruss bis zum Finale aus, wonach mich auf der Stelle der Schlaf wieder übermannte. Doch heftiges Vibrieren, verursacht durch den laut schnarchenden Buspilger im Souterrain, schleuderte mich bald darauf in die Wirklichkeit zurück. Was war ich böse! Und nicht nur ich, andere Pilger stöhnten ebenso genervt auf. Am liebsten hätte ich den Feuerlöscher, der neben meinem Bett hing, auf den dicken Hintern unter mir gedonnert. Wenn er sich das Schnarchen wenigstens noch erpilgert hätte! Aber nein, der liebe Herr saß ja den ganzen Tag im Bus und ließ sich chauffieren.

Burgos → Hontanas

28. Juni 2008 | 32 km

Große Entfernungen erfordern Durchhaltevermögen. Wenn du es hast, nutze es.

Als die Weckermelodie in meinen Schlaf drang, zog ich den Schlafsack übers Ohr. Ich wollte in meinem warmen Bett bleiben und am liebsten gar nicht aufstehen. Doch ich wusste, meine Mutter würde den ganzen Tag lamentieren, wenn wir nicht pünktlich starteten. Eigentlich hatte sie ja recht, denn heute hatten wir uns einiges vorgenommen – 32 Kilometer bis nach Hontanas! Da ich das mit einer gut gelaunten Mutter wahrscheinlich besser ertragen würde, schwang ich mich aus meinem kuscheligen Nest und weckte sie. Leise kleideten wir uns an, brachten die Rucksäcke nach draußen und würgten mit einem Schluck abgestandenen Wassers unser Frühstück runter.

Es dämmerte schon am Horizont, als wir die Herberge verließen und uns den Weg durch angeheiterte Spätheimkehrer von der Fiesta bahnten. Mir war etwas mulmig zumute, doch außer einigen merkwürdigen Blicken wurde uns keine weitere Beachtung geschenkt. Wir schritten zügig voran, um möglichst viel Strecke in den frühen Morgenstunden hinter uns zu bringen, denn heute sollten wir die Meseta betreten, eine Hochebene in Kastilien, die sich im Sommer wie ein Glutofen aufheizen kann.

In Rabé de las Calzadas holten wir uns in einer Bar ein zweites, diesmal genießbares Frühstück auf die Hand. Direkt hinter dem Ortsausgang breiteten sich goldfarbene Felder über leichten Erhebungen aus, flankiert von ein paar Baumgrüppchen. Der weiße Weg führte geradewegs dort hinein, und ich hatte das ungute Gefühl, dass es jetzt anstrengend würde. Ein paar Minuten später blieb meine Mutter stehen, um ihr Wasser in die kleine Flasche umzufüllen, die sie griffbereit am Schultergurt des Rucksackes befestigt hatte. Dabei versuchte sie, bloß keinen Tropfen zu vergeuden. Doch es kam, wie es kommen musste: ein paar Tropfen fanden nicht den Weg in die Flasche. Verloren blickten wir ihnen nach, wie sie im staubigen Boden langsam versickerten.

Während der ersten Stunden genossen wir die weite Aussicht und den Einklang mit der Natur. Der Weg lief sich gut, und wir waren höchst motiviert, womöglich auch durch den uns begleitenden Gesang der Feldlerchen. Irgendwann kamen wir über eine Kuppe, von der aus wir die weite Ebene überblickten. Das weiße Band zog sich kurvenreich durch die Landschaft und war weithin sichtbar. In Hornillos del Camino legten wir eine Pause ein. 12 Uhr, die Sonne stand im Zenit. Unter den steinernen Bögen einer Kirche aßen wir den Rest Pizza vom Vortag. 22 Kilometer lagen bereits hinter uns. Sollten wir es für heute gut sein lassen? Doch die Herberge vor Ort war noch geschlossen, und wir hatten keine Lust zu warten. Außerdem waren es nur noch zehn Kilometer bis Hontanas: höchstens drei Stunden, wenn wir langsam gingen. „Vielleicht können wir es sogar schneller schaffen", meinte meine Mutter hoffnungsfroh. So füllten wir wieder einmal die Wasserflaschen auf, schnürten die Schuhe, schulterten die Rucksäcke und marschierten los Richtung Westen. Kaum hatten wir das Dorf hinter uns gelassen, meldeten sich meine Knie mit unangenehmem Stechen – anscheinend waren sie der Ansicht, dass 32 Kilometer dann doch zu viel sein könnten. Warum nur waren wir Trottel weitergelaufen! Reichten denn 22 Kilometer nicht? Sollten wir besser umkehren, es wären ja nur 500 Meter? Oder doch weiter? Ja, flüsterte mir eine innere Stimme zu, du wirst dich schon einlaufen, und eine andere Möglichkeit hast du auch gar nicht. Der Schmerz wird sich schon wieder beruhigen. Zurückgehen? Nein. Das kommt nicht infrage, es gibt für dich nur eine Richtung: Westen!

Ich hatte mir etwas in den Kopf gesetzt, und ich würde es erreichen, wenn ich einfach immer weiterlaufe … Die Intensität der Sonne nahm zu, und es wurde unerträglich heiß. Doch wir hatten unsere Entscheidung getroffen, und es läuft sich leichter mit einem Ziel vor Augen. Ja, wir waren sogar recht schnell unterwegs und überholten an verschiedenen kleinen Steigungen einige Pilger, die sich dort abmühten. Nach einer Stunde lagen bereits sechs Kilometer hinter uns, wie wir anhand der Zeichen, die im Pilgerhandbuch beschrieben waren, erkennen konnten. Den Rest schaffen wir doch mit links, denn meine Knie hatten ihren Widerstand aufgegeben. Trotzdem waren wir jetzt nicht mehr ganz so zügig unterwegs – die einzige „Beschwerde", die ich noch hatte, lief humpelnd neben mir her, meine Mutter konnte kaum noch auftreten. Aber in etwa einer Stunde sollten wir ja in Hontanas ankommen.

Doch die Zeit verstrich, und es schien, als kämen wir keinen Meter voran. Die Nachmittagshitze flirrte in der Luft. Vor uns lag eine schier endlose Ebene ohne jeglichen Anhaltspunkt: kein Baum, kein Hügel, keine Menschen und vor allem kein Schatten. Der Wasservorrat ging zur Neige, wir konnten uns lediglich die Lippen befeuchten, bis auch der letzte Tropfen verbraucht war. So weit das Auge reichte, nur gelbe Felder, kein Dorf. Waren wir noch auf dem richtigen Weg? Verzweifelt blickten wir uns um. Wo waren die anderen Pilger abgeblieben? Ich rekapitulierte den Weg, den wir bislang gegangen waren. Doch es war keinerlei Abzweigung zu sehen gewesen, es gab nur diesen einen langen Weg, der sich zwischen den Feldern hindurchschlängelte. Immer wieder blickten wir über die Schulter – da, endlich: Weit hinter uns waren zwei Pilger als kleine dunkle Punkte zu erkennen. Na also! Aufatmend schaute meine Mutter mich an. Doch dem Hochgefühl folgte die Ernüchterung auf dem Fuße: Waren die uns vielleicht einfach nur blind hinterhermarschiert …? Egal, wir liefen weiter. Irgendwo musste das Dorf ja schließlich sein. Nach gefühlten 20 Kilometern überquerten wir eine Straße. Kraftlos schleppten wir uns voran, ohne jegliches Raum-Zeit-Gefühl. Uns blieb nur die Hoffnung, dass das Dorf am Horizont auftauchen würde, aber dort war nichts – nichts wies auf eine Ansiedlung hin. Der Weg führte geradeaus, erbarmungslos. Panisch suchte meine Mutter die Gegend ab. Mir war, als könnte ich ihre Gedanken lesen, die bereits apokalyptische Ausmaße angenommen hatten. Würden wir jemals unser Ziel erreichen? Mussten wir am Ende die Nacht im Freien verbringen, verdurstend oder erfrierend? Die Reihenfolge ist beliebig zu wählen … Doch endlich erblickten wir Schilder, die Herbergen in Hontanas anpriesen, auf einem stand gar: „Hontanas 0,5 km". Wie bitte? Verwirrt schauten wir uns um. Keine Spur von einem Dorf! Ob es hier jemand lustig fand, arme Pilger in den Wahnsinn zu treiben? Oder hatte es ein Erdbeben gegeben, das Dorf war längst dem Erdboden gleichgemacht, und die Schilder waren eben in Vergessenheit geraten? Da standen wir, vollkommen verzweifelt, 500 Meter vor unserem Ziel und konnten es nicht sehen.

Wir waren jetzt schon so weit gelaufen, den Rest mussten wir auch noch schaffen. Weiter ging's, Schritt vor Schritt, Schritt vor Schritt, Schritt vor Schritt. Und dann sah ich es, am flirrenden Horizont tauchte etwas auf: ein Tempel! Ein Tempel? Nein, doch, nein, ein Kirchturm. Das ersehnte Dorf lag versteckt in einer Senke, wir mussten nur noch diesen kleinen Berg hinuntergehen. Geschafft! Erleichtert fielen wir uns in die Arme.

Der Pilgerweg von Hontanas, eine menschenleere Gasse zwischen teilweise baufälligen Häusern, führte uns zu den beiden Herbergen, die zur Auswahl standen: eine neue und moderne sowie ein Haus aus dem 14. Jahrhundert. Die Wahl fiel uns leicht, denn wann hatte man schon die Gelegenheit, in einem „Museum" zu schlafen? Erschöpft überschritten wir die Schwelle. Meine Mutter ließ sich auf die nächstbeste Sitzgelegenheit fallen, natürlich mit Rucksack, während ich mit dem Hospitalero das Nötigste klärte: „Zwei Betten, bitte!" Ein netter italienischer Fahrradpilger half meiner Mutter beim Aufstehen, und wir stellten uns der letzten zermürbenden Herausforderung des Tages: dem Treppenaufstieg. Im Zimmer angekommen, besetzten wir sofort zwei untere Betten, undenkbar, noch eine Leiter hochzuklettern! Während wir unsere wenigen Habseligkeiten auf der Matratze ausbreiteten, kreuzten die Gedanken meinen Kopf, dass wir beiden Kurzbeinigen auf diese 32 Kilometer Pilgerweg sehr, sehr stolz sein durften.

Kaum zu glauben, aber eine halbe Stunde später hockten wir munter und erfrischt auf den Steinstufen vor der Herberge. Ein älterer Einwohner saß einige Meter weiter vor seinem Haus. Als eine Pilgerin vorbeiging, fragte er sie, ob sie Spanisch spreche, worauf sie nur den Kopf schüttelte. Traurig schaute der Mann ihr hinterher. Meine Mutter und ich hatten das mitbekommen, weshalb sie mir vorschlug, dass ich mich mit dem Mann unterhalten sollte. Zögernd stand ich auf, setzte mich neben ihn und fragte ihn nach dem EM-Endspiel Spanien-Deutschland am Abend, ob er sich das ansehen wolle usw. Sofort kam eine Unterhaltung in Gang, worüber sich der Spanier sehr freute. Nach einiger Zeit stand er auf und ging in sein Haus. Als er wieder herauskam, hatte er eine alte Calabaza in der Hand, das ist ein getrockneter, ausgehöhlter Kürbis, ein Trinkgefäß und altes Symbol der Jakobspilger. Er drückte sie mir in die Hand und gab mir mit liebenswertem Lächeln ein *Buen Camino* mit auf den Weg.

Später saßen wir unter dem Sonnenschirm der anderen Herberge und schrieben unsere Notizen, als hinter uns jemand rief: „Ich fass' es nicht!" Es war Richard, der inzwischen ebenfalls angekommen war. Er hatte überhaupt nicht mit uns gerechnet und setzte sich nun erfreut zu uns. Abends beschlossen wir, einen Rundgang durchs Dorf zu machen und die „Pfarrkirche der Unbefleckten Empfängnis", ein Schmuckstück aus dem 14. Jahrhundert, zu besichtigen, deren Eingangspforte noch aus dieser Zeit stammen mochte, da sie mit einem uralten großen Schlüssel

geöffnet wurde. Richard war sehr bewegt ob des Zustands des Gottes-
hauses: „Eine sterbende Kirche in einem sterbenden Dorf", resümierte
er. In Hontanas wohnten in früheren Zeiten etwa 150 Personen, inzwischen waren es noch 43 Einwohner, deren Altersdurchschnitt bei über
60 Jahre lag. Trotzdem gab es zwei Herbergen und sogar ein kleines
Hotel, in dem wir abends mit einem leckeren Pilgermenü den Tag ausklingen ließen.

Hontanas → Boadilla

30. Juni 2008 | 28 km

Den Traum wahrhaftig zu entdecken ist ein besonders Glück.

An unseren 13. Wandertag fiel uns das frühe Aufstehen gar nicht mal
schwer, obwohl wir uns am Vortag so verausgabt hatten. Es war immer
wieder erstaunlich, wie schnell sich der Körper von den Strapazen erhol-
te. Leise nahmen wir unsere Sachen und schlichen aus dem Schlafraum.
Im Eingangsbereich packten wir die Rucksäcke und verzehrten unser
trockenes Brot. Dunkelheit umfing uns, als wir aus der Herberge traten.
Der Morgen war angenehm frisch, aber nicht so kalt, dass wir unsere
Fleecejacken anziehen mussten. Meiner Mutter fiel es nun von Tag zu
Tag schwerer, sich in den Schmerz einzulaufen. Im Nachhinein besehen,
wäre es wohl das Beste gewesen, wenn sie den Weg abgebrochen hätte.
Aber das entsprach nun mal ganz und gar nicht ihrem Naturell, und
enttäuschen wollte sie mich sicherlich auch nicht. Ich selbst hatte mich
an den Anblick meiner humpelnden Mutter gewöhnt, manchmal vergaß
ich sogar, dass ihr jeder einzelne Schritt wehtat.

In Richtung Westen führte nur ein Weg aus dem Dorf heraus. Ein Blick
zurück zeigte uns einen hellen Streifen am östlichen Horizont, er wies
auf einen weiteren sonnigen Tag hin. Auf einem schmalen Trampelpfad
zog sich der Weg am Fuße einer Hügelkette entlang. Die Vögel sangen
uns ein Morgenlied, Mäuse huschten vor uns her. Schmetterlinge sahen

wir um diese Uhrzeit noch nicht. Still pilgerten vor uns hin, um die Ruhe nicht zu stören. Unter einem Baum am Wegesrand schliefen drei Pilger in ihren Schlafsäcken. Ein vierter saß eingemummelt auf einem Stein und trank Kaffee. Mit einem leisen *Buen Camino* zogen wir an ihnen vorbei. Kurz darauf wanderten wir eine Allee entlang, von der aus wir bald die von der aufgehenden Sonne in goldenes Licht getauchten Mauern der Ruine des alten Klosters San Antón aus dem 12. Jahrhundert erkannten, durch dessen ehemalige Vorhalle der Weg führte.

Ruhe, absolute Ruhe. Kein Radio oder Fernsehen, keine motorisierten Gartengeräte oder Werkzeuge, keine Rasenmäher – das habe ich hier schätzen gelernt. In dieser Stille zu laufen war Entspannung, psychische Entspannung. Alles fiel ab. Stress, Hektik, Ärger, all die Sachen, die jeder wohl sehr gut kennt. Physische Entspannung wartete dann abends auf uns, wenn wir unser Ziel erreicht hatten und die Schuhe ausziehen konnten. Alltägliche Kleinigkeiten – hier auf dem Weg bekamen sie eine ganz andere Bedeutung.

Auf dieser langen, verlassenen Straße kamen wir Castrojeriz allmählich näher, das am Fuß eines baumlosen Kegelberges liegt, auf dessen Kuppe sich die Ruinen einer Burg vor dem milchig blauen Himmel abhoben. Dahinter erkannten wir den Tafelberg Alto de Mostelares, den wir bald erklimmen sollten. Es war noch früh, als wir im Dorf ankamen, erst 7:30 Uhr, doch eine Bar war schon geöffnet, und wir bestellten uns einen Kaffee, der uns neue Kraft geben sollte für den Anstieg. Zwei deutsche Pilgerinnen kamen aufgeregt herein, eine von ihnen hatte ihre Papiere, Geld und Handy in Hontanas vergessen. Sie sprachen kein Wort Spanisch, was problematisch war, denn der Wirt verstand keine andere Sprache. Ich konnte ihre Misere gut verstehen und bot an, den Wirt zu bitten, in der Herberge nachzufragen, ob die Sachen gefunden worden waren. Dankbar nahm sie das Angebot an, und der Wirt zeigte sich sehr hilfsbereit. Es wäre nicht der Camino, wenn jemand die Sachen einfach eingesteckt hätte. Der ehrliche Finder hatte sie bei der Hospitalera abgegeben, die sie den nächsten Pilgern mitgeben wollte. Jeden Tag eine gute Tat, und die Welt würde anders aussehen.

Nach dieser Erfahrung schulterten wir wieder unsere Rucksäcke und durchquerten auf der endlos erscheinenden Dorfstraße das noch menschenleere Castrojeriz in Richtung des 19 Kilometer entfernten Boadilla del Camino. Bald lagen die Häuser hinter uns und der Tafelberg, an dem sich der Weg hochschlängelte, vor uns. 200 Höhenmeter waren eigentlich nicht viel, wir hatten schon andere Steigungen bewältigt, aber auf einer so kurzen Distanz war es wirklich eine Schinderei. Müde Pilger saßen am Wegesrand und hechelten nach Luft. Als wir den Anstieg endlich geschafft hatten, wurden wir mit einem grandiosen Ausblick belohnt: Richtung Osten konnten wir unseren morgendlichen Weg zurückverfolgen. Im Süden ragten weitere Tafelberge gleicher Höhe in den Himmel, einige mit vielen Windrädern versehen. Nach Westen sahen wir nur den steinigen Camino. Fasziniert genehmigten wir uns eine kurze Auszeit, bevor wir, die Sonne im Rücken, auf dem Tafelberg weiterliefen, bis sich vor uns eine weite Ebene ausbreitete, die aufgrund verschiedenfarbiger Felder wie eine Patchworkdecke aussah, am Horizont durch eine weitere Hügelkette begrenzt.

Mitten durch diese Ebene schlängelte sich das weiße Band des Jakobsweges. Da wurde mir plötzlich klar, dass ich das Bild aus der Zeitschrift vor Augen hatte, was den Wunsch in mir entfachte, den Weg zu laufen. Ich genoss das Gefühl des sich ausbreitenden Friedens.

Zunächst einmal galt es, heil den Abstieg zu bewältigen, bevor wir auf den nächsten 15 Kilometer ohne große Anstrengung weiterwandern durften. Dabei lief unsere Wasserkühlung auf Hochtouren, was zur Folge hatte, dass der Wasservorrat bald aufgebraucht war. Das Dorf Itero de la Vega kam wie gerufen. In einem kleinen Laden kauften wir Wasser in Flaschen und frisches Obst, das wir erst einmal genüsslich verspeisten.

Auf der verbleibenden Strecke bis Boadilla del Camino kamen wir an für diese Region typischen Kegelbergen vorbei, die das Aussehen kleiner, abgeflachter Vulkane hatten. Bevor wir das Dorf erreichten, kämpften wir uns noch einmal über jene Hügelkette, die wir Stunden zuvor gesehen hatten. Eine Pause machten wir nicht, denn meine Mutter meinte, dass sie weitergehen wolle, um so bald wie möglich aus ihren Schuhen herauszukommen.

Boadilla del Camino sollte laut Pilgerhandbuch sehr klein sein, ich war mir sicher, dass wir dort auf bekannte Pilger treffen würden. Die Wahl der Herberge fiel uns nicht schwer, denn es gab nur zwei Möglichkeiten: eine renovierungsbedürftige, aber saubere Gemeindeherberge in einem alten Schulgebäude und eine private Herberge mit 48 Betten, untergebracht in einem umgebauten alten Kornspeicher. Im Garten konnten sich die Pilger auf dem englischen Rasen ausruhen, nachdem sie sich im herbergseigenen Pool erfrischt hatten. Gemütliche Zimmer und großzügige Sanitäranlagen seien selbstverständlich. Das war's doch! Bei den wenigen Straßen, die das übersichtliche Dorf hatte, brauchten wir nicht lange zu suchen, und doch waren wir nicht sicher, die richtige Herberge erwischt zu haben. Ungläubig standen wir vor einem sehr alten Tor, das schief in den Angeln hing und durch einen großen Stein fixiert wurde. Abwechselnd schauten wir auf die Wegbeschreibung und das Tor. Es war die Herberge. Ohne große Erwartungen betraten wir den Garten, und tatsächlich, die Beschreibung war nicht übertrieben. Blumenkästen standen Spalier für die ankommenden Pilger, eine Jakobsstatue zierte eine Blumeninsel im englischen Rasen. Steine und Bänke als Sitzgelegenheiten standen im Schatten der Bäume, und einige Pilger planschten im Pool. Der Sattel eines berittenen Pilgers hing über einem Gatter. Eine wirkliche Oase der Erholung. Angenehm überrascht verweilten wir und ließen die Atmosphäre auf uns wirken. Das einzige bekannte Gesicht gehörte Philippe aus Toulon, der gerade aus dem Pool stieg. Tatsächlich bekamen wir für 5 Euro Betten in dieser Luxusherberge. Nach dem Duschen und Wäschewaschen, wie jeden Abend auf der Pilgerwanderung, schlenderten wir durch das Dorf, welches 158 Einwohner zählte, suchten aber vergebens einen Laden, um uns mit frischem Obst und Brot für den nächsten Tag zu versorgen. Stattdessen besichtigten wir eine alte Kirche mitsamt Taufbecken aus dem 14. Jahrhundert, bevor wir zurückkehrten in unser Wellnesshotel in der Hoffnung, dass einer unserer Pilgerfreunde sich in der Zwischenzeit eingefunden hatte, was aber leider nicht der Fall war. Enttäuscht machten wir es uns auf dem Rasen bequem. Den Pool konnten wir mangels Badebekleidung nicht nutzen. Punkt 19 Uhr, mein Magen knurrte schon heftig, ertönte der Essensgong. Die hungrigen Pilger wurden zum Menü in den Speiseraum gerufen, wo die Tische mit rustikalem Keramikgeschirr gedeckt waren. Wir suchten uns einen Tisch aus, um den acht Stühle standen. Zu uns gesellten sich noch Philippe, Pilger aus Japan, Norwegen, Korea und zwei aus den Niederlanden. Es wurde ein recht amüsanter Abend. Um

22 Uhr wurde die fröhliche Runde aufgehoben, denn den nächsten Tag wollten wir wieder früh beginnen.

Boadilla → Carrión de los Condes

1. Juli 2008 | 26 km

Die Wanderung war anstrengend. Die Füße tun weh. Gemeinschaft erwartet dich. Du kommst zur Ruhe.

Ich hatte mein Handy auf 5 Uhr gestellt, denn sicherlich würde ein weiterer heißer Tag folgen. Andere Pilger waren schon am Packen und Rascheln. Es dauerte etwas, bis ich meine Mutter aus dem Tiefschlaf geholt hatte, doch endlich schaffte ich es, und leicht benommen rappelte sie sich auf. Unglaublich, wie tief man hier schlief! Sicher hätte sie gern noch ein Stündchen drangehangen, doch in meinem Gesichtsausdruck las sie, dass sie besser gleich aufstand.

Wir hatten uns angewöhnt, vor dem Weggehen stets noch einmal unter die Betten zu sehen, ob nicht etwas heruntergefallen war, was wir später vermissen würden. Was war ich froh, dass ich erst jetzt diesen Blick wagte! Ich hätte nicht für möglich gehalten, was ich darunter entdeckte: Kleine schwarze Mehrbeiner flüchteten aus dem Lichtkegel der Taschenlampe ... Wenn mir das schon am Abend aufgefallen wäre, hätte ich trotz des wunderschönen Gartens sofort die Herberge gewechselt. Schaudernd packte ich meinen Rucksack und verließ rasch den Schlafraum. Wir waren ja schon in einigen Herbergen, schönen und weniger schönen, aber sauber waren sie bis jetzt immer gewesen. Meine Mutter fand es hingegen gar nicht so schlimm, die Hauptsache sei, dass die Tierchen nicht ins Bett gekrochen kamen. Der Blick in den gepflegten Garten war jetzt irgendwie unwirklich geworden. Der Frühstückstisch im Speiseraum aber war liebevoll gedeckt, neben dem üblichen getoasteten Weißbrot vom Vortag und Marmelade fanden wir frische Butter. Oh, wie hatte ich die vermisst! Genussvoll mampfte ich mein Brot. Wieder einmal eine Kleinigkeit, die man zu Hause als selbstverständlich ansieht, über die ich mich hier aber richtig freuen konnte. Meine Mutter etwa lechzte nach einem knusprigen Brot aus unserer Landbäckerei.

Ganz allein verließen wir zu dieser frühen Stunde die Herberge. Langsam fing es an zu dämmern. Der Weg führte uns entlang eines Kanals aus dem 18. Jahrhundert, der noch immer zur Bewässerung der Felder diente. Ab und zu erspähten wir einsame, hinter Buschreihen versteckte Häuser. Die Sonne arbeitete sich langsam über den Horizont, spiegelte sich im ruhigen Wasser des Kanals und schickte uns ihre wärmenden Strahlen. Mit dem Sonnenaufgang wurden auch die Vögel aktiv. Sonst hörten wir außer einem leisen *Buen Camino* von einem Pilger, der uns zügig überholte, nichts, gar nichts. Über ein kleines Wehr betraten wir nach sechs Kilometern die Stadt Frómista. Plötzlich reckte meine Mutter ihre Nase in die Luft. Schnüffelnd hinkte sie über die Straße, immer dem Geruch nach, der sich in ihre Nase verirrt hatte, den sie aber nicht einordnen konnte. Ich roch gar nichts, stapfte aber hinterher, denn so viel Zeit sollte schon sein. Sie blieb an einer mannshohen Hecke stehen, die aussah, wie jede andere auch, zupfte begeistert daran herum, zerrieb die harzigen Nadeln zwischen den Fingern und inhalierte das mediterrane Aroma von Rosmarin.

Nach einer Pause schlenderten wir zu einer der bekanntesten Kirchen am Jakobsweg, San Martin aus dem 11. Jahrhundert. Wie auch an vielen anderen Gotteshäusern beobachteten wir zahlreiche Schwalben, die um den Turm herumschwirrten. Und wenn ein Turm mal nicht von Schwalben bevölkert war, hatten Störche ihre Nester darauf gebaut. Ein Bauzaun war rund herum aufgestellt und die große Eingangstür leider verschlossen. Es sah ganz nach umfassenden Renovierungsarbeiten aus, weshalb wir uns dieses Kleinod nicht ansehen konnten. Etwas enttäuscht kehrten wir der Kirche den Rücken zu und stapften weiter gen Westen, unserem Tagesziel entgegen, während die Sonne uns überholte.

Schöne alte Gotteshäuser und Andachten gab es noch viele zu besuchen, die uns hierfür bestimmt entschädigen würden.

Ein schmaler Mann, etwas kleiner als meine Mutter mit ihren 1,62 m, eilte mit Nordic-Walking-Stöcken vor uns her. Klickklack, klickklack. Er war scheinbar mühelos unterwegs. Fasziniert schaute meine Mutter zu. Aufgrund der immer schlimmer werdenden Fußbeschwerden lief es bei uns nicht mehr so rund. Im Geist rechnete ich die Kilometer aus, die wir in diesem Jahr noch gehen konnten, wenn meine Mutter durchhielt. So ganz konnte ich daran allerdings nicht glauben ...

Heute gab es zwei Möglichkeiten: Der Hauptweg führte an der Straße entlang, eine Alternative etwas abseits auf ruhigeren Wegen, den, obgleich etwas länger, meine Mutter bevorzugte. Dort pilgerten wir ganz allein weiter. Einige kleine Dörfer erstaunten uns mit ihrer Vielzahl an Kirchen und Kapellen. Entstanden sind etliche der Ansiedlungen durch die Pilger, noch heute oft alleinige Existenzgrundlage, der Preis ist die Abgeschiedenheit, die manche jedoch gerne suchen. Población del Campos etwa, das wir durchliefen, hatte bei 179 Einwohnern drei Gotteshäuser. Nach einigen Kilometern liefen die beiden Wege wieder zusammen, und wir bewegten uns inmitten des Trecks auf der „Pilgerautobahn" nach Santiago – angelegt, nachdem es auf der Straße, dem eigentlichen Jakobsweg, immer wieder zu tödlichen Unfällen gekommen war. In unregelmäßigen Abständen tauchten Betonpoller auf mit Pfeilen und Muscheln als Markierung. Nicht die anregendste Strecke, aber sie barg doch eine gewisse karge Schönheit. Geeignet, um die Gedanken schweifen zu lassen, alles auszublenden. Automatisch legte ich einen Schritt zu. Vor mir her liefen in einigem Abstand „Schwarzrotgold". Vielleicht würden sie ja auch in unserer Herberge in Carrión de los Condes übernachten?

Meine Mutter konnte nicht Schritt halten, die Blasen bremsten sie aus, so marschierte ich vorneweg. Das machten wir öfters so, dadurch erhielten wir beide Raum, unseren Gedanken nachzuhängen. Etwas Abstand tut manchmal eben gut. Ein bisschen knurrig war sie, weil der Jakobsweg so dicht an der Straße entlangführte. Aber das war besser, als direkt am Straßenrand laufen zu müssen wie noch vor ein paar Jahren. Vielleicht konnte sie ja auch auf jemanden warten, der hinter ihr lief, um sich zu unterhalten, wenn ihr danach war. Ich wartete wie üblich am Ortsanfang. Ganz allein kam sie kurze Zeit später an, die letzten fünf Kilometer entlang der Straße seien ihr unendlich lang erschienen: das Ziel immer vor Augen und doch kaum näher kommend.

Heute hatten wir uns die von freundlichen und engagierten Augustinernonnen geleitete Pfarrherberge ausgesucht. Wir bekamen Betten für je 6 Euro in einem 20er-Zimmer im ersten Stock, direkt am Fenster, mit Aussicht auf den Garten. Auch der Mann mit den Nordic-Walking-Stöcken, Ken aus Tokio, wie er sich vorstellte, würde in dem Zimmer schlafen. Wir hatten für die letzten 26 Kilometer knappe sieben Stunden mitsamt diverser Pausen und Besichtigungen benötigt, konnten also sogar noch vor der Mittagspause unsere Lebensmittelvorräte auffüllen. Im Besitz von frischen Tomaten, Schweinefilet und Nudeln schlurften wir zurück zur Herberge. Dank unseres Eifers waren unsere Pilgerausweise fast voll, und ich erkundigte mich bei den Nonnen, wo wir neue herbekamen. Sie verwiesen uns an das Kloster Zoilo am anderen Ende der Stadt. Das bedeutete, zusätzliche drei Kilometer zu laufen, für meine Mutter aber kein Problem, da sie nun ihre Sandalen anzog. Nach dem Mittagessen machten wir uns auf die Suche. Die alten Straßen führten uns schnell an den richtigen Ort, schon ragte der altehrwürdige Klosterbau vor uns auf, heute zu einem Hotel umfunktioniert. Der Eingangsbereich war mit Terrakotta gefliest und mit Marmor abgesetzt und lag direkt neben einem Speisesaal à la Hogwarts: Lange dunkle Tischreihen mit unzähligen Stühlen standen dort, über denen große, geschmiedete Leuchter von den Gewölbedecken hingen. Es fehlten nur noch die Zauberschüler und Professor Snape.

Im Pilgerbüro mit neuen Ausweisen ausgerüstet, starteten wir zu einer Besichtigungstour durch Carrión de los Condes, das einen recht quirligen Eindruck machte. Schmale Gassen führten von der Hauptstraße ab, kleine Geschäfte luden zum Bummeln ein. Auf einem Platz plätscherte ein Brunnen, an dessen Rand sich einige Pilger ausruhten. Andere bevölkerten Cafés, wo sie sich für ihr Tagespensum belohnten. Einheimische flanierten durch die Straßen oder erledigten zügig ihre Einkäufe. Da wir unser Kaffeepensum schon erfüllt hatten, schlenderten wir zur Herberge zurück, wo wir Fritz und Birgit aus Berlin kennenlernten, die mit ihrem Sohn Karl auf Wanderschaft waren. Einige Zeit saßen wir zusammen und plauderten, als eine Frau den Garten betrat, nein, hineinschwebte in ihren lindgrünen Seidentüchern, perfekt geschminkt und die Haare gestylt. Sie sah aus, als sei sie einem Modemagazin entstiegen. Sie setzte sich an einen Nebentisch, suchte aber offenbar keinen Kontakt.

Am Abend luden die Nonnen zu einem spirituellen Pilgerabend ein. Wir versammelten uns im Eingangsbereich, saßen auf Stühlen und der gesamten Treppe bis ins Obergeschoss. Textblätter wurden verteilt, und gemeinsam sangen wir einige Lieder in verschiedenen Sprachen. Dann baten die Nonnen, dass jeder in seiner Landessprache ein Lied vorstellte. Ken sang ein japanisches Frühlingslied und wir zusammen mit Fritz und Birgit „Der Mond ist aufgegangen". Nach dem geselligen Beisammensein erhielten wir den Segen der Nonnen, den ich meinen deutschen Mitpilgern übersetzte, und jeweils einen kleinen Stern, der uns auf dem Weg nach Santiago begleiten sollte. Der Segen lautete: „Es ist nicht alles, in Santiago anzukommen. Aber wenn ihr dort ankommt und vor dem Apostel Sankt Jakobus steht, werdet ihr euch an die Gemeinschaft erinnern, die ihr hier in Carrión erfahren habt. Ihr werdet euch an das Lächeln und die Hilfe der anderen erinnern, die ihr auf dem Camino kennengelernt habt. Ihr geht den Weg nicht allein. Deshalb geben wir euch den Segen und als Geschenk einen Stern, damit ihr diesen immer in euren Herzen tragt, von ihm geleitet werdet und immer in seinem Licht wandelt." Damit entließen sie uns in den Abend, den wir mit Ken, Fritz und Birgit verbrachten. Entspannt saßen wir im Herbergsgarten und ließen uns von leiser Gitarrenmusik einer italienischen Pilgergruppe berieseln, die aus einem offenem Fenster der Küche kam.

Später sprachen wir über die Pläne für den nächsten Tag. Meine Mutter und ich wollten wieder sehr früh los, denn uns erwartete die laut Pilgerhandbuch „härteste Etappe des Jakobsweges": 18 Kilometer auf einer alten Römerstraße, wo es weder einen Brunnen gab, an dem man seine Flaschen auffüllen konnte, noch eine Toilette, um das getrunkene Wasser zu entsorgen. Außerdem gab es keinen Schatten zum Ausruhen und vor allem auf der gesamten Strecke keine einzige Kurve. Es war ein schnurgerader Weg, der sich irgendwo am Horizont verlor.

Carrión de los Condes → Terradillos de los Templarios
2. Juli 2008 | 27 km

Öffne dein Herz, damit besondere Eindrücke darin Platz finden.

Licht streifte mein Gesicht, ich schreckte hoch. Einige sehr frühe Pilger mit umherhuschenden Stirnlampen auf dem Kopf richteten ohne Rücksicht auf die Schlafenden ihr Gepäck. Vielleicht waren sie der Meinung, dass alle Pilger morgens um 5 Uhr aufzustehen hatten. So ritschten sie die langen Reißverschlüsse der Schlafsäcke hoch und verpackten sie in knisternden Plastiktüten. Katharina beugte sich aus dem oberen Bett zu mir runter und meinte lakonisch: „Das Wecken hat sich dann wohl erledigt." Kraftlos ließ ich mich auf das Kissen zurücksinken. Sollen die doch alle aufstehen, ich bleibe liegen! Erschöpft schlief ich wieder ein. Katharina aber hangelte sich vom Bett herunter und ermahnte mich: „Willst du laufen oder mit dem Bus fahren? Wenn du laufen willst, solltest du aufstehen. Wer weiß, wie heiß es heute wieder wird." Sie hatte recht. Die Vorstellung, mit hochrotem Kopf bei 30° Grad im Schatten den Weg entlangzuwanken, reichte mir, um mich sofort zu erheben.

Mit einem mulmigen Gefühl zwängte ich mich in die Schuhe, was mir meine Füße sofort übel nahmen. Ob ich diesen Tag wohl durchhalten würde? Kaffeeduft lockte uns in die Küche, wo die italienischen Pilger am Tisch saßen, die uns am Vorabend mit Gitarrenklängen verwöhnt hatten. Mit einem munteren *Hola* setzten wir uns zu ihnen und packten unser Frühstück aus. Gerade als ich mir Wasser holen wollte, machte uns eine Italienerin in gutem Deutsch auf den frischen Kaffee aufmerksam, den sie gekocht hatte, und bevor wir uns bedanken konnten, sagte sie: „Ihr seid uns gestern beim spirituellen Abend schon aufgefallen. Seid ihr eigentlich Mutter und Tochter?" Schmunzelnd beantworten wir ihre Frage, der sogleich die nächste folgte: „Wie, und ihr versteht euch immer noch ...?" Sie stellte sich mit Franca vor, Deutschlehrerin eines Gymnasiums in Verona, die zwei Mitpilger waren Kollegen. Ursprünglich seien sie zu fünft gewesen, doch Meinungsverschiedenheiten über die Etappenlänge hätten sie getrennt. Wahrscheinlich würden sie die anderen beiden erst wieder in Santiago treffen, von wo sie zusammen die Rückfahrt anträten. „Unser Urlaub ist in einer Woche vorbei", erzählte Katharina mit einem Seitenblick zu mir. „Glücklicherweise oder leider – ich weiß es nicht", ergänzte sie. „Ich hoffe, dass meine Mutter mit ihrem Flickenteppich von Blasenpflastern durchhält und wir bis León kommen." Verständnisvoll nickte Franca und zeigte uns ihre Füße, Sorgenkinder, die eine gewisse Ähnlichkeit mit meinen hatten. Sie wolle die nächsten 40 Kilometer bis Sahagùn mit dem Bus fahren und dort auf ihre Kollegen warten, berichtete sie. In dem Augenblick kam Ken um die Ecke, den Rucksack schon auf, und fragte, ob wir fertig seien, denn wir hatten am Vorabend verabredet, zusammen zu starten. So wünschten wir *Buen Camino* und verließen um 6 Uhr die Herberge in einen dunklen Morgen.

Die Temperatur war noch angenehm kühl, als wir durch die erleuchteten Straßen der schlafenden Stadt liefen. Wir lauschten der Stille, die nur ab und zu durch verhaltene Gespräche anderer Pilger unterbrochen wurde. Die Ruhe verlieh der Stadt etwas Anheimelndes – ein schöner Ort, der uns sicher in guter Erinnerung bleiben würde. Bald darauf passierten wir das Kloster Zoilo am Ende des Ortes, wo wir in absolute Dunkelheit traten, sodass wir den Weg nur durch die Stirnlampen einiger vorausgehender Pilger erkennen konnten. Das Klickklack von Kens Stöcken begleitete uns, es gab einen sehr zügigen Takt vor. Ken und Katharina unterhielten sich über Gott und die Welt. Ich schaltete ab, nahm mir eine verbale Auszeit. In der Monotonie des Laufens ließ ich meinen Gedanken freien Lauf: Knappe 400 Kilometer waren wir seit Roncesvalles schon unterwegs, und ich hatte noch keinen bereut, im Gegenteil, ich war fast süchtig nach dem Laufen, auch wenn sich das etwas verrückt anhört. Heute war unser 15. Wandertag. Jetzt, wo unser Urlaub langsam zu Ende ging, drängten sich Fragen auf: Würde ich den Camino noch einmal gehen? Was erzähle ich zu Hause? Wie sollte ich unseren Freunden wohl den Weg beschreiben? Geht das überhaupt? Wie soll man die Faszination rüberbringen? Wo soll ich anfangen? Bei der Natur, den Herbergen oder den Pilgerfreunden?

Meine Fußschmerzen machten mir das Laufen schwer. Eigentlich war es verrückt, dass ich mich der Herausforderung dieses Tages gestellt hatte. Vielleicht hätte ich es mir auch einfach machen und den Bus nehmen sollen wie Franca … Ein Blick auf Katharina genügte – ich hatte richtig entschieden. Pilgern ist eben kein Erholungsurlaub! Und diese ganz besondere Erfahrung wollte ich nicht missen, auch wenn sie mit Schmerzen verbunden war, denn sie ist aufschlussreich in der Hinsicht, wie weit man den Körper fordern, was man ihm zumuten kann. Mittlerweile zeigte sich ein roter Schimmer am Osthimmel, anders als der vorherige Tag begann dieser grau und wolkenverhangen, die Sonne verschonte uns, aber es wurde langsam hell. Nun konnten wir auch die Landschaft erkennen. Viel gibt es da nicht zu erzählen, außer einem langen schnurgeraden Weg mit angrenzenden Feldern und verstreuten Baumreihen war nichts zu sehen. Keine Wälder, keine Felsen, keine Dörfer, nicht einmal Weiden, nichts, wo das Auge einen Halt fand, wo es verweilen konnte. Es gab nur diese Felder und den einsamen Weg, auf dem die Pilgerschar, teilweise sehr weit auseinandergezogen, vor sich hin trottete. Ken war nach einer Pause hinter uns zurückgefallen, wahrscheinlich um den morgendlichen Kaffee loszuwerden. Ebendieser meldete sich nun auch bei mir, aber wohin sollte ich verschwinden? Nirgendwo konnte ich ein Gebüsch entdecken. Außerdem bemerkte ich neue Blasen an den Füßen, die ich aufstechen wollte. Also lief ich weiter, ergeben die Füße voreinander setzend, immer geradeaus, wie schon die Stunden zuvor, und verzichtete aus Mangel an Entsorgungsmöglichkeiten aufs Trinken. Männer hatten es da doch einfacher. Da – ein Busch! Und erst einige hundert Meter hinter uns kamen die nächsten Pilger. Die Gunst der Stunde sollte ich nutzen. Diesen Gedanken hatten allerdings schon viele vor mir, wie sich zeigte …

Dreieinhalb Stunden waren wir jetzt unterwegs, und eine weitere würde es noch dauern, bis wir die nächste Ortschaft, Calzadilla de la Cueza, erreichen würden. Mittlerweile hatten Katharina und ich ein sehr gutes Zeit- bzw. Geschwindigkeitsgefühl entwickelt, denn wir konnten ziemlich genau unsere Ankunftszeit voraussagen. Die Sonne versteckte sich noch immer hinter den Wolken, und ein kalter Wind blies uns entgegen. Wozu also sollte ich jetzt noch mehr als einen Liter Wasser mit mir herumschleppen? Ich würde ja ohnehin nichts trinken. So ließ ich mir von Katharina die große Wasserflasche aus meinem Rucksack geben und schüttete sie aus: Ein Kilo weniger würde die Füße entlasten. Dieser Weg war ja so eintönig! Katharina sinnierte, wo Richard jetzt sein könnte, den wir zuletzt in Hontanas getroffen hatten, oder Tim, den wir hinter Los Arcos verloren hatten. Ist Maja schon in Santiago?

Endlich, nach über vier Stunden, sagte Katharina aufatmend: „Schau mal, ist das da hinten ein Kirchturm?" Ich folgte ihrem Blick – tatsächlich, wir hatten es geschafft. Es waren schon anstrengende Kilometer auf diesem im Nichts verlaufenden Schotterweg, aber der Anblick der Zivilisation ließ alles vergessen. Froh, es geschafft zu haben, und in Erwartung einer baldigen Pause in einer Bar beschleunigten wir unsere

Schritte. Mittlerweile war die Kirche zu erkennen, von dem Dorf aber weit und breit nichts zu sehen. Demotiviert zockelten wir weiter, bis ein Jubelgeschrei vor uns ertönte, als Mitpilger das Dorf unter einer soeben erklommenen Erhebung entdeckten. Den Anblick genossen wir einige Minuten später ebenfalls und schlurften mit brennenden Füßen die letzten Meter bis zur nächsten Bar, wo wir uns auf die erstbesten Stühle sinken ließen, die Schuhe auszogen und die Füße mit frischer Luft belohnten. Wir waren nicht die Einzigen mit diesem Bedürfnis, überall standen oder lagen Schuhe oder Sandalen unter den Tischen und Stühlen. Der Wind blies kalt durch unsere Jacken, sodass wir nicht lange ausruhten und direkt nach einem Kaffee wieder aufbrachen. Man konnte es uns einfach nicht recht machen. Nach jeder Pause, war sie auch noch so kurz, musste ich mich wieder in den Schmerz einlaufen, den man sehr schwer erklären kann: Es fühlte sich an wie heftiges Brennen, Stiche, Ameisenbisse oder alles zusammen.

Hinter Calzadilla waren wir noch weitere drei Stunden unterwegs bis Terradillos de los Templarios. Entlang einer Landstraße kamen wir zu dem kleinen Dorf Ledigos, wo wir am Rand eines verunkrauteten Sportplatzes Pause machten. Die Strahlen der Sonne, die sich mittlerweile durch die Wolken gekämpft hatte, wärmten uns den Rücken. „Unser Tagespensum haben wir fast geschafft ...“, begann Katharina, als ein schrilles Geräusch sie unterbrach: Quiiiiiietsch! Suchend blickten wir uns um und entdeckten drei Frauen in bunten Kittelschürzen, eine mit einem Rollator älteren Baujahrs, dessen Räder sich aufgrund von Ölmangel kaum drehen ließen. Gestikulierend und diskutierend standen die drei mitten auf der Straße, wo wahrscheinlich nur sehr selten ein Auto fuhr. Einige Zeit schauten wir dem Spektakel urspanischer Konversation zu, bis wir uns wieder auf den Weg machten. Was freute ich mich auf das Ankommen!

In Terradillos sahen wir gleich linker Hand, etwas abseits vom Weg, eine neue Herberge, die irgendwann 2008 eröffnen sollte. Ob sie schon auf war, wussten wir nicht. Katharina ging allein dorthin, um nachzufragen, ob wir Betten bekommen würden, denn sie wollte mir jeden unnötigen Weg ersparen. Der erhobene Daumen nahm mir eine Last von den Schultern. Der Eingangsbereich war gleichzeitig Bar und Restaurant. Das Zimmer teilten wir uns mit drei jungen Pilgern aus Südtirol, die ihre Sommerferien nutzten, um den Jakobsweg zu gehen. Die Sanitäranlagen waren wie die Zimmer sehr sauber. Fast schon steril …

Bislang hatten wir uns jedes Dorf angesehen, in dem wir übernachteten. Doch heute kapitulierte ich und blieb in der Herberge. Nicht einmal Katharina konnte sich zur Besichtigung aufraffen, denn am nächsten Tag würden wir sowieso durch das Dorf laufen. Zusammen setzten wir uns später in die Bar und schauten den nach und nach ermattet eintrudelnden Pilgern zu. Ken aber kam munter wie am frühen Morgen zur Tür hereinkam, schaute in die Runde und freute sich, als er uns entdeckte. Nachdem er eingecheckt hatte, verschwand er für kurze Zeit, kam aber bald frisch geduscht wieder und setzte sich zu uns. Er fing an, von Tokio zu erzählen, von seiner Familie und seiner Frau, mit der er am liebsten den Jakobsweg noch einmal gehen würde. Er hatte mehrere Bücher über den Pilgerweg gelesen und war neugierig geworden. Seine Vorstellungen wären aber durch das Erleben des Weges bei Weitem übertroffen worden: Hilfsbereitschaft, Verständnis, Ruhe und Entspannung, ein Leben ohne Wettbewerb und viele andere Worte würden das alles nicht erklären können. Als er dann einige müde Pilger entdeckte, die zur Tür hereinschlurfen, ihre Rucksäcke zu Boden gleiten und sich auf den nächsten Stuhl fallen ließen, fügte er weitere Worte hinzu: Erschöpfung, Müdigkeit, schmerzende Füße und Beine, wundgescheuerte Hüften, Sonnenbrand …

Ist der Rucksack erst mal weg, rührt man sich ganz schnell vom Fleck. So erging es wohl den meisten, bald war die Bar bevölkert von Pilgern aller Herren Länder, die über Sprachbarrieren hinweg einen internationalen Potpourri bildeten, bis spät in den Abend. Als ich ins Bett ging, merkte ich, dass mein Fuß heiß und geschwollen war. Erschrocken informierte ich Katharina. Bedeutete das das Ende? Zusammen beratschlagten wir, was zu tun war. Viele Möglichkeiten hatte ich nicht. Kurzerhand rieb ich den Fuß mit Schmerzgel und Antiseptikum ein, steckte ihn in eine Plastiktüte und hoffte, dass die Salben über Nacht halfen. Todmüde von dem langen Tag schlief ich sofort ein. ´

Ich weiß nicht, welche Kraft der Weg auf die Pilger ausübt, welche positive Energie darin steckt. Die meisten haben Probleme mit den Füßen, Knien, Beinen, Hüften oder anderem. Meist handelt es sich um Anfangsprobleme, bei wenigen bleiben sie bestehen. Trotzdem ist die Zahl der Abbrecher sehr gering. Fast alle versuchen, ihr Ziel, in Santiago anzukommen, zu erreichen. Einige schaffen es nur mit „Fremdantrieb", andere ringen sich jeden Morgen aufs Neue die Überwindungskraft ab, aufzustehen und weiterzulaufen. Viele aber freuen sich, dass sie gesund sind und unterwegs zum Grab des Heiligen Jakobus.

Terradillos de los Templarios → El Burgo Ranero

3. Juli 2008 | 32 km

Wenn du unverdrossen deinen Weg gehst, erreichst du dein Ziel.

Als Katharina mich um 5:30 Uhr weckte, war das Erste, woran ich dachte, mein Fuß. Machte er mir nun endgültig einen Strich durch die Rechnung, oder konnte ich weiterlaufen? Mit bangem Gefühl arbeitete ich mich aus dem verwurschtelten Schlafsack, weil ich den Reißverschluss mal wieder nicht fand. Antiseptikum und Schmerzgel sei Dank, der Fuß war abgeschwollen. Mit einem Kopfnicken signalisierte ich Katharina, dass dem neuen Wandertag nichts im Wege stand. Erleichtert rafften wir unsere Schlafsäcke zusammen, klemmten sie unter den Arm und schlichen mit Rucksäcken und Schuhen in der Hand aus dem Schlafraum. Weit kamen wir nicht, denn die Tür zur Gaststätte wurde erst um 6 Uhr geöffnet. So hatten wir genug Zeit, um zu packen, damit wir direkt nach einem schnellen Frühstück aufbrechen konnten. Einige Minuten später gesellte sich Jacques, ein Arzt aus Toulouse, zu uns. Hier und da gingen leise weitere Türen auf, Pilger kamen in den Flur und warteten mit uns. Punkt 6 Uhr wurde die Tür geöffnet, und der Weg zum Kaffeeautomaten war frei. Zusammen mit Jacques setzten wir uns an einen Tisch und frühstückten. Er hatte am Vorabend von meinen Problemen erfahren und begutachtete fachmännisch den Fuß. Da er nichts Besorgniserregendes entdecken konnte, gab er mir grünes Licht, riet mir aber, mich im Ärztezentrum im zwölf Kilometer entfernten Sahagún vorsichtshalber noch einmal untersuchen zu lassen.

Zuversichtlich, dass wir auch diesen Tag wieder meistern würden, verließen wir bald die Herberge. Wieder einmal dachte ich an Iván, den Fahrer des Kleinbusses über den Ibañetapass, der gesagt hatte, dass man 20 Kilometer durchschnittlich laufen würde – 14 Tage war das her. Die Zeit war verflogen und die Tage voll mit Erinnerungen und Erlebnissen. Nun waren wir schon mehrfach um die 30 Kilometer gelaufen. Heute wollten wir sogar eine noch weitere Distanz hinter uns bringen. Allerdings wusste ich nicht, ob ich das durchhalten würde. Es dauerte mittlerweile immer länger, bis ich mich eingelaufen hatte und die Schmerzen auf ein geradeso erträgliches Maß zurückgingen. Wenn mir vorher jemand gesagt hätte, ich würde mitsamt Blasen und 10 Kilo Gepäck 320 Kilometer gehen, ich hätte ihn für verrückt erklärt. Langsam sehnte ich das Ende des Urlaubs herbei. Vor 7 Uhr durchliefen wir Terradillos de los Templarios. Lautes Geschrei lockte uns zu einer Weide, wo Guy versuchte, einem Esel Konkurrenz zu machen. Eine Weile schauten wir diesem Spektakel zu und gaben Bewertungen ab: Guy bekam Abzüge in der A- und B-Note, weil der Esel in der Ausübung beider Disziplinen wesentlich besser war. Anne aus Irland stand grinsend dabei und meinte, dass Männer wohl nie erwachsen würden.

Ein übergroßer Pfeil, wie gemacht für müde Pilger, wies uns den Weg, der uns aufs freie Feld führte. Kalter Wind jagte uns vor sich her, bis ein zaghafter Sonnenaufgang die ersten wärmenden Strahlen zur Erde sandte. Wir liefen auf das winzige Dorf Moratinos zu, das nur noch 76 Einwohner hatte. Lehmhäuser säumten die Straße. Kaputte Rollläden hingen nur noch an einer Schraube. Eine Katze beobachtete uns aus einer alten Scheune heraus. Doch es gab auch Anzeichen von Zivilisation: Autos und Mülleimer standen an der Straße, Blumenkübel vor gepflegten Häusern mit blauen Haustüren, was geradezu irreal wirkte. Bis Sahagún, der nächstgrößeren Stadt mit knapp 3000 Einwohnern, waren es noch acht Kilometer. Wir verließen die Provinz Palencia und kamen in die Provinz León. Die meiste Zeit pilgerten wir zügig zwischen reifen Getreidefeldern hindurch, die aber meinen Augen keinerlei Abwechslung bieten konnten. Ich hatte das Gefühl, schon richtig weit gelaufen zu sein, trotz aller Hindernisse. Katharina neben mir hing ihren eigenen Gedanken nach. Wir vermissten unsere Pilgerfreunde Tim und Richard und hofften, dass wir sie noch einmal sehen würden, denn wir hatten weder Adressen noch Nachnamen. Doch neue Bekannte waren hinzugekommen: Birgit, Fritz und Karl aus Berlin, Guy, Jacques, Ken und die Südafrikaner.

Noch etwa eine Stunde bis Sahagún. Am Ortseingang beantragte ich mal wieder eine Pause, denn eine neue Blase zierte meine Füße. Nun saß ich da, hatte die Schuhe ausgezogen und stach mir den Übeltäter auf. Ein fröhliches „Good morning, Ladies, what a wonderful morning!" ließ mich gequalt aufschauen. Sprachlos schaute ich einem leichtfüßig vorbeiziehenden Engländer hinterher. Nur absolute Selbstbeherrschung hielt mich davon ab, dem freundlichen Pilger meinen erhobenen Mittelfinger hinterherzuschicken. Von einem „wonderful morning" war ich meilenweit entfernt! Im Zentrum von Sahagún fragten wir nach dem Arzt und kamen im Gesundheitszentrum auch gleich dran. Der Fuß war dank Schmerzgel und Antiseptikum wieder in Ordnung, sodass ich kein Antibiotikum nehmen musste. Zurück auf dem Camino, trafen wir Anton mit seinen zwei Frauen, mit denen wir noch einige Zeit wanderten, bis sich bald darauf unsere Wege trennten. Der Hauptweg führte an der

Straße entlang, der etwas längere Weg über Felder. Heute entschieden wir uns für den kürzeren Hauptweg, wo es mehrere Möglichkeiten zur Übernachtung gab. Mit einer Umarmung verabschiedeten wir uns von den dreien, die den längeren Nebenweg laufen wollten.

Eintönig, ereignislos, langweilig. Das sind die Adjektive, mit denen ich die folgenden 80 Kilometer beschreiben würde. Zumindest empfand ich es so, weil ich nicht abschalten konnte. Fast die gesamte Strecke bis León war es ein geschotterter Weg, an dessen linker Seite im Abstand von neun Metern Bäume gepflanzt waren. Für mich war es eine Tortur, und ich hätte mir gewünscht, dass ich durch visuelle Eindrücke von den Fußschmerzen abgelenkt würde. Katharina lief weit vor mir, ein Tempo, das ich nicht halten konnte. Um der Eintönigkeit zu entgehen, spielte ich Grasbüschelerstechen mit dem Wanderstock. Die Landschaft war ja so ermüdend! Getreidefelder links, Getreidefelder rechts. Und wenn man etwas Abwechslung benötigte, konnte man die Bäume betrachten, die den Weg säumten. Nicht einmal auf der Straße war Betrieb, was mich vielleicht ein bisschen abgelenkt hätte. Fahrradpilger überholten mich hin und wieder, denen ich sehnsüchtig hinterher sah. Denen tat am Abend, wenn überhaupt, nur der Hintern weh. Mein Magen fing an zu knurren, ich sah auf die Uhr. Die Mittagszeit war schon fast vorbei, und wir hatten noch immer nichts gegessen. Vor der nächsten Ortschaft, Bercianos del Real Camino – der Name allein war schon ein Gedicht – sah ich Katharina auf mich warten. Auch sie verlangte nach einer Essenspause. Unsere Vorräte waren komplett aufgebraucht, aber im Ort würden wir sicher etwas bekommen. Rastende Pilger saßen am Ortseingang auf einer Bank im Schatten eines Baumes. Es war kurz vor 14 Uhr, wir mussten uns beeilen, weil die Läden um diese Zeit schlossen. Wenn es keinen Laden gegeben hätte, wären wir ganz schön aufgeschmissen gewesen. Zum Glück las uns eine Einwohnerin den Hunger am Gesicht ab und schickte uns zu einem kleinen Laden in Größe eines Kiosks, der wider Erwarten über all das verfügte, was das Herz, ähm, der Magen verlangte, appetitlich in einer Kühltheke dekoriert, zum Kauf bereit:

Salami, Schinken, Kuhkäse – den bekam man nur ziemlich selten – und sogar Butter. Dazu gab es frisches Weißbrot und zwei knackige Pfirsiche. Zufrieden mit der Beute, fragten wir nach einem Platz, wo wir dieses feine Mahl vertilgen konnten. Eine der Verkäuferinnen zog kurzerhand ihren Kittel aus und nahm uns in Schlepptau. Nach ein paar Minuten zeigte sie uns den schönsten Flecken des Dorfes: Steinbank und Tisch im Schatten eines Baumes, nebendran ein Brunnen mit frischem Quellwasser. Begeistert bedankten wir uns und wünschten ihr noch einen schönen Tag.

Genussvoll verspeisten wir alles, was wir gekauft hatten, und verweilten noch lange Zeit an diesem lauschigen Ort. Doch die Ernüchterung folgte auf dem Fuße, als wir wieder aufbrachen: Anstatt dass sich Körper und Geist damit beschäftigten, die Fortbewegung zu koordinieren, befassten sie sich mit der Verarbeitung des Essens. Zu den Fußschmerzen gesellten sich jetzt noch Kurzatmigkeit und Trägheit. Ein Bett wäre schön gewesen – oder zumindest ein Fahrrad. Doch wer essen kann, kann auch laufen. Eigentlich heißt der Spruch anders, aber er passte. Katharina schien in der Hinsicht keinerlei Schwierigkeiten zu haben, denn bald sah ich nur noch den Staub, der hinter ihr aufwirbelte. Ich freute mich nach diesem langen Tag auf die Herberge. Um 16 Uhr passierten wir endlich das Ortsschild von El Burgo Ranero und folgten den Pfeilen. Bald darauf winkten uns Fritz und Birgit heran, die zusammen mit anderen Pilgern im Schatten eines Sonnenschirms vor einer Herberge saßen, in der es als einziger noch Betten gab. Alle anderen seien bereits voll, berichteten sie. So suchten wir die Hospitalera, die wie vom Erdboden verschwunden war, und stellen schon mal die Rucksäcke an die Eingangstür. Nach unendlichen 30 Minuten kam sie endlich und wies uns zwei Betten zum stolzen Preis von jeweils 10 Euro in einem 3er-Zimmer zu. In den anderen Zimmern standen mehrere Stockbetten. Zwei Bäder, in denen es sehr unangenehm roch, reichten bei weitem nicht aus. Die Hospitalera selbst hauste auf engem Raum und war wahrscheinlich mit der Reinigung überfordert. Die Möbel in unserem Zimmer hatten schon bessere Zeiten gesehen, was ja nicht weiter schlimm war, aber vor der Tagesdecke ekelte ich mich und wollte sie gar nicht anfassen. Wer weiß, was darauf schon alles gelegen hatte! Das große dunkle Muster der vergilbten und fleckigen Tapeten zeugte von jahrzehntelanger Präsenz. Ich war froh, meinen Schlafsack dabei zu haben. Aber in der Nacht hatte ich ohnehin die Augen zu und würde meine Umgebung nicht sehen.

In Bercianos hatten wir uns wieder Nudeln und Thunfisch gekauft, die wir an dem Abend zubereiten wollten. Eine Küche hatte die Herberge nicht, und so fragte Katharina die Hospitalera, wo wir kochen könnten. Sie bot uns an, dies für uns zu tun. Eine Stunde später bat sie uns in den Garten hinter dem Haus. Auf einem Tisch neben der Küche standen Teller mit Bestecken und lauwarme, ohne Salz gekochte Nudeln. Das war ja noch in Ordnung, sie hätte es ja gar nicht für uns machen brauchen. Als wir aber einen Blick in ihre Küche warfen, stellten sich mir die Nackenhaare hoch, mein Hunger schrumpfte sofort gen null. Wenn wenigstens das Wasser aus dem Hahn sauber war! Ich spülte unsere Teller nochmals ab und hoffte, dass das ehemals heiße Nudelwasser desinfizierend gewirkt hatte. Mit leichtem Unwillen verzehrten wir nun unsere mittlerweile kalten Nudeln mit Thunfisch, um uns herum sieben Katzen, das gesamte Haustierarsenal. Sie schauten uns hungrig an, jederzeit bereit, aufzuspringen und unser Essen zu vertilgen. So schnell wie an diesem Tag hatten wir noch nie gegessen. Anschließend sahen wir uns das Dorf an und trafen hier und da Pilgerfreunde, mit denen wir den Abend verbrachten. Später ließ es sich nicht mehr aufschieben, und wir krochen angewidert in unsere Schlafsäcke in der Hoffnung, dass uns kleine Krabbeltiere verschonen würden.

El Burgo Ranero → Puente Villarente

4. Juli 2008 | 25 km

Mit einem lieben Menschen an der Seite kann man viel erreichen.

Kaum hatte ich am frühen Morgen die Augen geöffnet, tauchte wieder das Fragezeichen vor meinem inneren Auge auf: Wie werde ich den Tag herumkriegen? Ich fühlte mich hin und her gerissen zwischen Können und Wollen. Die Tür schloss sich hinter unserer sehr früh abreisenden Zimmergenossin, und mein Blick schweifte zu der zerschlissenen Tapete. Sofort nahmen meine Gedanken eine andere Richtung, nämlich zu salzlosen Nudeln, vielen Katzen und der Messiküche. Das reichte, um mich aus dem Schlafsack zu katapultieren und in Windeseile anzuziehen. Katharina sah erstaunt zu, war sie doch so eine Hektik von mir gar nicht gewohnt. Das Frühstück verkniffen wir uns, obwohl Tisch und Stühle bereit standen. Lieber wollten wir der netten kleinen Bar, die wir am Vortag nebenan entdeckt hatten, einen Besuch abstatten. Befreit schlossen wir die Haustür hinter uns und betraten kurz darauf die fast voll besetzte Bar, wo man uns mit einem „ausgiebigen" Frühstück versorgte, denn zum normalen Tostada gab es Croissants, Butter und Kakao. In einer Ecke hing ein großer Flachbildschirm, in dem gerade die 7-Uhr-Nachrichten liefen. Die Wettervorhersage versprach einen weiteren heißen Tag. Gebannt folgten wir anschließend einem Bericht über die Stierhatz am Vortag durch die Straßen Pamplonas, wo wir 15 Tage zuvor entlanggeschlendert waren. Schwer schluckend, dachte ich wehmütig an den Tag, als der größte Teil des Jakobswegs noch vor uns lag und ich vor Vorfreude, Neugier und Spannung brannte. War das wirklich schon so lange her?

An unserem 17. Wandertag pilgerten wir auf dem Weg weiter, junge Bäumen zur Linken und die Landstraße zur Rechten. Die Eintönigkeit war einfach entsetzlich – kein Ziel, worauf ich zulaufen und das mich von den fast unerträglichen Schmerzen ablenken konnte. Also spielte ich wieder „Grasbüschelerstechen". Die Zeit lief wie ein Countdown, und das Ende unserer ersten Etappe des Jakobsweges rückte unaufhaltsam näher. Schritt für Schritt, Schritt für Schritt. 430 Kilometer sind wir bislang gewandert, und wenn ich von Blasen und Knieschmerzen mal absah, lief bis jetzt alles bestens. Wir verstanden uns sehr gut, ja ernteten oft ungläubige Blicke, wenn wir erzählten, dass wir Tochter und Mutter sind, und haben viele nette Menschen aus aller Welt getroffen. Ob wir mit manchen wohl in Kontakt bleiben würden? Aber wie sollte das gehen? Wir hatten ja keine Adressen. Die unterschiedlichsten Regionen haben wir durchwandert, von den Pyrenäen zur Meseta, über Flüsse, durch Wälder und entlang von Hauptstraßen. Großstädte, die nicht an der Hauptroute gen Süden liegen, konnten wir erkunden und in den verschiedensten Herbergen übernachten. Dies alles füllte mich mit Dankbarkeit und unendlicher Zufriedenheit, ich war wie berauscht, sodass ich es am liebsten laut hinausgeschrien hätte.

Nach drei Stunden strammen Gehens erreichten wir den Ort Reliegos, in dem uns buntes Stimmengewirr vor einer Bar magisch anzog. Beide waren wir froh über eine kleine Pause mit einen Kaffee in netter Atmosphäre, so setzten wir uns an einen freien Tisch und ließen unsere Blicke über die Pilger schweifen, von denen wir zwar einige kannten, aber nicht die sahen, auf die wir hofften. Wo waren sie, all unsere Freunde? Weder Guy noch Tim, der Arzt aus Toulouse oder die anderen waren zu sehen. Dafür hatten sich eine Katze und ein schielender, mit dem Stummelschwänzchen wackelnder Rottweiler angeschlichen und ließen sich vor uns nieder. Abwechselnd schauten sie bettelnd meinen Rucksack und dann uns an. Es dauerte etwas, bis ich verstand, was sie angelockt hatte: Einige Tage zuvor hatte ich eine Wurst gekauft, die so aussah, als ob sie gut schmecken könnte. Doch als ich genussvoll reinbiss, entpuppte sie sich als ungewürzte, wabbelige Fleischmasse, sodass mir fast übel wurde – unmöglich, das hinunterzuschlucken. Katharinas Frage folgte natürlich auf dem Fuße, warum ich nur immer wieder Neues ausprobieren müsste, wenn es doch genug gab, was mir wirklich schmeckte, nämlich eine leckere Wurst mit weißer Schale, die in fast allen Geschäften angeboten wurde. Lebensmittel kann ich nun mal nicht wegwerfen, und so trug ich die Wabbelwurst in meinem Rucksack spazieren und hoffte, irgendwann eine Entsorgungsmöglichkeit zu finden, die nun also schielend und maunzend vor uns saß ...

Nach einer guten halben Stunde machten wir uns wieder auf den Weg, denn die Kilometer wurden durch Ausruhen nicht wirklich weniger. Ich schimpfte mal wieder auf mich, dass ich mir keine ordentlichen Wandersandalen mitgenommen hatte, die mir wahrscheinlich eine hundertprozentige Steigerung des Pilgervergnügens bereitet hätten. Überall hielt ich Ausschau nach Outdoorgeschäften, um mir welche zu kaufen, leider erfolglos. Außerdem traute ich Wandersandalen nicht unbedingt zu, dass sie bequemer waren als meine Freizeitsandalen – ein Fehler, wie ich im Nachhinein weiß. Nach insgesamt 20 Kilometern erreichten wir die etwas größere Ortschaft Mansilla de las Mulas, wo wir uns in einem Touristenbüro einen Stempel geben ließen und Katharina sich nach Sehenswürdigkeiten erkundigte. Nachdem sie einige Infos erhalten hatte, verließen wir das Büro. „Katharina, schau du an, was du sehen möchtest, ich werde so lange irgendwo warten", sagte ich zu ihr, denn außerplanmäßige Besichtigungstouren schenkte ich mir, da ich noch bis nach Puente Villarente laufen wollte. Allein hatte Katharina allerdings auch keine Lust.

Von Mansilla de las Mulas bis León hatten wir das zweifelhafte Vergnügen, entlang der N 601 zu laufen, mit stinkenden Abgasen und dröhnenden Autos als einzigen Begleitern. Ich vermisste die Stille, die mir ermöglichte, abzutauchen, über die Zukunft nachzudenken oder einfach nur die Füße voreinanderzusetzen. Sie war mir mittlerweile zum lebenswichtigen Genussmittel geworden. Die Strecke verlief abwechselnd auf harter Betonpiste und auf Feldwegen, worüber der Staub wie eine Decke lag und die heiße Sonne die Luft flirren ließ. In die Böschung waren viele kleine Erdhöhlen eingebaut, deren Entlüftungsschächte wie Schornsteine aus dem Grasboden ragten. Es handelte sich wohl um

Vorratskeller aus Zeiten, als es zivilisierte Errungenschaften wie Kühltruhen oder -schränke noch nicht gab. Katharina lief gut gelaunt voraus. Ich konnte ihr das nicht verübeln, denn ich war sehr langsam geworden und sehnte mich nach der Herberge. Doch mit jedem Schritt, den ich hier machte, rückte auch der Zeitpunkt näher, an dem sie – wie schon unsere ältere Tochter Christina, die in Stuttgart studierte, – zu Hause ausziehen würde, um in Erlangen mit dem Studium zu beginnen. Wie wird es wohl sein, wenn keiner mehr mittags heimkommt und ein Schwätzchen mit mir hält, wenn der ganze Tag mir allein gehört? Die Vorstellung machte mich wehmütig und ließ mich nicht mehr los. Andererseits sah ich dem Ganzen auch neugierig entgegen. Mal ganz ehrlich: Stubenhocker wollte ich nicht haben, so war ich eigentlich sehr froh, dass meine Kinder ihren Weg gingen, ihr Leben in Angriff nahmen. Katharina jedenfalls freute sich auf den neuen Lebensabschnitt. Und die neu gewonnenen Freiheiten für mich und meinen Mann waren ebenfalls nicht von der Hand zu weisen. – Wie es wohl Margaret aus Cambridge und Daniel aus Canberra ging, die sich am Beginn des Jakobsweges kennen- und lieben gelernt hatten? Die zwei waren bestimmt traurig, dass nun über die Hälfte des Weges hinter ihnen lag. Ob sie eine Zukunft haben? Vermutlich nicht, eine Wochenendbeziehung über zwei Kontinente, daran ist sicher nicht zu denken ...

Nach sieben Stunden Wanderzeit stand ich vor dem Ortsschild von Puente Villarente. Endlich. Jetzt aber schnell zur Unterkunft und unter die Dusche! Eine kleine Straße führte zu unserer Herberge San Pelayo, deren Tür war einladend geöffnet, die Eingangshalle schummrig und angenehm kühl, und ein *Hallo* von Fritz und Birgit begrüßte uns. Wir checkten ein und erledigten das tägliche Einerlei. Als wir nach einer Möglichkeit suchten, unsere gewaschenen Sachen aufzuhängen, winkte mich Birgit zu sich. „Das müsst ihr euch ansehen, dann wollt ihr gar nicht mehr weg!", sagte sie begeistert. Neugierig folgten wir ihr hinaus in den Garten. Tatsächlich – dort gab es Rasen, Liegestühle und Schatten.

Ich hängte nur schnell die Sachen auf die Leine, legte mich auf einen Liegestuhl unter einen Baum – und war kurze Zeit später fast weggedöst.

Der Abend verging in der Gesellschaft mit anderen Pilgern ziemlich schnell. Dabei hatte ich eigentlich gar keine allzu große Lust mehr auf Konversation. Die meisten Gespräche handelten davon, wo die Pilger in den folgenden Tagen wann sein würden. Wo ich zwei Tage später sein würde, wusste ich: in Bilbao, am Ende der Reise. Und darüber war ich noch nicht einmal besonders unglücklich! Und irgendwie doch niedergeschlagen, dass ich das Ende herbeisehnte, anstatt traurig darüber zu sein, diese einmalig faszinierende Wanderung unterbrechen zu müssen. Einziger Trost: Wenn alles gut gehen sollte, werden wir unsere Pilgerreise im nächsten Jahr fortsetzen!

Puente Villarente → Virgen del Camino

5. Juli 2008 | 22 km

Schuld allein ist der Wind.

Eigentlich wollten wir gar nicht so früh aufstehen, denn die 22 Kilometer heute bis Virgen del Camino waren gut zu schaffen, selbst für meine Mutter mit ihren Problemfüßen. Doch wieder einmal packte ein Mitpilger in unserem Zimmer im Licht seiner Stirnlampe geräuschvoll seine Sachen. Auch wir waren in den vergangenen Wochen oft sehr zeitig aufgestanden, doch hatten wir uns immer leise verhalten. Na ja, fast immer – Estella war mir noch in peinlicher Erinnerung ... Trübsinnig stand ich auf, zog mich an und packte meine Sachen zusammen. In der Küche roch es stark angekokelt, der Hospitalero bereitete gerade das Frühstück vor. Anscheinend fiel ihm gar nicht auf, dass die eine oder andere Scheibe der Tostados bereits schwarz war. Stolz schüttete er sein „Selbstverbranntes" in den Brotkorb, der zusammen mit Marmelade, Margarine und Kaffee auf dem Tisch stand. Vielleicht war es auch normal so, mit den spanischen Frühstückszeremonien hatten wir uns noch immer nicht angefreundet. Glücklicherweise entdeckten wir auch normalfarbige Brotscheiben. Zwei Scheibchen, das reichte uns bis zum Mittag.

Lustlos machten wir uns auf die Socken. Meine Mutter latschte die Kilometer nur noch ab, und ich war enttäuscht, dass uns kein Pilgerfreund aus unserer Anfangszeit mehr über den Weg lief. Wo steckte wohl Tim, der Westpreußen-Amerikaner? Zumindest von ihm hätte ich mich gern verabschiedet. Alles war blöd, der Urlaub zu Ende und meine Stimmung im Keller. Mir gefiel es überhaupt nicht, dass wir den Weg nun abbrechen und nach Hause zurückkehren mussten.

Soeben machten wir eine kleine Zwangspause, meine Mutter zog mal wieder ihre Schuhe aus, um neue Blasen zu inspizieren. Da konnte ja auch keine Freude aufkommen! Miesepetrig schaute ich gen Westen. Der Reiz des Caminos hatte in diesem Bereich, im Dunstkreis der nahen Großstadt León, schon sehr gelitten. El Camino Real, der königliche Jakobsweg, wie man immer wieder lesen konnte, führte in die Stadt León hinein und Richtung Virgen del Camino wieder hinaus. Durch die vielen Pilger wurde er immer weiter ausgebaut, auch die Autostraßen, das Laufen an deren Rändern war höchst unangenehm. Überlandleitungen prägten das Bild, wahrlich keine schöne Etappe, aber sie gehörte ja nun mal dazu. Ich wollte sie so schnell wie möglich hinter mich bringen, hatte mich aber auch irgendwie daran gewöhnt, auf meine Mutter zu warten, wenn sie wegen ihrer schmerzhaften Blasen nicht so schnell hinterherkam. Ich konnte ihr ansehen, dass sie das Ende des Urlaubs herbeisehnte. Aber wenn alles wie geplant läuft, würden wir im nächsten Jahr den Jakobsweg beenden. Wenn sie bis dahin wieder mitkommen mag ... Immerhin, sie hat nicht aufgegeben, davon war nie ernsthaft die Rede, auch wenn wir es manchmal befürchteten.

Über mehrere Kilometer mussten wir auf einem Trampelpfad neben der stark frequentierten Nationalstraße laufen, was an Sadismus grenzte. Ungläubig blätterte ich im Handbuch, ob ich irgendetwas übersehen hatte, doch es war wirklich so. Mal abgesehen davon, dass es an Langeweile nicht zu überbieten war, war es auch nicht ganz ungefährlich. Wo der Weg mal von der Straße wegführte, durchquerte er Industriegebiete, vorbei an Bausünden und Bauruinen. Dreck, Staub und Abgase bekamen die Pilger als kleine Beigabe. Unmutig trotteten wir im Gänsemarsch hintereinander her, als der Pfeil kurz vor der Stadt plötzlich nach links zeigte – direkt über die vierspurige Nationalstraße! Freundlicherweise hatte man einen Durchgang zwischen den Leitplanken freigelassen. Ungläubig sahen meine Mutter und ich uns an. Doch tatsächlich, zwischen vorbeirasenden Autos entdeckten wir auf der anderen Seite einen gelben Pfeil. Handelte es sich hier etwa um ein Art „Ausleseverfahren"? Einige Minuten standen wir am Straßenrand und warteten auf eine Lücke im Verkehrsstrom – dann spurteten wir los. Hinter uns gingen die nächsten Pilger in Wartestellung, um das Unmögliche zu versuchen.

Den Camino durch die Großstadt zu finden, war gar nicht so einfach. Pfeile und Muscheln gab es zwar, doch wo? Oft waren sie verdeckt oder schlecht sichtbar angebracht. Die Einwohner aber zeigten sich wirklich sehr hilfsbereit. Auch wenn sie vielleicht schon viele Male angesprochen wurden, wiesen sie uns gern den Weg, der auf einer schattenspendenden Kastanienallee Richtung Altstadt führte. Bänke am Rand verführten zu einer Pause, in der man dem Trubel auf Straßen und Gehwegen zusehen und den Flair dieses schönen Stadtteils genießen konnte. Einige Minuten gönnten wir uns, doch wir wollten ja weiter, der Drang zum Laufen war noch immer da. Ich schaute im Stadtplan des Pilgerhandbuchs nach der Herberge, doch der Maßstab war zu klein. Erst einmal gingen wir Richtung Westen, was so verkehrt nicht sein konnte, auch wenn wir schon lange keine Zeichen mehr gesehen hatten. Es gab zwar eine knappe Beschreibung im Pilgerhandbuch, doch war sie nicht ausreichend, um das Benediktinerkloster in der verwinkelten Altstadt zu finden. Gerade standen wir an einer Kreuzung und beratschlagten, wie wir dorthin gelangen könnten, da hörten wir plötzlich einen vertrauten Laut: Klickklack, klickklack. Das wird doch nicht ...? Tatsächlich, da kam Ken! Die Freude war riesengroß, hatten wir zumindest einen Pilgerfreund wiedergefunden. Gemeinsam mit seinem Begleiter, einem Spanier, den wir bereits in Zubiri, unserer ersten Herberge, gesehen hatten, liefen wir los. Mithilfe seines Stadtplans führte er uns wie der Rattenfänger von Hameln sicher durch die Stadt zum Benediktinerkloster, das wir nach wenigen Minuten erreichten. Vor einem riesigen Tor wartete bereits eine Gruppe Pilger auf die Öffnung. Die Gelegenheit beim Schopfe packend, nutzte ich die Wartezeit und fragte den Spanier, ob ich mal einen Blick auf seinen Stadtplan werfen dürfe, da wir zum Bahnhof müssten. Das sei kein Problem, sagte er, er würde gleich mit uns gehen, weil er berufsbedingt ebenfalls wieder nach Hause müsse und sich deswegen nach Zugverbindungen informieren wollte.

Punkt 11 Uhr öffnete sich das Tor und gab den Blick frei in den riesigen Innenhof des altehrwürdigen Klosters. Unter einem Vordach saßen Nonnen an zwei Tischen. Vor ihnen lagen große Bücher, in die sich die Pilger, die übernachten wollten, eintragen mussten. Anschließend erhielt man einen Stempel in den Pilgerpass. Da wir nicht vorhatten, über Nacht zu bleiben, stellten wir nur unsere Rucksäcke und Stöcke ab, wechselten die Schuhe und warteten, bis der Spanier eingecheckt hatte, um mit ihm zum Bahnhof zu gehen. Nachdem wir uns über die Abfahrtszeiten der Züge Richtung Bilbao informiert hatten, stand uns der Tag in León zur freien Verfügung, und wir machten uns auf den Weg zurück in die Innenstadt, zur Kathedrale Santa Maria, auch sie eines der schönsten Gotteshäuser Spaniens. Erbaut im gotischen Stil im 13. und 14. Jahrhundert, ließen hohe bunte Kirchenfenster das Sonnenlicht hinein. Es beleuchtete ein Brautpaar, das sich gerade vor dem Altar das Versprechen der ewigen Liebe und Treue gab. Mucksmäuschenstill schauten wir der Zeremonie zu, bis wir uns ebenso leise wieder nach draußen stahlen, denn León wollte erkundet werden. Tatsächlich gab es viel zu entdecken: kleine Gassen, schön dekorierte Balkone, alte hölzerne Haustüren, versteckte Plätze, schmucke Kirchen und vieles mehr. Wir freuten uns, all dies gemeinsam erkunden und uns unsere Eindrücke mitteilen zu können. Geteilte Freude ist wirklich doppelte Freude.

Anders war es da Richard ergangen, dessen Berichte über seine Erlebnisse auf dem Jakobsweg, die er für seine Freunde ins Internet stellte, ich hin und wieder las. Er schrieb, dass er in León sehr traurig gewesen sei, sich die Stadt allein ansehen zu müssen, all die schönen kleinen Gassen, Plätze und Kirchen. Es gab zwar Pilger, die er später kennengelernt hatte und mit denen er auch viele Kilometer gegangen sei, doch würden ihm die Pilgerfreunde fehlen, die er kurz hinter Burgos verloren hatte. Er hätte sich gefreut, mit ihnen die Schönheiten der Altstadt zu entdecken oder in einem versteckten Café in einer Seitengasse Cappuccino zu trinken. Er meinte uns, da war ich mir sicher.

In Léon besichtigten wir natürlich auch die eigenwilligen Bauten des Architekten Gaudí, und meine Mutter machte ihre obligatorischen Fotos. Gerade setzte ich mein schönstes Fotolächeln auf, als so ein Trottel grinsend durch mein Blickfeld lief. Verdattert starrte ich den Mann an. Tim ...? Das war Tim! Unglaublich! Tim, den wir knappe zwei Wochen nicht mehr gesehen hatten! Er hatte uns auf dem Platz entdeckt und einen günstigen Moment abgewartet, uns zu überraschen, was ihm wirklich gelungen war. Ich konnte es nicht fassen. Er drückte mich so fest, dass ich fast keine Luft mehr bekam. Bei einem Kaffee erzählte er von seinen Erlebnissen auf dem Jakobsweg. In vielen Situationen fand ich mich wieder. Er erzählte uns von Herbergen, an denen wir nur vorbeigewandert waren, einem anderen Tagesziel zu. Außerdem sei er 80 Kilometer mit dem Bus gefahren und deswegen noch vor uns in León angekommen. Wir hätten noch Stunden zusammen verbringen können, aber die Zeit raste dahin, viel zu schnell mussten wir uns wieder trennen. Auf jeden Fall konnten wir nun unsere Adressen austauschen.

Es wurde Zeit aufzubrechen, denn wir mussten ja noch weiter bis Virgen del Camino. Tim wollte uns bis zur Herberge begleiten. Gemeinsam schlenderten wir durch die Fußgängerzone, als ein Eselsschrei uns aufhorchen ließ. Da! Vor einem Café stand Guy mit Jacques und zwei anderen Pilgern, denen er gerade die Eselanekdote erzählte, die wir in

Terradillos erlebt hatten. Noch einmal war die Wiedersehensfreude riesengroß. Leider währte sie nicht lange, denn wir berichteten, dass dies unser letzter Tag auf dem Camino sei. Augenblicklich hatte Guy mit Tränen zu kämpfen. Der Wind sei schuld, sagte er, er treibe ihm Wasser in die Augen ... Wir umarmten uns und wollten gar nicht mehr loslassen. Natürlich tauschten wir noch Adressen aus, um Kontakt halten zu können. Ähnliche bewegende Momente sind sicher fast allen Pilgern widerfahren, keiner von ihnen wird sie wohl jemals vergessen.

Vor den Toren der Herberge mussten wir uns dann auch von Tim verabschieden, es ließ sich nicht mehr aufschieben. Mit hängendem Kopf ging jeder seines Weges. Die Rucksäcke schulternd, zogen wir los, kauften noch Verpflegung ein und machten uns dann wieder auf den Weg Richtung Virgen del Camino: erneut an der trostlosen Hauptstraße entlang aus León heraus direkt hinein in ein trostloses Industriegebiet. Um 19 Uhr erreichten wir die Herberge, welche etwas abseits der Hauptstraße lag und 40 Betten zur Verfügung stellte. Im trostlosen Garten saßen Karl und Fritz unter einem Baum und schmiedeten Pläne für den kommenden Tag. Vielleicht wirkte auch alles nur so trostlos auf mich. All dies zurückzulassen, fiel mir sehr schwer. Meine Erinnerungen konnte ich zwar mitnehmen, was mich ein bisschen tröstete, aber trotzdem.

Im großen Aufenthaltsraum, wo neben einigen Sofas und Bücherregalen auch eine kleine Küchenzeile integriert war, erkannten wir Birgit, die gerade das Abendessen brutzelte. Es roch verführerisch nach Pilzen, Fleisch und Knoblauch. Normalerweise lief mir bei diesem Duft das Wasser im Mund zusammen. Doch heute wollte sich kein Hunger einstellen. Wir checkten ein, erledigten das tägliche Prozedere. In der Küche saßen mittlerweile auch „Schwarzrotgold", die drei jungen Frauen, denen wir irgendwann mal diesen Namen verpasst hatten – Hunderte Kilometer vorher.

Virgen del Camino → Villadangos del Páramo → León

6. Juli 2008 | 15 km

Pilgerfreunde kennenlernen, aus den Augen verlieren und wiedersehen – welche Freude!

Ich bemerkte leichtes Schaukeln, als Birgit sich vom Bett herunterhangelte, um in einen neuen Tag auf dem Camino zu starten, der sie ein Stück weiter nach Santiago bringen würde. Ich drehte mich auf die andere Seite und schlief wieder ein, denn wir hatten am Vorabend beschlossen, nur noch 15 Kilometer bis Villadangos del Páramo zu laufen, von wo wir mit dem Bus nach León zurückfahren wollten. Es bestand also kein Grund zur Eile. Das fand zumindest ich. Doch Katharina weckte mich gnadenlos. Ich blinzelte sie einmal kurz an und stellte mich wieder schlafend. Vielleicht gab sie auf? Nein, das tat sie nicht. „Also, ich bin jetzt fertig", sagte sie. „Wenn du noch frühstücken willst, solltest du aufstehen, denn in einer halben Stunde müssen wir draußen sein."

Es war 7 Uhr. Hunger hatte ich schon, nach der dünnen Suppe am Vorabend. Also pellte ich mich lustlos aus dem Schlafsack, um den neuen Tag in Angriff zu nehmen. Heute würde ich meine Wanderschuhe das letzte Mal auf dem Weg nach Westen anziehen. In der Küche waren nur noch ein paar Nachzügler, „Schwarzrotgold" und eine junge Pilgerin, Miriam aus Oldenburg, die erst spät am Abend mit dem Bus aus León angekommen war. Wir setzten uns zu ihr und schlürften unser Leitungswasser. Miriam erzählte, dass sie im Vorjahr den Weg in León unterbrochen hatte, um heute wieder hier zu starten. Dabei sprühte sie förmlich vor Unternehmungslust. „Schwarzrotgold" hatten sich mittlerweile mit einem *Adiós* verabschiedet. Ob wir wohl im nächsten Jahr auch hier sitzen werden, den Weg vor uns? Etwas neidisch auf Miriam war ich schon. Aber es war in Ordnung so, wie es war.

Der Hospitalero schloss hinter uns ab, betrübt tappten wir durch die leeren Straßen von Virgen del Camino. Ob wir vielleicht doch noch den einen oder anderen Pilgerfreund treffen würden? Leider schauten wir uns vergebens um. Vielleicht war es auch gut so, denn eigentlich hatten wir uns ja schon verabschiedet, und zweimal Tränen brauchte ich nicht. Tief in Gedanken versunken, passierten wir das Ortsausgangsschild, hinter dem eine Abzweigung von der Hauptroute auf den Alternativweg führte, die wir aber prompt übersahen. Nicht schlimm, heute wollten wir ohnehin die Hauptroute nehmen – laut Pilgerhandbuch nur *„für ausgesprochene Masochisten, eingefleischte Autoliebhaber und Menschen, die auf dem Jakobsweg besonders große Sünden abbüßen wollen".* Doch wir brauchten eine Bushaltestelle, und die gab es nur hier. Der andere Weg führte über Wiesen, Felder und durch versteckte kleine Dörfer, weit von der Hauptstraße entfernt. Wenn alles klappte wie geplant, würden wir aber im nächsten Jahr dort langgehen, um nach Hospital de Órbigo zu kommen. Wenn, wenn, wenn …

Wortlos trottete Katharina neben mir her. Ich dachte an das Hotel in Bilbao, wo wir bereits auf der Hinreise übernachtet hatten und auch am nächsten Abend vor unserem Heimflug wieder schlafen würden. Spanien – ich habe es auf dem Jakobsweg lieben gelernt und Vorbehalte über Bord geworfen. Hontanas hat sich in meinem Kopf am tiefsten eingeprägt, als wir nach der langen Wanderung über die heiße Meseta das kleine Dorf nicht sehen konnten, bis wir direkt davor standen, weil es in einer Mulde lag. Ich glaubte damals, dass ich das Ziel nie erreichen und verdursten würde. Die kleine Straße, die durch Hontanas führt, „die Museumsherberge" und die Calabaza, die Katharina von dem Spanier geschenkt bekommen hatte. – So viel hatte ich mit meiner Tochter erlebt. Tiefe Dankbarkeit erfüllte mein Herz. Noch diesen einen Tag musste ich in meinen Schuhen überstehen. Traurig dachte ich an Guy, Jacques, Tim, Richard, Ken und die vielen anderen Pilgerbekanntschaften, die wir nun zurückließen und vielleicht nie wiedersehen würden.

Die Landschaft trug auch nicht dazu bei, meine Stimmung zu heben. Im Gegenteil, sie war trist und traurig wie ich. Oder sie erschien mir nur so.

Nach etwa sieben Kilometern durchliefen wir das Dorf San Miguel del Camino, das nur durch die Hauptstraße und die vielen Störche auf der Turmruine einer ehemaligen Kirche belebt wurde. Ein weiteres tristes Durchgangsdorf entlang des Weges. Als wir Villadangos del Páramo erreichten, stand über dem Dorf die gleißende Sonne. Mit dem guten Gefühl, auch den letzten Tag genutzt zu haben, informierte sich Katharina an der Bushaltestelle über die Abfahrtszeiten des Regionalbusses Richtung León. Wir brauchten nicht lange zu warten, bis er kam. Der Fahrer verstaute die Rucksäcke im Laderaum und fuhr auf der Straße zurück, an der wir am Vormittag entlanggelaufen waren. Schwere Steine lagen auf meinen Schultern, und ich hatte Blei in den Beinen, als wir mittags am Bahnhof von León ausstiegen und Richtung Benediktiner- herberge gingen, um dort die Nacht zu bleiben. Gegen eine Spende be- kamen wir zwei Betten im Frauenschlafsaal. Als wir ihn betraten, blieb mein Blick an einem der 20 Betten hängen, in dem jemand schlief. Überrascht fragte ich Katharina: „Sag mal, das ist doch Silvia, oder?" Als die Pilgerin ihren Namen hörte, öffnete sie die Augen. Tatsächlich, sie war es. Sie freute sich, zwei bekannte Gesichter zu sehen, die sie aus ihrer Langeweile reißen konnten. Sie setzte sich auf und fing an zu er- zählen, dass sie an einem Bordstein abgerutscht war und sich den Fuß verstaucht hatte. Zwei Tage sei sie nun schon hier, und fünf hätte sie noch, bis sie weitergehen könne. Traurig erzählten wir ihr, dass unser Urlaub vorbei war und wir am nächsten Tag wieder nach Hause fahren würden.

Doch nun wartete die Besichtigung von León auf uns. Nachdem wir die Schlafsäcke auf unseren Betten ausgerollt hatten, packten wir Kamera, Geld und einen kleinen Stein ein, den wir von zu Hause mitgenommen hatten. Normalerweise legt man diesen Stein am Cruz de Ferro ab, das wir in dem Jahr aber nicht erreicht hatten. Wir schlenderten durch die engen Gassen der Altstadt und setzten uns auf den großen Kirchplatz, um den Anblick der gotischen Kathedrale zu genießen und den Pilgern zuzusehen, die staunend mit ihren großen Rucksäcken davorstanden.

Ich rief mich zur Ordnung und schob meine trüben Gedanken rigoros zur Seite – natürlich freute ich mich auf meinen Mann, meine Tochter Christina und auch auf mein Zuhause, auf den Sommer, der vor uns lag.

Etwas war noch zu erledigen: Wir suchten einen Platz in Léon für unseren Stein – als Zeichen unserer Anwesenheit. In der Nähe der Stelle, wo wir uns am Vortag von Guy und Jacques verabschiedet hatten, entdeckten wir eine kleine Blumeninsel mit einem Baum in der Mitte, der perfekte Platz. So klein wie unsere Steine, so groß der Kloß in meinem Hals, als wir sie dort niederlegten. Katharina aber riss mich aus dem Trübsinn: „Mama, schau mal, wer da ist!" Ken kam uns schmunzelnd entgegen. Er war noch eine Nacht in León geblieben und nun allein unterwegs. Wir freuten uns über das unverhoffte Wiedersehen und verabredeten uns für den Abend.

Ein knurrender Magen machte mich gegen 17 Uhr darauf aufmerksam, dass wir außer einem Eis am Nachmittag nichts mehr zu uns genommen hatten. Doch die Spanier essen erst zwischen 20 und 22 Uhr. Hungrig standen wir vor den geschlossenen Türen eines Restaurants, das erst um 19:30 Uhr aufmachen würde. Wir durchstreiften die Altstadtgassen und fanden schließlich eine Pizzeria, die ihre Pforten immerhin schon gegen 19 Uhr öffnete. Lustlos schob ich mir eine Pizza rein, die irgendwie den Weg vorbei an dem Kloß in meinem Hals fand. Den Tag beendeten wir mit Ken bei einer Pilgerandacht in der Klosterherberge. Die Zeit verrann, es ließ sich nicht weiter hinauszögern, wir mussten uns erneut von ihm zu verabschieden, versprachen ihm aber mitzuteilen, wann wir die zweite Hälfte des Weges in Angriff nehmen würden, damit er, wenn möglich, dieselbe Zeit wählte, um ihn mit seiner Frau zu gehen. Traurig tauschten wir noch unsere E-Mail-Adressen aus, und mit hängendem Kopf ging jeder zu seiner Schlafstätte.

León → Bilbao → Frankfurt

7./8. Juli 2008 | 2000 km

Der Zug zurück nach Bilbao fuhr viele Kilometer entlang des Jakobs-wegs, Pilger mit ihren Rucksäcken strebten in die Gegenrichtung. Mit tränenverschleierten Augen sah ich ihnen hinterher ... Ein Seitenblick zu Katharina zeigte mir, dass es ihr nicht anders erging. Doch auch wenn mir der Abschied von den Weggefährten und dem Camino sehr schwer fiel, war es für meine Füße doch besser, dass der Urlaub vorbei war. Etwa ein halbes Jahr dauerte es, bis ich dort, wo sich dicke Hornhaut und Blasen gebildet hatten, wieder ein Gefühl in die Füße bekam.

Auf unserer Reise zurück nach Deutschland, zurück in den Alltag, aus dem wir ausgebrochen waren, dachten wir an die Menschen, die wir kennengelernt hatten, an die schöne Landschaft, die wir durchwandern konnten, und an die Freundlichkeit und Hilfsbereitschaft der Spanier, die wir sehr zu schätzen lernten. Endlose Wege, die scheinbar im Nichts verliefen, führten uns in Gemeinschaften, an die ich mich sicher stets gern erinnern würde, und brachten uns sicher bis nach León. Die Zeit wird zeigen, was wir aus den Erfahrungen auf dem Jakobsweg gelernt hatten und wie lange die Freundschaften Bestand haben würden. Auch das gehört zum Weg, den wir nun zurücklassen mussten, in der Hoff-nung, im nächsten Jahr daran anknüpfen zu können.

Dass Katharina und ich die zweite Hälfte gehen wollten, stand außer Frage. Im Folgejahr, also 2009, würde es weitergehen, denn 2010 kam das Heilige Jahr – es ist immer dann, wenn der 25. Juli, Geburtstag des Heiligen Jakobus, auf einen Sonntag fällt. Dann wird der Jakobsweg völlig überlaufen sein und Tausende Pilger mehr unterwegs nach Santia-go de Compostela.

Unser Pilgerweg 2009

Anreise

23. August 2009

Auch wenn das Gestern beschwerlich war, starte in das Heute mit Spannung und Neugier.

Um 12:50 Uhr erhob sich die Maschine in Richtung Süden. Von meinem Fensterplatz konnte ich verfolgen, wie Häuser und Landschaft kleiner wurden, wir irgendwann die Wolkendecke durchbrachen und der Sonne entgegenflogen. Es war ein tolles Gefühl, auf dem Weg nach Spanien zu sein und Katharina neben mir zu wissen. Meine Gedanken gingen zu meiner älteren Tochter Christina, die am selben Tag nach London flog, um dort ihren Urlaub zu verbringen.

Nun also lag die zweite Etappe des Jakobsweges vor uns, ich konnte es kaum fassen. In dem einen Jahr seit der Rückkehr aus Spanien hat mich unsere Pilgerreise nicht losgelassen, täglich habe ich daran gedacht: an das gemeinsame Erlebnis, den Weg mit all seinen schönen und weniger schönen Passagen, an die beeindruckende Natur und die Pilgerfreunde, zu denen ich Kontakt hielt. Je näher der Sommer rückte, desto mehr hatte ich mich darauf gefreut, den Weg zusammen mit Katharina zu vollenden. Während der Wartezeit fühlte ich mich, als hätte ich ein spannendes Buch nur bis zur Hälfte gelesen und dann beiseitegelegt. Endlich durfte ich es zu Ende lesen! Wenn nichts dazwischenkam, denn bei einer solch anspruchsvollen Wanderung reichte ja schon eine Erkältung, eine Magenverstimmung oder ein verstauchter Fuß, die ein Weiterlaufen unmöglich machen würden.

Die Zeit des Wartens hatte ich genutzt, um mir neue Wanderschuhe und Wandersandalen zu kaufen. Denn dieses Mal wollte ich den Weg nicht nur erleben, sondern vor allem auch genießen ...

Nach einem angenehmen Flug erreichten wir um 15:30 Uhr Madrid. Die Nachmittagssonne stach auf uns nieder, als wir das Flughafengebäude verließen, und mit dem schweren Rucksack auf dem Rücken fühlten wir uns augenblicklich ins Vorjahr zurückversetzt.

Mit der U-Bahn fuhren wir zum Bahnhof Chamartín, von dort mit dem Zug weiter in die Stadt, in der wir unsere Reise beendet und die Steine unter einem Baum abgelegt hatten: León, Startpunkt für den zweiten Teil des Weges. Um 22:30 Uhr erreichten wir müde die Herberge und bekamen zu unserer Freude ein Zimmer für uns allein zugewiesen. Nach der Ruhe und Bequemlichkeit zu Hause betrachtete ich diese erste Übernachtung als Einstimmung auf den Weg, auf das einfache Pilgerleben ohne großen Luxus, das mich schnell wieder in seinen Bann zog. Was uns wohl am nächsten Tag auf dem Camino erwartete …? Spät erst lagen wir in den Betten. Zu solch nachtschlafender Zeit würde ja wohl keiner mehr ankommen, dachte ich noch, da klopfte es. Aufgeschreckt riefen wir: „Ja?" Prompt wurde die Tür geöffnet und mit einem *Hola* ein Rucksack aufs nächste Bett geworfen. War wohl nichts mit dem Doppelzimmer! Auf der anderen Seite kam es auf eine Nacht mehr oder weniger auch nicht an.

Wenig später betrat der Nächste vorsichtig unser Zimmer, machte sich sehr leise fertig und legte sich hin. Endlich schlief auch ich ein, allerdings nicht lange, denn das Röhren eines Hirsches dröhnte durch unser Zimmer, und ich wachte mit Herzklopfen wieder auf. Ich bin ja schon einiges gewöhnt, aber das? Irgendwann stand ich auf und weckte den „Entertainer", der sich schlaftrunken entschuldigte. Mit der Nachtruhe war es so oder so vorbei, denn meine innere Unruhe war zu groß. Gedanken rotierten in meinen Kopf: Wird dieses Mal alles gut gehen? Werden mich erneut Blasen an meinen Füßen quälen?

León → Villar de Mazarife

24. August. 2009 | 21 km

Der Euphorie folgt Ernüchterung.

Um 5 Uhr gab mir Katharina endlich das Zeichen zum Aufstehen. Sofort stand ich auf, zog leise meine Sachen an, packte meinen Rucksack und verließ das Zimmer auf Zehenspitzen. Eigentlich hatte der Schnarcher diese Rücksicht gar nicht verdient, aber der andere im Zimmer konnte ja nichts dafür. In der Küche bereiteten wir uns Cappuccino aus der Tüte zu, den mir Katharina vorausschauend geschenkt hatte, nagten an trockenem Brot und schnürten unsere Schuhe. Na, so ganz saßen die Griffe noch nicht, aber das würde schon werden.

Es war noch dunkel und sehr ruhig auf den Straßen, als wir um 7 Uhr guter Dinge die Herberge verließen. Die vertrauten Geräusche von Schuhen und Stöcken gaben mir ein Gefühl inneren Friedens – ich war wieder eine Pilgerin auf dem Jakobsweg. Andere sahen wir nicht, nur hin und wieder begegneten uns Hundebesitzer mit ihren Vierbeinern auf einem frühen Spaziergang. Heute nahmen wir die 20 Kilometer in Angriff, welche wir im Vorjahr mit dem Bus gefahren waren, wir wollten ja nicht mogeln und die Strecke ganz auslassen. Sie führte uns von León über Virgen del Camino nach Villar de Mazarife. 80 Kilometer über die Hochebene Meseta lagen vor uns, die wir bereits aus dem Vorjahr kannten. Ein Teilstück ohne Berge, ohne Hügel, ein gutes Training, um wieder in den Rhythmus zu kommen. Katharinas Knie mussten sich sicher auch erst wieder an die Belastung gewöhnen, was hoffentlich nicht so schmerzvoll würde wie im Vorjahr. Die große Hitze des spanischen Sommers war glücklicherweise erst einmal vorbei, es wehte sogar ein kühler Wind. Ich genoss es in vollen Zügen, unterwegs zu sein, das Vertraute zu spüren und gleichzeitig die Gewissheit zu haben, Neues zu entdecken, vor allem aber zusammen mit Katharina auf diesem außergewöhnlichen Weg zu pilgern. Wie schnell doch die Zeit vergangen war! Meine Gedanken wanderten ins Vorjahr, als ich gleichzeitig traurig, er-

115

leichtert und total erschöpft diese trostlose Strecke durch das Industriegebiet Leóns, das direkt an Virgen del Camino grenzt, humpelte, nicht mehr in der Lage war, richtig zu laufen, und das Ende des Urlaubs herbeisehnte. Santiago hätte ich auf keinen Fall erreicht. Unwillig verbannte ich die Gedanken aus dem Kopf. Dank neuer, vor allem eingelaufener Schuhe würde ich diesmal keine Blasen bekommen, nein, ganz sicher nicht! Ich würde einfach bis Santiago meine Strümpfe nicht waschen – eine gute Maßnahme gegen Blasenbildung, so hatte ich inzwischen erfahren.

In Virgen del Camino liefen vor uns zwei Frauen her: Eine war klein und schmal gebaut, die andere eher groß und kräftig. Als wir sie mit einem *Hola* überholen wollten, sprachen sie uns an. Sie hatten bemerkt, dass wir aus Deutschland kamen und stellten sich nun als Carina und Susanne aus Würzburg vor. Sie seien in León gestartet und wollten nach Santiago. Drei Wochen Urlaub hätten sie und hofften, dass dies reichen würde. Der Duft frischen Kaffees zog in unsere Nasen, sodass wir uns für eine kurze Pause entschieden – eine gute Einstimmung auf den Weg. Susanne und Carina aber wollten weiter, und wir verabschiedeten uns mit einem *Buen Camino*. Diese Worte ließen mein Herz vor Glück fast zerspringen, große Zufriedenheit überkam mich.

Direkt hinter der Ortschaft bogen wir diesmal auf den ruhigen Alternativweg nach Hospital de Órbigo ein, den wir im Vorjahr übersehen hatten. Am Rand ruhten sich zwei junge Pilger aus, an denen wir mit einem *Buen Camino* vorbeiziehen wollten, als sie sagten: „Wir kennen euch!" Katharina und ich sahen uns verblüfft an. „Du heißt Katharina Orth." Ungläubig brachten wir nur ein Nicken zustande. Hatten wir irgendetwas verpasst? So lange waren wir doch noch gar nicht unterwegs! „Ihr standet gestern am Flughafen in Frankfurt vor uns. Wir haben uns gefragt, ob ihr auch auf den Jakobsweg geht. Die Stöcke haben euch verraten." Andreas und Saskia aus Augsburg. Der Weg hatte uns wieder, und wir nahmen ihn einfach mit all seinen Zufällen an.

Bald darauf stapften wir zügig durch die Meseta gen Westen und hingen unseren Gedanken nach. Ich fühlte mich durch die Eintönigkeit der Landschaft auf diesem Stück erschlagen. Ich war mir sicher, dass es nicht allen Pilgern so erging, denn für andere war dieser Teil des Jakobsweges bestimmt eine wunderschöne Strecke, die gar nicht lang genug sein konnte, weil man die Möglichkeit hatte, sich zu entspannen, durchzuatmen und seinen Gedanken nachzuhängen, ohne damit rechnen zu müssen, durch irgendwelche Berge oder andere Abwechslung in der Landschaft abgelenkt zu werden. Außerdem taten meine Beine und Füße weh, und der Rucksack drückte kräftig auf Schultern und Hüften – der Pilgeralltag hatte mich eingeholt. Doch im Gegensatz zum Gleichmut des letzten Jahres spürte ich, wie sich eine dunkle Wolke ganz langsam über meinem Gemüt zusammenbraute. Der verbleibende Weg mit seinen 340 Kilometern stand wie eine Mauer vor mir: *Wie* sollte ich das schaffen? Lag es vielleicht an meinem Alter mit den dazugehörigen Stimmungsschwankungen und Hitzewallungen? Oder war es einfach nur die Umstellung vom Alltag auf die Anforderung, die auch ein fast ebener Weg in sich birgt? Wahrscheinlich war beides daran schuld.

Die Meseta sah jetzt, im Spätsommer, ganz anders aus. Dort wo im Vorjahr das Getreide langsam reifte und von Grün allmählich zu Gelb wechselte, waren nur graue Stoppelfelder und trostlos-braune Äcker zu sehen. Die Farben passten gut zu meiner Stimmung, und auf meiner von 1 bis 10 reichenden Wohlfühlskala bewegte ich mich nach der Anfangseuphorie heute Morgen bereits im unteren Drittel. Warum konnte ich die Nase nicht voll bekommen und musste mir den zweiten Teil des Jakobsweges auch noch zumuten? Es war doch eigentlich klar, dass die Probleme wiederkommen würden! Außerdem ärgerte mich dauernd etwas in meinen Schuhen – wahrscheinlich Steinchen, versuchte ich mir einzureden. Mein Gefühl aber sagte mir etwas anderes ...

„Mama, was ist denn eigentlich los mit dir? Du bist ja so still!" Katharina schaute mich besorgt an. Ihr etwas vorzujammern, lag mir jedoch fern. Sie hätte an meinem Verstand gezweifelt, weil ich mich während des vergangenen Jahres immerzu auf die Fortsetzung des Weges gefreut und sehr oft darüber gesprochen hatte. Und jetzt sollte ich damit hadern? Unmöglich! So lächelte ich sie tapfer an und sagte, dass alles in Ordnung sei. Doch Ausdauer und Fitness, die ich mir im letzten Jahr mühevoll angeeignet hatte, waren restlos dahin. Ich musste sie erst wieder aufbauen mit allem, was dazugehört. Hinzu kam, dass mir die Pilgerfreunde fehlten, auf die ich mich unterwegs freuen konnte, auf das Beisammensein in der Herberge am Abend. Ken, der Japaner, wollte in diesem Jahr den Camino del Norte gehen, sodass wir ihn gar nicht treffen würden. Schließlich aber gab ich mir einen Ruck. Hier und heute galt es, nicht dem Vergangenen nachzutrauern, sondern zuversichtlich in die Zukunft zu blicken, das Ziel vor Augen zu haben und darauf zuzugehen, dem Weg eine Chance zu geben – und mir ebenso.

Müde und abgekämpft erreichten wir nach 21 langen Kilometern Villar de Mazarife. Wie im Vorjahr übernahm Katharina die Reiseführung und erzählte mir von den drei Herbergen, deren Beschreibungen sie im Pilgerhandbuch gelesen hatte. Die dritte hörte sich interessant an: Albergue de Jesús, eine einfache, aber absolut „kultige" private Herberge mit Graffiti und Karikaturen an den Wänden, die das Lebensgefühl der jungen Pilger auf dem Weg wiedergeben sollten, dazu Spaßkunst im Garten. Sie sei zumindest eine Besichtigung wert. Erwartungsvoll fragte Katharina, ob ich einverstanden sei, dort zu übernachten. Ich musste zugeben, dass auch ich neugierig war, dabei hätten mir die Wörtchen „junge Pilger" sagen müssen, dass meine Altersgenossen normalerweise in den anderen Herbergen unterkamen.

Der Garten war wirklich einzigartig: Ein großes Wikingerschiff stand neben einem Swimmingpool aus blau angestrichenem Beton. Die Herberge war kunterbunt angemalt und die Wände mit Bemerkungen versehen, die ich meist nicht verstand, da sie auf Spanisch waren. Doch die Zeichnungen dazu sprachen Bände, und ich fand mich in vielen wieder.

Die Herberge war sauber und gepflegt, die Küche bot gute Möglichkeiten, das Abendessen selbst zu kochen, es gab Mehrbettzimmer, Matratzen auf einem großen, überdachten Balkon und sogar einige Doppelzimmer, von denen wir eines in Beschlag nahmen. Die Zimmertür ließ sich zwar nicht schließen, denn sobald wir es versuchten, fiel die Türklinke ab, außerdem schabte die Tür derart auf dem Dielenboden, dass wir damit nachts wahrscheinlich alle anderen Pilger aus dem Schlaf gerissen hätten, doch wenn wir schon mal den Luxus eines Doppelzimmers angeboten bekamen, wollten wir das auch nutzen. Nachdem wir uns häuslich eingerichtet hatten, zog ich mit dunkler Vorahnung meine Schuhe aus. Bestürzt betrachtete ich zwei Blasen an den Fersen. Die Erinnerung wallte sogleich wie eine dunkle Gewitterfront auf mich zu. Ich sah mich schon mit dem Bus nach Santiago fahren, denn ein zweites Mal würde ich das nicht durchziehen können. „Katharina …" Die Art, wie ich das sagte, reichte, um sie in höchste Alarmbereitschaft zu versetzen. Fassungslos starrte sie mich an.

Den Nachmittag verbrachten wir im Garten. Es war kühl und von der Sonne nichts zu sehen, der leichte Wind ließ die gewaschene Pilgerkleidung auf der Leine flattern. Mein inneres Tiefdruckgebiet hatte sich weit ausgedehnt, ich dachte nur noch an meine Füße und überlegte, was ich anders machen sollte als im Vorjahr. Ich hatte mir fest vorgenommen, auf der zweiten Etappe nicht wieder zur Erhöhung des Apothekenumsatzes am Jakobsweg beitragen zu wollen. Auf jeden Fall würde ich die Füße weiter mit Hirschtalg eincremen und kein Pflaster auf die Blasen kleben, sondern sie nur aufstechen und ein Antiseptikum auftragen. Unruhig war ich, niedergeschlagen und sehr, sehr angespannt. Oft spürte ich den prüfenden Blick von Katharina auf mir, doch wollte ich sie nach wie vor nicht mit meinen negativen Gedanken belasten, denn sie machte sich schon selber ausreichend Sorgen. Vielleicht war es ja nun an der Zeit, die Wandersandalen auszuprobieren, die ich allerdings auf längeren Strecken noch nicht getragen hatte, weshalb sich mein Optimismus in Grenzen hielt.

Das war es aber nicht allein. Nach und nach trudelten Pilger ein, alle viel jünger als ich. Auf Altersgenossen wartete ich hier vergeblich, die waren wahrscheinlich in den „Seniorenresidenzen" der anderen beiden Herbergen untergekommen. Immer mehr Menschen füllten Haus und Garten, denn der August ist der Monat mit den meisten Pilgern auf dem Weg. Wir hatten uns aus diesem Grund vorgenommen, die Tage sehr früh zu beginnen, um noch Betten in den Herbergen zu bekommen.

Die sorglose Unterhaltung der jugendlichen Pilger, die in lässiger Haltung an den Tischen saßen, machte mich ein bisschen neidisch. Ich erinnerte mich an Zubiri, unserem ersten Tag auf dem Jakobsweg im Vorjahr: Jeder hatte den Weg gerade erst begonnen, man lernte sich kennen, und das Miteinander war gleich selbstverständlich. Hier, nach 500 Kilometern, hatten sich schon Freundeskreise gebildet. Wir kamen als Neue hinzu. An einem der Tische zeigte der Herbergsvater zwei Pilgern, wie man Fußblasen aufsticht. Frustriert dachte ich an meine eigenen und zweifelte erneut an meinen Entschluss, den Jakobsweg weiterzulaufen, sprach mir aber gleichzeitig auch Mut zu. Es konnte ja nur besser werden!

Villar de Mazarife → Hospital de Órbigo

25. August 2009 | 15 km

Man fühlt sich gut als Pilger auf dem Weg nach Westen.

In meinen Schlaf drangen das Gemurmel aufbrechender Pilger und das Trampeln schwerer Wanderschuhe auf der Holztreppe. Der überdachte Balkon neben unserem Zimmer war bereits geräumt, als ich den Kopf hob. Ein Seitenblick auf Katharina zeigte mir, dass sie noch im Reich der Träume weilte. Ich beschloss, sie weiterschlafen zu lassen, denn heute hatten wir uns nur 15 Kilometer bis Hospital de Órbigo vorgenommen, weil wir es langsam angehen lassen wollten. Längere Etappen sollten erst später kommen. Ich machte mich fertig, zog die Sandalen an und packte meinen Rucksack mitsamt den Wanderschuhen, sodass ich etwa ein Kilo mehr auf dem Rücken hatte. Mittlerweile war auch Katharina mit einem munteren *Guten Morgen* aufgewacht. Nach einem kargen Frühstück aus trockenem Weißbrot und Schinken hievten wir die Rucksäcke auf den Rücken und starteten in den Morgen. Die Temperatur war angenehm zum Laufen, die neuen Wandersandalen leicht und bequem zu tragen, sodass ich die Blasen überhaupt nicht spürte. Den Kopf frei von belastenden Gedanken, konnte ich mich endlich ganz auf den Weg einlassen, so wie ich mir das für den zweiten Teil vorgenommen hatte.

Auf einem langen, geraden Feldweg – das Ende verlor sich irgendwo in der Ferne – stapften wir unternehmungslustig aus Villar de Mazarife heraus. Weit vor uns türmten sich Berge auf, die Montes de León, die wir in einigen Tagen überqueren würden. Erntehelfer auf den angrenzenden Äckern und Feldern winkten uns zu und wünschten *Buen Camino*. Angeregt unterhielten wir uns und tauschten uns über unsere Erwartungen aus. „Du strahlst heute eine innere Ausgeglichenheit und Zufriedenheit aus, das ist unglaublich. Heute geht es dir richtig gut, oder?", fragte Katharina. Überrascht schaute ich sie an. Ja, sie hatte recht. Es ging mir gut, es war ein unbeschreiblich schönes und auch sehr beruhigendes Gefühl, sie neben mir zu wissen, die mir erneut das Vertrauen entgegengebracht hatte, mich mitzunehmen und an der Erfüllung ihres Traumes teilhaben zu lassen. Den Rucksack auf dem Rücken, den Pilgerstock in der Hand, fühlte ich mich wie ein alter Pilgerhase. Euphorisch schlug ich vor, ob wir vielleicht doch die 30 Kilometer bis Astorga laufen könnten …? Doch als wir am späten Vormittag in dem kleinen Dorf Villavente eine Pause machten und Katharina ihre Schuhe auszog, endete die Hoffnung abrupt: Der Anblick solcher Blasen in jeglicher Form und Größe war mir nur allzu bekannt. Doch konnten wir es nicht glauben – wo kamen die nur her? Katharina trug dieselben Schuhe und Strümpfe wie im Vorjahr, die waren nun wirklich eingelaufen. Astorga war damit an diesem Tag unerreichbar geworden, denn Gesundheit und Vernunft gingen auf jeden Fall vor. In meinem Kopf aber braute sich schon wieder etwas zusammen: Sollte es in diesem Jahr etwa Katharina sein, die durch Fußblasen geplagt werden würde? Würden wir deshalb unsere Reise vielleicht nicht vollenden können? Katharina aber ließ sich nicht so leicht unterkriegen. Auch sie hatte sich neue Wandersandalen gekauft. Kurzerhand versorgten wir die Füße, sie wechselte die Schuhe, und wir marschierten weiter.

Die Schönheit der Natur hielt sich auf diesem Abschnitt sehr zurück, der Weg schlängelte sich vorbei an Feldern, verdorrten Wiesen, graugrünen Buschreihen und hier und dort ein paar einsamen Bäumen, die der Hitze des Tages trotzten. Und doch war es uns überhaupt nicht langweilig, im Gegenteil, Neugier und Freude über den vor uns liegenden Weg waren so groß, dass uns die Eintönigkeit nicht weiter störte. Um die Mittagszeit erblickten wir in der Ferne einen blauen Farbklecks, der sich beim Näherkommen als Richtungsweiser entpuppte. Im Hintergrund erkannten wir schon die ersten Häuser von Hospital de Órbigo, dem Ziel unseres Kurzstreckentages. Die kleine Stadt mit ihren etwa eintausend Einwohnern besitzt ein eigenes Krankenhaus und sogar eine weiterführende Schule. Im Vorjahr hatten wir mit dem Gedanken gespielt, an unserem letzten Tag mit dem Bus hierherzufahren, um den seit dem 15. Jahrhundert stattfindenden ritterlichen Zweikampf, den „Paso Honroso", mitzuerleben, was wir aber aus Zeitmangel leider bleiben lassen mussten. Direkt nach Überquerung einer Autobahnbrücke waren wir schon am Ortsrand, von wo uns die Pfeile über verwinkelte kleine Straßen in die Altstadt lenkten.

Dann sahen wir sie und genossen den Anblick: Vor uns lag die Puente de Órbigo, mit etwa 300 Metern Länge und ihren 20 Bögen die längste und auch bekannteste Brücke des Jakobsweges. Das mittelalterliche Bauwerk aus dem 15. Jahrhundert führte uns über den Rio Órbigo. In grauer Vorzeit war der Fluss, der heute nur noch unter einem der Bögen hindurchfließt, sehr viel breiter. Im einstigen Flussbett finden nun Sportanlagen und Spielmöglichkeiten ihren Platz. Am Flussufer siedelten kleine Cafés, vor denen einige Leute entspannt den Tag genossen. Angesichts der Gemütlichkeit freuten wir uns, dass wir diesen angenehmen Ort für unsere Übernachtung ausgewählt hatten. Auf der mit Kopfsteinen gepflasterten Brücke ließen wir uns viel Zeit, denn es war ja erst Mittag. Jenseits empfing uns die Altstadt mit kleinen Geschäften, die zum Stöbern einluden. Doch zunächst wollten wir in der Herberge Betten reservieren und danach eine Apotheke suchen, weil Katharinas Füße wie Feuer brannten. Wir hatten uns nach einer kurzen Beratung für die kirchliche Herberge entschieden, die mit ihrem blumengeschmückten Durchgang, einem Innenhof mit Sitzecken, frischem Obst und einem kleinen Brunnen in der Mitte einen sehr guten Eindruck machte. Durch ein Tor gelangte man auf einen zweiten Hof, wo Wäscheleinen gespannt waren. Ein Blick in die große Küche zeigte uns, dass wir sie für unser Abendessen nutzen konnten. Auf der Wohlfühlskala bewegte ich mich nun wieder im oberen Drittel. Die anwesenden Pilger, davon einige in meinem Alter, saßen entspannt auf verschiedenen Bänken und genossen den Tag.

Auf der Prioritätenliste ganz oben standen aber jetzt erst einmal Katharinas Füße, sie bedurften einer ausgiebigen Behandlung, da sie uns wirklich einige Sorgen bereiteten. Jeden Meter hatten sie zu funktionieren und jedes Kilo Gewicht zu tragen. Zum Glück fanden wir eine sehr gut ausgestattete Apotheke, wie es sie überall am Jakobsweg gibt. Der freundliche Apotheker, angetan von Katharinas Spanischkenntnissen, gab ihr Ratschläge und drückte ihr eine Tube Aloe Vera in die Hand. Spanisch zu beherrschen erleichtert einem vieles und öffnet dazu noch die Herzen der Einheimischen. Das Lächeln, das über ihre Gesichter geht, wenn ein Ausländer ihre Sprache spricht, ist ein großes unausgesprochenes Dankeschön. Nachdem wir das Gewünschte bekommen hatten, schauten wir uns den Ort an, kauften für das Abendessen ein und kehrten nach zwei Stunden in die Herberge zurück, wo zwischenzeitlich viele neue Pilger angekommen waren, vor allem auch wieder junge, die wohl ihre Semester- oder Schulferien für die Reise nutzten.

Nun hatten wir Zeit und verbrachten sie mit Canastaspielen im Schatten eines großen Baumes. Es dauerte nicht lange, bis einige junge Pilger interessiert herankamen und zuschauten. Andere setzten sich auf eine Mauer und unterhielten sich. Einer von ihnen tönte laut, dass er aus Chicago sei. Er wirkte auf mich ziemlich großspurig, und ich steckte ihn kurzerhand in die Schublade „unangenehm". Bald waren wir umringt von jungen Leuten, Chris aus Minneapolis, Stefan aus Leipzig und anderen, sodass ich Methusalem da nicht so recht hineinpasste. Leichtherzig sagte ich zu Katharina, dass ich dann mal zu meiner „Altersklasse" wechseln würde, worauf sie mir schmunzelnd zunickte. Ich blickte mich kurz auf dem Hof um und setzte mich zu zwei Pilgern, Denise und Jean-Paul aus Lannion in der Bretagne, wie sie sich vorstellten. Seit mehreren Monaten hatte ich kein Französisch mehr gesprochen und musste die Vokabeln erst wieder hervorkramen. Nach und nach gelang mir das Reden immer besser, und bald konnten wir uns gut unterhalten. Sie seien in Le Puy gestartet und bereits seit sechs Wochen unterwegs. Viele Pilger hätten sie schon kennengelernt, aber dass eine Zwanzigjährige ihre Mutter mit auf den Weg nehmen würde, das hätten sie nicht für möglich gehalten. Ob das wohl gut ginge ...? Lächelnd bejahte ich Denises Frage. Später verabschiedeten sich die beiden Franzosen, sie wollten zum Abendessen in die Stadt gehen. Katharina spielte noch immer Karten mit den jungen Leuten – „Schwimmen", wie sie mir später erzählte, das könne jeder schnell lernen. Ich freute mich, als ich Susanne und Carina an einem Tisch entdeckte, die sich dort mit einem Pilger unterhielten, Andreas aus Köln. Etwas später kam auch Katharina dazu, deren „Schwimmrunde" sich zerstreut hatte. Bis zum späten Abend blieben wir dort sitzen.

Die Nacht versprach ruhig zu werden, denn außer Katharina und mir waren nur noch die Franzosen im Zimmer. Wir hatten beschlossen, von nun an morgens vor Sonnenaufgang zu starten, um einerseits den größten Teil vor Einsetzen der Nachmittagshitze hinter uns zu bringen und uns andererseits Betten in den Herbergen zu sichern. Mehrere Pilger, die in Saint-Jean-Pied-de-Port gestartet waren, erzählten, dass dort am ersten Augustwochenende unglaublich viele Pilger losgelaufen seien, was wir auch jetzt noch zu spüren bekamen. Wie gut, dass wir den ersten Teil schon im letzten Jahr hinter uns gebracht hatten!

Hospital de Órbigo → Santa Catalina de Somoza

26. August 2009 | 28 km

Beim Pilgern hat die Seele Urlaub.

Es dämmerte bereits, war aber noch kühl, als meine Mutter und ich die Herberge verließen. Überdimensional große Pfeile führten uns aus Hospital de Órbigo heraus Richtung Astorga, anschließend bogen wir auf einen geschotterten Feldweg ab, auf dem wir fast allein unterwegs waren. Nur ein paar Hasen hoppelten aufgeschreckt in die Büsche, als sie uns witterten. Den leeren Camino vor uns, den Sonnenaufgang im Rücken, lange Schatten vorauswerfend, marschierten wir flott los und genossen den wunderschönen Morgen. Wir freuten uns über einen weiteren wolkenlosen Tag in der einzigartigen Atmosphäre des Jakobsweges. Auch machte es uns überhaupt keine Mühe, wieder in den Tritt zu kommen. Ganz entspannt marschierten wir Richtung Westen, durch Wiesen und Felder sowie verschlafene, menschenleere Dörfer. Die abgeernteten Felder boten mit verschiedenen Gelb- und Ockertönen ein prächtiges Schauspiel im Licht der frühen Morgensonne. Meiner Mutter ging es gut, vergessen war ihre Angst vor Blasen, die Wandersandalen schienen Wunder zu wirken. Nach einer Stunde erreichten wir ein Dorf mit einer geöffneten Bar, vor der bereits einige Rucksäcke standen. Die Aussicht auf einen Kaffee ließ uns nicht lange überlegen. Kurzerhand stellten wir unsere Rucksäcke dazu und genossen den zweiten Kaffee des Tages, bevor es uns weiterzog. Die Sonne und damit auch die Temperaturen waren inzwischen höher gestiegen, sodass wir uns nun der Fleecejacken und langen Hosenbeine entledigten. Meine Mutter begann schließlich zögerlich zu erzählen, dass Astorga für sie so etwas wie „ein kleines Ziel" sei, das sie gern schon im Vorjahr erreicht hätte, was aber bei der knappen Zeit, die uns zur Verfügung gestanden hatte, unmöglich gewesen war. Deswegen freute sie sich jetzt umso mehr darauf.

Mit jedem Schritt näherten wir uns den Bergen, die wie eine Mauer am Horizont standen. Bald erreichten wir das Wegkreuz von Santo Toribio, von wo wir Astorga sehen konnten. Natürlich legten wir eine Pause ein, damit meine Mutter ihr „kleines Ziel" genießen konnte. Während ich im Schatten eines Baumes genüsslich eine Banane aß, saß meine Mutter in der brütenden Hitze und schaute sehnsuchtsvoll zur Stadt hinunter. Jetzt aber nahmen wir erst noch einen kleinen Umweg durch San Justo de la Vega, weil wir etwas abseits vom Jakobsweg, in Santibáñez de Valdeiglesias, eine Kirche besichtigen wollten. Von außen wirkte sie schlicht, ein modernes Gebäude aus rotem Backstein. Als wir aber den Innenraum betraten, überwältigten uns farbenprächtige Mosaike mit verschiedenen biblischen Szenen. Eine nette Dame, die damit beschäftigt war, die Kirche mit Blumenschmuck zu dekorieren, versuchte mir das Dargestellte zu erklären, doch reichten meine Spanischkenntnisse nicht aus für den begeisterten Redeschwall, der sich da über mich ergoss. Keine Ahnung, was sie alles erklärte. Ab und an warf ich meiner Mutter einige Brocken zu, nannte ernsthaft nickend die Namen der Apostel und zeigte auf die Mosaike, dem Mitteilungsdrang der Spanierin hilflos ausgeliefert. Sie traf vermutlich nicht so viele Pilger in ihrer Kirche an, anders konnte ich mir ihre Begeisterung nicht erklären. Aus Freude darüber schenkte sie uns zum Abschied eine dunkelrote Rose.

In Astorga war Fiesta und das schöne Rathaus durch Bühnenaufbauten verdeckt. Menschenmassen strömten an uns vorbei, manche waren verkleidet. Einige Hexen kamen auf uns zu und schlugen uns mit alten Besen auf den Kopf. Was war das nun wieder? Vielleicht sollte es Glück bringen, hofften wir, denn davon kann man schließlich nicht genug haben. Vorbei ging es an Souvenirständen, Cafés und Supermärkten hin zum Bischofspalast mit seinen hellgrauen Steinen und den verspielten Türmen à la Walt Disney, was am Architekten nicht lange zweifeln ließ: Antoni Gaudí, einem wahren Genie, der vor allem in Barcelona allgegenwärtig ist. Touristen und Pilger umrundeten staunend das Gebäude und schossen Fotos so wie wir. Trotzdem war ich enttäuscht, Astorga hatte ich mir irgendwie anders vorgestellt. Aber es war auch nur eine Stadt wie andere auch.

Nach fünf Kilometern – insgesamt nun schon 21 an diesem Tag – machten wir erneut Pause in einer Bar und besprachen das weitere Vorgehen. Es war mittlerweile 15 Uhr, und die Nachmittagssonne brannte erbarmungslos auf uns nieder. Zur Debatte standen drei Möglichkeiten: a) hier in Murias de Rechivaldo bleiben, b) direkt nach Santa Catalina (noch 5 Kilometer) oder c) mit Umweg über Castrillo de los Polvozares, um uns das laut Pilgerhandbuch sehr sehenswerte Dorf anzuschauen, das bedeutete, insgesamt noch 6 Kilometer zu laufen. Für mich war die Sache klar, ich spürte keinerlei Anzeichen von Erschöpfung und wollte weiter. Auch gefiel mir der klangvolle Name Santa Catalina de Somoza, sodass ich auf den Ort gespannt war und gern dort über Nacht bleiben wollte. Die Tatsache, dass wir dann insgesamt 27 Kilometer Wegstrecke bewältigen mussten, ignorierten wir ebenso wie die Warnung der Barbesitzerin, dass es jetzt zu heiß sei, um weiterzulaufen. Und das Dörfchen, das auf dem Umweg lag? Klar, das nahmen wir, zwei passionierte Jägerinnen von Postkartenmotiven, ebenfalls mit. Um uns vor der sengenden Sonne zu schützen, zogen wir die Hosenbeine wieder an und marschierten los. Bald bekamen wir unangenehm zu spüren, dass es keinerlei Schatten gab. Mit jedem Schritt wog der Rucksack mehr, die Beine wurden schwerer und unsere Wasserration weniger. Auf die Stöcke gestützt, trotteten wir vor uns hin und hofften, dass Castrillo bald in Sicht kam.So gelangten wir schließlich an eine Kreuzung. Kein Schild nach rechts oder links, also ging es weiter geradeaus, Schritt für Schritt für Schritt. Neben uns zog ein Dorf langsam an uns vorbei – Moment mal! Schlagartig war uns klar: Wir hatten den Weg verpasst.

Doch umkehren? Dazu fehlte uns die Kraft, wir hofften einfach, dass eine weitere Abzweigung in den Ort führen würde. Und tatsächlich: Neben einem Busparkplatz (?!) bog ein kleiner Weg ab und führte geradewegs auf eine Bar zu. Gerettet! Mit hängender Zunge schlichen wir die Stufen hoch, fielen auf zwei Stühle und bestellten eine Flasche Wasser. Nach der Erfrischung fragte ich den Barmann, ob wir unsere Rucksäcke dort stehen lassen durften, um kurz den Ort zu besichtigten, was wie immer kein Problem war.

Auf wackeligen Beinen liefen wir auf grobem Kopfsteinpflaster durch das pittoreske Dorf mit seinen für die Region der Maragatería typischen naturfarbenen Häusern, deren grüne Türen und Fenster weiß ummauert sind. Touristen oder Einheimische sahen wir keine, es wirkte wie ausgestorben. Wer außer uns ging bei dieser Gluthitze auch auf die Straße? Nach zehn Minuten kehrten wir zufrieden zurück in die Bar, der Umweg hatte sich gelohnt. Eine halbe Stunde verweilten wir dort, um uns für die restlichen Kilometer nach Santa Catalina zu rüsten. Irgendwann rappelten wir uns auf, schulterten die Rucksäcke und nahmen einen letzten Schluck Wasser. Der Barmann druckte uns noch eine Wegbeschreibung aus, damit nichts schiefginge. Einfach immer geradeaus, nach Westen, der Sonne entgegen, so hatte er uns gesagt, und das lief nun wieder wie am Schnürchen, obwohl es noch immer heiß war auf dem geschotterten und schattenlosen Weg, der die Hitze reflektierte. Zwar gab es keine Pfeile, aber wer braucht die schon, wenn man wusste, wo es langgeht!

Mittlerweile war es fünf Uhr, als wir erneut eine Kreuzung erreichten. Fünf Wege, vier Möglichkeiten, keine Markierung, und keiner führte direkt geradeaus. Also sah ich auf die Wegbeschreibung aus dem Internet, die allerdings für Autofahrer gedacht war und uns nicht weiterhalf. Welchen Weg sollten wir gehen? Ein Blick auf meine Mutter zeigte mir, dass wir möglichst bald das Ziel erreichen sollten: Sie atmete schwer, und ihr Gesicht hatte eine äußerst ungesunde Farbe angenommen. Auch war sie auf den letzten 500 Metern immer langsamer geworden und hatte jede Gelegenheit genutzt, sich kurz auszuruhen. Geschwind schätzte ich ein, welcher Weg am ehesten nach Santa Catalina führen könnte, und entschied mich schließlich nach Bauchgefühl für denjenigen, der einen Berg hoch führte. Dann lief ich so schnell ich konnte vor, um herauszufinden, ob ich damit richtig lag. Meine Mutter folgte mir langsam. Ich machte mir jetzt wirklich Sorgen – ein Grund mehr, noch schneller zu laufen ... Irgendwann entdeckte ich ein Dach. War das unser Ziel oder irgendeine Ansiedlung? Doch da kamen ein zweites und noch ein drittes in Sicht. Freudig rief ich, dass hier ein Dorf sei. Ganz egal, ob Santa Catalina oder nicht – ein Ort bedeutet Menschen, und irgendjemand würde uns sicherlich weiterhelfen können, auch wenn es keine Herberge geben sollte. Nun tauchten in meinem Blickfeld drei Personen auf, zwei von ihnen stiegen nach einer kurzen Abschiedsszene in ein Auto und fuhren von dannen. Die dritte Person würde bald im Haus verschwinden. Ich spurtete los. Mit dem letzten in meiner Lunge verbliebenen Quäntchen Luft presste ich meine Frage heraus. Die Frau blickte mich mitleidsvoll an. „Estás en Santa Catalina!", antwortete sie schließlich. Augenblicklich löste sich meine innere Anspannung, ich ließ mich auf eine steinerne Mauer fallen und trank gierig die letzten Schlucke des warmen, faden Wassers aus meiner Flasche, während meine Mutter langsam und bedächtigen Schrittes näher kam. Ich überbrachte ihr die freudige Botschaft und rutschte beiseite, damit auch sie sich etwas Erholung gönnen konnte, aber sie wollte so schnell wie möglich in die Herberge. Abgekämpft, ausgehungert, staubig und verschwitzt stolperten wir schließlich über die Schwelle und nahmen nach dem Einchecken zwei Betten in Beschlag. Nach einer Dusche sah die Welt viel freundlicher und auch meine Mutter gleich wieder besser aus.

Meine Sorgen waren wohl berechtigt, denn sie berichtete mir, dass sie hinter Castrillo rätselhafte Schmerzen im linken Arm gespürt habe. Um sich nicht noch weiter zu belasten, war sie im Schneckentempo hinter mir her geschlichen, beunruhigt von den Beschwerden, aber angetrieben von mütterlichem Schutzinstinkt, sie konnte mich ja schließlich nicht allein laufen lassen. Kamen die Stiche etwa vom Herzen …? Auf die näherliegende Erklärung, dass sie sich schlicht verspannt hatte, kamen wir beide nicht. Zunächst einmal saß der Schreck tief. Normalerweise ist Erschöpfung ein Fremdwort für sie, aber vielleicht hatte ich ihr ja doch zu viel zugemutet? Wären wir doch nur in Murias de Rechivaldo geblieben! Dass ich sie trotz der sengenden Hitze gedrängt hatte weiterzulaufen, war sicher nicht gut, mich quälte ein schwarzes Gewissen. Die nächste schlechte Nachricht war, dass es in der Herberge keine Küche gab und das Restaurant erst ab 20:30 Uhr servierte. Müde ergaben wir uns dem Schicksal und nutzten die Zeit für Notizen im Reisetagebuch und Gespräche mit anderen Pilgern. Außerdem schlenderten wir zum Ortsausgang, um schon mal einen Blick auf die Berge zu werfen, die am nächsten Morgen in Angriff genommen werden wollten. Abends saßen wir dann mit Jean-Paul und Denise, Margit, einer jungen Österreicherin, sowie einem Italiener am Tisch und amüsierten uns prächtig im einzigartigen Sprachenwirrwarr, während wir Pommes und Huhn schmausten.

Santa Catalina de Somoza → El Acebo

27. August 2009 | 28 km

Früh am Morgen beginnt der Tag mit der aufgehenden Sonne im Rücken.

Leises Rascheln drang in meinen Halbschlaf. Die Augen noch halb geschlossen, sah ich Denise und Jean-Paul mit gepackten Rucksäcken aus dem Zimmer schleichen. Es war 6 Uhr, auch für uns Zeit zum Aufstehen. Das Höhenprofil des Tages verriet, dass wir am Abend wohl ziemlich müde und die Knie sehr beansprucht sein würden, denn uns erwartete ein Anstieg zum Cruz de Ferro auf 1500 Meter, von wo wir wieder in das Dorf El Acebo absteigen würden. Bereit für die neue Herausforderung kroch ich aus dem Schlafsack. Katharina und Margit, die sich an diesem Tag uns anschließen wollte, waren schon angezogen und rollten gerade ihre Schlafsäcke zusammen. In Windeseile war auch ich fertig. Gemeinsam gingen wir zum Frühstück in den Aufenthaltsraum, wo wir uns zu Denise und Jean-Paul an den Tisch setzten, die sich kurz darauf mit einem *Buen Camino* verabschiedeten.

Auch wir verließen bald die Herberge. Als wir hinter dem Ort entlang einer wenig befahrenen Straße wanderten, konnten wir die rot blinkenden Windräder in den Bergen, die wir an diesem Tag erklimmen würden, sehr gut erkennen. Mit der Stille, die uns bis jetzt immer am frühen Morgen durch die Dunkelheit begleitet hatte, war es aber erst einmal vorbei. Margit war lustig drauf und lachte so viel, dass sie uns ansteckte und wir aus dem Gackern gar nicht mehr herauskamen. Es war schön, zusammen lachen zu können, aber auch etwas Besonderes, zusammen schweigen zu können. In mir spürte ich eine unvergleichliche innere Ruhe und Gelassenheit, die durch die Gemeinschaft mit den beiden jungen Frauen noch verstärkt wurde. Meine Beschwerden vom Vortag gehörten der Vergangenheit an, und im Einklang mit mir selbst stapfte ich Richtung Santiago de Compostela, das Licht der glutroten Sonne im Rücken, die sich soeben über den wolkenlosen Horizont walzte. Nach einer Stunde erreichten wir die Herberge El Ganso, wo wir uns den ersten Stempel des Tages abholten. Etwa 600 Höhenmeter lagen vor uns, denen wir energiegeladen entgegensahen. Vor uns schlängelte sich ein pfadähnlicher Sandweg durch einen mit Efeu überwucherten Eichenwald bergan. Die Rosen aus der Kirche in Santibáñez de Valdeiglesias, die wir an die Stöcke gebunden hatten, nickten bei jedem Schritt. Vögel zwitscherten lustig ihre Lieder, und Hummeln brummten an unseren Ohren vorbei. Die Pflanzen am Wegesrand sahen durch die Trockenheit wie mit Puderzucker bestäubt aus. Es dauerte nicht lange, da schimmerte Rabanal del Camino zwischen den Bäumen hindurch. Früher war es eine wichtige Station auf dem Jakobsweg gewesen, denn die Templer hatten hier eine Außenstelle eingerichtet, um den Pilgern beim Überqueren der Berge zu helfen. Einen lauschigen Platz fürs Frühstück fanden wir auf einer Wiese direkt im Ort unter einem großen Baum. Konnte es einen schöneren Platz für unser „Festmahl" geben? Zum Abschluss gönnten wir uns noch einen Kaffee in einer Bar am Hauptweg, wo wir unter Sonnenschirmen saßen und die Pilger vorüberziehen ließen.

Die ausgiebige Pause tat uns zwar gut, doch würden wir auf diese Weise nicht viel von unserem angestrebten Tagespensum schaffen. Also schulterten wir wieder unsere Rucksäcke und traten in die Sonne. Die Hitze und der volle Magen erschwerten das Laufen erheblich. Margit erging es scheinbar nicht anders, denn sogar sie wurde etwas ruhiger. Der Weg, auf dem sich steile Abschnitte mit fast ebenen abwechselten und an dessen Rand meterhoher Farn, Stechginster und Heide standen, war ein einziges Paradies für die Sinne: Die Augen wurden verwöhnt durch das bunte Farbenmeer, die Ohren durch den Gesang verschiedener Vögel am stahlblauen Himmel und die weiche Luft duftete leicht nach Anis. Katharina und Margit gingen etwas hinter mir, sodass ich mit meinen Gedanken allein war. Ich genoss die Unbeschwertheit, vergessen waren die Schmerzen im linken Arm vom Vortag. Es ging mir so richtig gut. Im Schatten einer alten Eiche wartete ich auf die beiden, die bald ankamen. Zum Verschnaufen hing eine Schaukel an einem dicken Ast, die Katharina erst einmal in Beschlag nahm. Zusammen genossen wir die atemberaubende Aussicht auf das Tal unter uns, wo sich irgendwo Santa Catalina de Somoza versteckte. Am weiten Horizont verschmolzen die Farben der Erde mit denen des Himmels.

Berauscht von dieser Sinfonie erreichten wir bald danach Foncebadón, den „Schreckensort des Caminos". Er wurde so genannt, weil es dort viele gefährliche freilaufende Hunde geben sollte, weswegen ich meinen Wanderstock mit der Schraube am unteren Ende fest in der Hand hielt, gut gewappnet, um gegen ein Rudel blutrünstiger Bestien zu kämpfen und das Leben von uns dreien tapfer zu verteidigen. Doch die einzigen Vierbeiner, die wir sahen, lagen träge im Schatten eines Baumes. Als Schreckensort wurde das Dorf aber auch wegen der Ruinen bezeichnet, die das Dorfbild noch prägen, denn erst seit dem Jahr 2000 belebt sich der Ort auf über 1400 Metern Höhe dank tatkräftiger Menschen, die ihm wieder ein Gesicht geben wollen. Wie Rabanal del Camino war Foncebadón in früherer Zeit eine zentrale Station des Jakobswegs. Heute deprimierte der Anblick: das Ortsschild verbogen, verrostete Eisenträger im vertrockneten Gras, Stromkabel kreuz und quer über die Straße gespannt, Reste ehemaliger Häuser als Steinhaufen am Wegesrand, Dächer, deren Ursprungsfarbe man durch die Flickschusterei nicht mehr erkennen konnte – ein trostloses Bild. Ich fühlte mich wie in eine andere Welt versetzt. Eine kaputte Welt, die einem Angst einjagen konnte. Da wartete tatsächlich noch jede Menge Arbeit! Doch wir sahen auch einige restaurierte Häuser, die wie kleine Oasen in der Steinwüste die Aufmerksamkeit auf sich zogen. Eines war ein Gasthaus, urig wie im Mittelalter aus Natursteinen gebaut, Tische und Bänke aus naturbelassenem Eichenholz gezimmert, auf denen Tierfelle lagen. Auf dickbauchigen Flaschen, die über und über mit Wachs überzogen waren, steckten Kerzen, die sicher ein heimeliges Licht spendeten. Auf Bildern und Figuren im Gastraum war der Jakobsweg allgegenwärtig. Angetan von so viel Originalität kehrten wir ein, um etwas zu trinken. Aus Erfahrung verkniffen wir uns das Essen vor dem vor uns liegenden verschärften Anstieg. Gemütlich war es hier, durch das dünne Wellblechdach kam Tageslicht herein, was zur Beleuchtung des Raumes vollkommen ausreichte. In dem Moment dachte ich an die Pilger, die nicht in den warmen Sommermonaten auf Wanderschaft gingen, sondern in der kälteren Jahreszeit. Sie konnten diese Art Bars oder auch viele Herbergen gar nicht kennenlernen. Nach einer halben Stunde ging es weiter, denn noch lagen elf Kilometer vor uns. Die Mittagssonne brannte gnadenlos vom Himmel, als wir den Ort auf der Suche nach einem Geschäft durchstreiften, wo wir etwas Obst kaufen konnten – als kleine Belohnung, wenn wir am Cruz de Ferro angekommen waren. Tatsächlich fanden wir einen kleinen Laden, wo wir zudem gesalzene Nüsse erstanden, bei deren Anblick mir sofort das Wasser im Mund zusammenlief. Heißhungrig schlang ich sofort einige davon runter, wohl wissend, dass mir das Salz bis jetzt gefehlt hatte.

Die nächsten zwei Kilometer erwiesen sich als wirklich anstrengend. Keuchend und fast auf allen Vieren stiegen wir die Serpentinen bergan. Mit Genugtuung dachte ich daran, dass sich mit jedem Schritt das ein oder andere Fettpölsterchen auf den Hüften in nichts auflöste. Da ertönte Ächzen hinter uns. Erstaunt drehten wir uns um und entdeckten einen laut schimpfenden Fahrradpilger, der entgegen der Empfehlung des Radwanderführers den Fußweg genommen hatte. Na ja, so ein bisschen schadenfroh waren wir schon – was hatte der auch hier bei den Fußpilgern zu suchen? Der Weg führte nun parallel zur Passstraße leicht bergan. Margit erzählte mir gerade von ihrem Leben in Österreich, als Katharina uns etwas zurief. Langsam fuhr ein Auto an uns vorbei, aus dem heraus wir gefilmt wurden. Als Katharina nach dem Grund fragte, antwortete man ihr, sie würden einen Film über den Jakobsweg drehen: „Der Weg der Sinne". Hauptfigur sei ein blinder und taubstummer junger Mann, der auf einem Tandem als Sozius mitfuhr.

Endlich waren wir oben, unter uns lag Foncebadón. Die Aussicht war gigantisch, wir meinten sogar die natürliche Erdwölbung am Horizont erkennen zu können. Vergessen war der schwierige Anstieg, wieder einmal riefen wir uns ins Gedächtnis, dass wir auf einer Strecke liefen, auf der schon vor Jahrhunderten die Pilger nach Santiago unterwegs waren, und nicht auf einem Spazierweg durch Nordspanien, wo alle Unebenheiten beseitigt wurden. Durch einen Tränenschleier betrachtete ich wenig später das Cruz de Ferro, einen der symbolträchtigsten Punkte des Jakobsweges: ein Eisenkreuz auf einem hohen Eichenstamm, der wiederum auf einem gewaltigen Steinhaufen thront, entstanden aus den Steinen der Pilger, welche sie, der Tradition folgend, von zu Hause mitgebracht und abgelegt hatten als Zeichen für abgelegte Lasten und Sünden. Nur allzu vertraut mit meiner Sentimentalität an solchen Orten, grinste Katharina mich an. Allerdings hatten wir uns den Berg gewaltiger vorgestellt, beeindruckender. Gleichwohl zog uns das Kreuz in seinen Bann. Der Fahrradpilger, der uns kurz vorher überholt hatte, stand andächtig im Gebet versunken davor. Ich war gerührt und tief dankbar, hier zu sein und einen Stein ablegen zu können wie Tausende Pilger vor uns. Doch leider – man kann den Moment nicht festhalten, man kann die Empfindungen nicht aufs Papier bringen. Man muss den Moment erleben, erfühlen, zulassen und genießen, und vor allem wieder loslassen. So wandte ich mich ab und suchte meine beiden Begleiterinnen.

Geschafft – mit diesem Gefühl ließen wir uns auf der Bank vor einer Kapelle nieder, schauten den ankommenden Pilgern zu und verzehrten unsere Pfirsiche. Doch das Kreuz ließ mich nicht los, also kraxelte ich ein zweites Mal auf den Steinberg und ließ das bunte Durcheinander der Mitbringsel auf mich wirken: Plüschtiere, Tücher und Jakobsmuscheln, ebenso Blumen, meist rote Rosen, vielleicht ein kleiner Gruß an die Freundin daheim. Sinnsprüche standen in verschiedenen Sprachen kunstvoll auf Steinen jeglicher Größe und Beschaffenheit – für diesen Ort passende Kurzzeiler, welche zum Nachdenken animierten. Ich las aber auch Grüße an die Kinder, die Ehefrau oder andere geliebte Menschen, die den Weg nicht gegangen sind. Einigen waren Bilder beigefügt, Bilder mit lachenden und mit traurigen Gesichtern, mit ernsten oder lustigen. Vieles zeugte von den Geschichten, die die Pilger mit sich schleppten. An einer anderen Stelle fand ich ausgediente Wanderschuhe, die jemandem bis hierher gedient hatten, sie lagen neben dem Eichenstamm, der sicher von ganz vielen Emotionen berichten könnte, wäre es ihm möglich. Plötzlich riss mich eine laute Stimme gnadenlos aus meinen Gedanken: *„So, hier stehe ich jetzt am Cruz de Ferro auf 1517 m Höhe. Wir sind mit dem Auto hochgefahren und wollen nun weiter nach Ponferrada. Das Wetter ist schön, es sind einige Pilger hier …"* Ich starrte in die Richtung, aus der die Worte kamen. Eine ältere Frau posierte vor einer laufenden Videokamera. Der Zauber war nun dahin, und ich ging zurück zu den beiden Mädels. Guter Dinge nahmen wir die restlichen acht Kilometer bis El Acebo in Angriff. Glockengeläut wie auf einer Alm ertönte, als wir uns der Herberge in Manjarín näherten. Ein Wirrwarr von Schildern an einem Holzgerüst verriet die Entfernungen zu verschiedenen Orten in der ganzen Welt: Santiago 222 km, Schretzheim 1904 km, Machu Picchu 9453 km. Natürlich wollten wir uns die legendäre Herberge ansehen. Der Hospitalero, Tomás, welcher 1993 eigentlich nach Santiago pilgern wollte, fand in der Einsamkeit von Manjarín seine Erfüllung darin, wie einst die Tempelritter für die Pilger zu sorgen, seitdem betreut er sie in dieser einfachen und authentischen Herberge. Er begrüßte uns herzlich und bat uns herein. Natursteinmauern begrenzten den ausgetrampelten Pfad zum Haus, das so baufällig aussah, dass es sicher sehr gute Chancen gehabt hätte, in dem Sanierungsplan von Foncebadón aufgenommen zu werden. Drinnen erwartete uns eine einfache Sitzgruppe und ein ebensolcher Verkaufstresen, an dem Medaillons, Jakobsmuscheln und verschiedene Kreuze baumelten. Interessiert schaute ich mir alles an und unterhielt mich mit Katharina. Als Tomás uns Deutsch sprechen hörte, erzählte er, dass er einige Jahre in Deutschland gelebt habe. Neugierig schaute er abwechselnd Katharina und mich an: „Ihr seid Mutter und Tochter, oder?" Belustigt über den ungläubigen Gesichtsausdruck, bestätigten wir es, woraufhin er erwiderte: „Ich habe ja schon einige Zusammenstellungen von Pilgerpaaren gesehen, auch Töchter mit Müttern, aber die waren wesentlich älter als ihr. Ihr versteht euch gut, das ist zu sehen. Ich freue mich für euch!" Zum Abschied schenkte er jedem von uns ein Medaillon.

Wo ein Aufstieg ist, wartet bekanntlich auch ein Abstieg. Wie steil der war, merkten wir später, als Katharina wieder Probleme mit ihren Knien und Füßen bekam. Das kannte sie ja schon und hoffte, dass es bald von selbst verschwinden würde. Margit bot ihr die Wanderstöcke an, damit sie sich besser abstützen und die Knie entlasten konnte. Irgendwie schaffte sie es auch, den langen, steinigen Abstieg zu bewältigen, obwohl sie das Gefühl hatte, ihre Füße blutig gelaufen und die Knie vollends ruiniert zu haben. Auch mir taten bald Füße und Beine weh, und so fiel ich wieder in den fußschonenden Gang, der mir im Vorjahr geholfen hatte. Als Margit das sah, bekam sie einen so heftigen Lachanfall, dass sie nicht mehr laufen konnte. Das steckte an, und bald lagen wir drei uns mit tränenden Augen in den Armen. Da wir uns viel Zeit für den Abstieg nahmen, konnten wir auch den überwältigenden Ausblick auf die einmalig schöne Bergwelt rundherum genießen. Uns drängte ja nichts, wir waren ganz entspannt, getreu dem Motto: Der Weg ist das Ziel. Am frühen Abend erreichten wir schließlich El Acebo. Die beiden Mädels waren so kaputt, dass sie sich auf die erstbeste Bank fallen ließen, um zu verschnaufen und wieder Kräfte zu sammeln für den Weg in die kirchliche Dorfherberge. Ich zog allein los, um sie zu suchen, aber auch, um einzukaufen, denn wir wollten uns gemeinsam etwas kochen. Schließlich fand ich ein winzig kleines Geschäft, in dem ich mich radebrechend nach der Unterkunft erkundigte. Josefine, die Inhaberin des Ladens, verwies mich sogleich an Señora Geraldine de Francia, die Hospitalera, die in einem wallenden Kleid draußen auf einer Bank bei einem Kaffee saß. Ich fragte sie auf Französisch nach drei Betten. *„Bien sur! Voilà, tu peux venir avec moi."* Das war Musik in meinen Ohren. Als sie mir dann noch erzählte, dass in ihrer Herberge abends zusammen gekocht und gegessen würde, war ich vollends zufrieden. Ich holte nun Katharina und Margit von ihrem „Alterssitz" ab, wo sie genug geruht hatten, um ihr Domizil für diese Nacht zu erreichen. Als wir eincheckten, bekam Margit wieder einen ihrer Lachanfälle. Irritiert schaute uns Geraldine an und fragte, ob Margit ein bisschen gaga sei. Bestimmt hielt sie uns für die Betreuerinnen einer durchgeknallten Pilgerin. Amüsiert antworteten wir, dass Margit durchaus normal, aber ausgesprochen lustig drauf sei.

Froh über die absolut saubere und gepflegte Unterkunft, besetzten wir drei freie Betten im Obergeschoss. Ein Blick in die Küche zeigte uns eifrig arbeitende Pilger verschiedener Nationen. Sie schnitten Karotten und Zucchini, schälten Äpfel und kümmerten sich um den Reis. Sprachbarrieren schien es nicht zu geben; was nicht verstanden wurde, wurde einfach gezeigt. Die lustige Truppe war mit der Zubereitung des Abendessens fast fertig. Da unsere Hilfe hier nicht mehr benötigt wurde, deckten wir die Tische auf der Terrasse und saßen bald vor einer leckeren Zucchinisuppe, Reissalat mit verschiedenen frischen Gemüsesorten und selbstgemachtem Apfelmus. Es war schon erstaunlich, wie gut das Pilgermenü schmeckte, denn normalerweise sagt man ja, dass viele Köche den Brei verderben. Zwei koreanische Pilger saßen bei uns am Tisch, die wir nur K1 und K2 nannten, da wir ihre Namen nicht verstanden. Weil sie nach dem Sommer für zwei Jahre in England arbeiten würden, wollten sie die europäische Mentalität kennenlernen, erzählten sie. Sie waren begeistert von Spanien und den vielen Nationen auf dem Camino.

Nach dem Essen hielt es uns nicht in der Herberge, denn der schöne Tag versprach einen noch schöneren Sonnenuntergang, den wir uns alle zusammen ansehen wollten. So führte uns Geraldine zu einer Wiese am Ortsrand, auf der ein etwa vier Meter hohes Holzkreuz stand, das sich dunkel vor dem rotgoldenen Licht der untergehenden Sonne abhob. Dankbar und ergriffen, im Einklang mit mir selbst, aber auch verzaubert von der Schönheit der Natur, ließ ich diesen Eindruck so lange auf mich wirken, bis es dunkel und kühl wurde. Katharina, Margit und all die anderen waren schon lange wieder zur Herberge zurückgegangen.

El Acebo → Ponferrada

28. August 2009 | 16 km

Eine Gitarre. Ein Lied.

Die Melodie des Handyweckers schlich sich in meine Träume. Ich war noch ziemlich müde von der Anstrengung am Vortag und wäre gern noch liegen geblieben, denn für diesen Tag hatten wir uns nur 16 Kilometer bis Ponferrada vorgenommen. Allerdings zog wieder einmal der Duft frisch gebrühten Kaffees durchs Haus, sodass mir augenblicklich das Wasser im Mund zusammenlief. Das war schließlich auch für den letzten müden Pilger das Zeichen zum Aufstehen, denn wer wollte sich diesen Genuss entgehen lassen? Kurzerhand weckte ich meine Mutter und Margit. Ich bezweifelte sehr, dass der lange Abstieg von 600 Höhenmetern meinen Knien guttun würde, weshalb wir uns für die heutige Etappe Zeit nehmen wollten. Vor den Bädern hatte sich ein Stau gebildet, der sich gar nicht auflösen wollte – übrigens das erste Mal, dass es diesbezüglich Probleme gab. Bald erfuhren wir auch den Grund dafür: Vor 6:45 Uhr lief in der Herberge nichts außer der Kaffeemaschine, noch nicht einmal das Wasser in der Dusche. Es war abgestellt, damit die Pilger nicht auf die Idee kamen, in aller Frühe aufzustehen und davonzueilen, denn im Speiseraum hatten die Hospitaleros ein großes Frühstücksbuffet vorbereitet und luden zum gemeinsamen Frühstück ein. „Groß" bedeutete die Auswahl zwischen getoastetem und ungetoastetem Brot, Butter oder Margarine, verschiedenen Marmeladensorten sowie zwischen Tee, Kaffee und Kakao – ein Luxus, den wir so nicht mehr vorfinden sollten. Um 8 Uhr ließ uns Geraldine nach einer herzlichen Umarmung weiterziehen.

Den langen Aufstieg vom Vortag mussten wir auf teilweise sehr steilen, sich um den Berg schlängelnden Wegen nun auf der Rückseite wieder hinunter, was höchste Aufmerksamkeit erforderte. Meine Knie ließen mich zum Glück in Ruhe. Nach einer knappen Stunde hatten wir das erste Drittel hinter uns gebracht und durchwanderten den kleinen, einsamen Ort Riego de Ambros. Nun führten uns die Pfeile auf schlammigen und sandigen Wegen durch einen Wald von großen, alten und knorrigen Esskastanien, deren Stämme teilweise so dick waren, dass wir sie zu dritt nicht umarmen konnten. Danach erwarteten uns wieder mehr oder minder große Gesteinsbrocken auf einem steilen Abstieg, der uns höchste Vorsicht abverlangte. Mit den Stöcken stützten wir uns haltsuchend ab und brachten so Meter für Meter hinter uns. Margit mit ihrem sonnigen Gemüt unterhielt uns weiterhin, sodass es nie ruhig wurde und wir frohgelaunt schneller als gedacht im Tal, im kleinen Ort Molinaseca, ankamen, den wir nun auf der Calle Real durchquerten. Eine Weggabelung bot später zwei Möglichkeiten, um nach Ponferrada zu gelangen: entweder direkt an einer viel befahrenen Landstraße entlang, wo man, in Dieselabgase eingehüllt, die Kilometer auf heißem Asphalt „abreißen" konnte, oder auf einem viel ruhigeren Weg durch die Ortschaft Campo, vorbei an Sportplätzen und vereinzelten Häusern. Keine Frage, wir wählten letzteren.

Es war Mittagszeit, die Sonne brannte hernieder und heizte den Asphalt auf. Indem ich mich mit Margit und meiner Mutter unterhielt, hoffte ich, die nun doch langsam aufziehenden Schmerzen ignorieren zu können. Das ging auch eine Zeitlang gut, aber irgendwann humpelte ich meinen Weggefährtinnen hinterher. Meine Mutter bot an, mir Gepäck abzunehmen, doch ich weigerte mich – zumindest so lange bis ich nicht mehr in der Lage war aufzutreten. Bei jedem Schritt schienen sich Nägel in meine Knie zu bohren. Einem Anflug von Vernunft nachgebend, schob ich ihr meinen Schlafsack zu, und in der Tat, es wirkte Wunder. Die Entlastung reichte aus, um es bis zur Herberge in Ponferrada zu schaffen. Die Zeit drängte uns, da wir noch vor der spanischen Mittagspause den Heißhunger auf Obst stillen wollten. So stellten wir die Rucksäcke am Ende der Schlange ab, da die Herberge nicht vor 14:30 Uhr öffnete, und rannten – ja, wir rannten – in die Innenstadt auf der Suche nach einem Geschäft. Schließlich fanden wir auch eines. Und siehe da, es hatte sogar durchgehend geöffnet. Umsonst beeilt! Nach dem „überlebenswichtigen" Einkauf schlenderten wir beruhigt wieder zurück und stellten uns zu unseren Rucksäcken in die Schlange, die bereits bedeutend länger geworden war. Als sich die Türen öffneten, bot der Herbergsvater den Wartenden kalte Limonade an, die dankbar entgegengenommen wurde.

In der Eingangshalle befanden sich eine gut ausgestattete Küche, Sitzecken mit Sesseln und Sofas und lange Tafeln mit Stühlen, wo wir unser Essen verzehren konnten. Wir bezogen ein 9er-Zimmer zusammen mit anderen Pilgerinnen. Die Duschen ließen leider etwas zu wünschen übrig, denn das Wasser war eiskalt. Später erfuhren wir allerdings, dass es in einem separaten Sanitärgebäude auch warmes Wasser gab. Nach der Säuberung und einer Erholungspause unter einem Blätterdach aus Wildem Wein machten wir uns fertig für eine Besichtigung der Hauptstadt des Landkreises El Bierzo. Mir ging es wieder besser, und ich freute mich auf die Sehenswürdigkeiten, auf eine Fußgängerzone zum Bummeln und vielleicht sogar ein Café zum Verweilen. Die Besichtigung der Burg der Templer aus dem 13. Jahrhundert, welche den Pilgern früher die Überquerung des Flusses Sil sicherten, gehörte natürlich dazu. Das Pilgerhandbuch informiert: *„Zahlreiche Mythen und Legenden umranken die Existenz des Templerordens, der 1118 von Kreuzrittern in Jerusalem gegründet wurde. Die Templer waren Ritter und Mönche zugleich, innerhalb weniger Jahrzehnte kontrollierten sie aber auch das Finanz- und Transportwesen der christlichen Welt. Sie machten sich den Schutz der heiligen Stätten und der Pilgerwege zur Aufgabe. In ihrer Rolle als Bankiers verwalteten sie beispielsweise auch das Geld wohlhabender Pilger, die auf diese Weise vor Überfällen sicher waren und unterwegs an den Stützpunkten des Templerordens sozusagen Geld abheben konnten. Die wirtschaftliche Macht der Templer war dem französischen König Philippe IV. ein Dorn im Auge, und 1307 verbot auf sein Schreiben hin Papst Klemens V. den Orden. Dabei wurde den Templern zum Verhängnis, dass sie geheimnisvolle Rituale praktizierten, die es ihren Gegnern leicht machten, ihnen Satanskult und Hexerei vorzuwerfen."*

Am Abend fanden wir uns wieder in der 180-Betten-Herberge ein und bereiteten das Abendessen zu. Doch wir waren nicht die Einzigen. Die Küche war bald gut gefüllt, und die verschiedensten Sprachen schwirrten durch die Luft. Währenddessen packte ein Italiener seine Gitarre aus und fing an zu singen. Bald sangen andere mit, und immer mehr Pilger kamen hinzu. Irgendwann wechselte die Gitarre an einen Spanier, der voller Enthusiasmus in die Saiten schlug und mit seinen Pilgerfreunden ein Lied zum Besten gab, das den ganzen Saal zum Brodeln brachte. Die Melodie war bekannt: „La Bamba", aber der Text war umgedichtet und handelte vom Jakobsweg. Es schien eine bekannte Hymne zu sein, denn viele Pilger stimmten mit ein und verwandelten den Abend in ein großes Fest, von dem ich mich einfach mitreißen ließ. Auch der Hospitalero bat um die Gitarre und spielte ein schwungvolles Lied nach dem anderen. Alle klatschten und sangen mit, keiner blieb ruhig. Doch leider war es schon spät geworden, und zum Bedauern aller beendete der Hospitalero den schönen Abend.

Ponferrada → Villafranca de Bierzo

29. August 2009 | 25km

Geh in deiner Geschwindigkeit, nur die ist richtig.

Ein leichtes Zupfen an meinem Shirt weckte mich um 5 Uhr. Als ich die Augen aufschlug, sah ich im schwachen Licht der Außenlaterne Katharina, die gerade Margit weckte. Sofort standen wir auf, denn uns erwarteten 25 Kilometer bis nach Villafranca del Bierzo, und schlichen aus dem Zimmer, in dem die anderen noch in tiefem Schlaf lagen. Im Speisesaal hingegen war bereits Hochbetrieb, viele Frühaufsteher saßen an den Tischen, frühstückten oder lasen in den Pilgerführern. Ein junger Mann hantierte hektisch am Herd herum, es roch nach angebrannter Milch. Andere füllten ihre Flaschen mit Leitungswasser und packten Sachen aus dem Kühlschrank in die Rucksäcke. Wir drei tranken je einen

Cappuccino, frühstückten und unterhielten uns über die Tagesetappe, die ohne größere Höhenunterschiede zu bewältigen war. Um 6 Uhr verließen wir die Herberge. Vor dem Haus stand eine Gruppe von abreisebereiten Spaniern, die sich gerade die Schuhe schnürten oder sich noch schnell die Zähne an einem Wasserspender putzten.

Motiviert bahnten wir uns einen Weg durch die Meute und folgten den Pfeilen durch die beleuchteten Altstadtstraßen Richtung Templerburg, die sich bald vor uns auftürmte, ihre dunklen Mauern in den Himmel streckend. Kein Auto war zu hören, keine Pilger. Außer unseren Stöcken, die im Takt unserer Schritte auf den Boden klackten, war alles ruhig. Doch das währte nicht lange, denn hinter uns näherte sich zügig und laut singend der spanische „Kosakenchor" vom Vorabend. Obwohl ich den Text des Liedes nicht verstehen konnte, zog mir ein wohliger Schauer über den Rücken, und mich überkam ein einzigartiges Gefühl der Zusammengehörigkeit. Das Alter, die Nationalitäten, das alles spielte keine Rolle, wir kamen aus aller Herren Länder, alle gingen denselben Weg, viele konnten sich nicht unterhalten, weil sie die Sprachen der anderen nicht verstanden. Und doch ging ein Lächeln über die Gesichter. Man pilgerte, man erlebte zusammen.

An diesem Morgen führten uns die Pfeile durch die Weingegend der Region Bierzo, die zwischen Galicien und Kastilien liegt. Margit hatte uns mittlerweile ziehen lassen, da sie sich mehr Zeit nehmen wollte. Falls ihr diese nicht reichen sollte, würde sie zwischendurch den Bus nehmen. Bis Villafranca del Bierzo wollte sie den Tag allerdings wandern und bat uns, ihr dort einen Platz in der Herberge zu reservieren, in der auch wir übernachten wollten. Wo es Wein gibt, sind natürlich auch Kellereien angesiedelt. Katharina hatte im Handbuch gelesen, dass die Pilger in Camponaraya zur Weinprobe eingeladen wurden. Dazu musste man einen Spruch in Spanisch aufsagen, den ich fleißig auswendig lernte: „Tiene un poquito de vino para un peregrino, muerto de sed, por favor?" Was so viel heißt wie: „Haben Sie bitte ein bisschen Wein für einen verdurstenden Pilger?"

Nach drei Stunden erreichten wir die Kellerei, wo ich mein Glück versuchen wollte. Wozu hatte ich denn sonst den Satz auswendig gelernt? „Ich weiß nicht, Katharina, meinst du, wir können so einfach da reingehen?" Ich kam mir wie ein Bittsteller vor, doch meine Tochter schob mich durch die Tür. Nun stand ich da, grüßte mit *Hola* und sagte den Spruch auf wie beim Nikolausabend. Die Gedanken der Angestellten konnten wir förmlich von ihrer Stirn ablesen: „Im Moment erst habe ich die Tür aufgeschlossen, und schon sind die ersten Pilger da und wollen Wein haben. Der Tag fängt ja richtig gut an." Sie gab jedem von uns einen Becher, halb voll mit Rotwein. Bedacht hatten wir aber im Überschwang natürlich nicht, was wir damit machen sollten. Wir beide tranken eigentlich keinen Wein, schon gar nicht um diese Uhrzeit und bei der Wärme, und erst recht nicht wenn wir noch 17 Kilometer vor uns hatten. Unsere Wasserflaschen waren voll. Den Wein wegschütten wollten wir aber auch nicht. So standen wir da, morgens kurz nach 9 Uhr, die gefüllten Becher in der Hand, und warteten auf Abnehmer des edlen Tropfens. Lange brauchten wir allerdings nicht auszuharren, denn bald darauf sahen wir K1 und K2 schnellen Schrittes des Weges kommen. Ob Südkoreaner überhaupt Wein trinken? Jedenfalls würden wir den beiden die Becher anbieten, mehr als Nein sagen konnten sie nicht. Abwartend blickten wir ihnen entgegen. Sie freuten sich, als sie uns sahen, und blieben stehen. Katharina erklärte ihnen die Situation, worauf sie grinsend die Becher nahmen und erzählten, dass sie sich schon geärgert hätten, die Kellerei verpasst zu haben. Da halfen wir doch gern, nach dem Motto: Jeden Tag eine gute Tat ...

Erleichtert zockelten wir wieder los zur nächsten Verköstigung, die den Pilgern im Landgasthaus „Moncloa de San Lázaro" in Cacabelos, einem kleinen Ort sechs Kilometer hinter Camponaraya, angeboten wurde: Wein und Empanadas, eine spanische Pastete, auf die wir sehr neugierig waren. Zeitlich passte es wunderbar, denn seit Stunden hatten wir nichts mehr gegessen. Den Wein aber würden wir diesmal weglassen. Der Garten des Gasthauses präsentierte sich sehr einladend: Auf einer Seite beschatteten Weinranken verschiedene Sitzgruppen, auf der anderen standen zwei Tische bereit, wo wir uns nun niederließen und mit Hackfleisch und verschiedenen Gemüsesorten gefüllte Empanadas bestellten, die auch bald serviert wurden. Ein bisschen blieben wir nach dem Mahl noch gemütlich sitzen, bevor wir die Stühle für die nächsten Pilger freimachten. Als wir das Dorf hinter uns gelassen hatten, erblickten wir am Horizont eine Hügelkette, die wir bald überqueren würden. Weithin waren Weinfelder zu sehen, durch die sich der weiße Weg schlängelte, rechts und links Reben voll mit tiefroten Trauben, die zum Naschen verführten. Ein Schild an einer Wegkreuzung ließ augenblicklich Tränen in meine Augen schießen: Santiago 195 km. In vier Tagen würden wir wahrscheinlich nur noch zweistellige Kilometerzahlen bis zum Ziel haben! Wir waren den 6. Tag auf dem Camino, und mir kam es vor, als seien wir vorgestern noch in León gewesen. Ich war unfähig, etwas zu sagen, und fragte mich, wo die Zeit geblieben war. Man lief und lief und lief und merkte gar nicht, wie sich die Kilometerzahl verringerte. Es war wundervoll, diesen Weg nicht in Zeitdruck „abarbeiten" zu müssen. Wir konnten es uns leisten, den Weg zu erleben, ohne ständig auf die Uhr schauen zu müssen. Trotzdem legte sich eine Stimmung über mein Gemüt, die mir gar nicht gefiel. Ich dachte an die Pilger, die wir schon lange nicht mehr gesehen hatten. Wo waren Carina und Susanne, Jean-Paul und Denise oder Andreas und Saskia aus Augsburg? Katharina sah mich prüfend an und erkannte meine trüben Gedanken. So sagte sie: „Liegt die Hälfte des Weges noch vor uns, oder haben wir die Hälfte des Weges schon hinter uns?" – Optimist oder Pessimist? Ich musste grinsen und war gleich etwas frohgemuter. Eigentlich hatten wir auch wahrlich Grund zur Freude, denn es war unser erster Tag ohne Knie- oder Fußprobleme, die uns das Wandern bisher erschwert hatten.

Mittags erreichten wir die Herberge in Villafranca del Bierzo, laut Beschreibung des Pilgerhandbuchs eine stimmungsvolle, aber einfache Herberge, im Mittelalter ein Pilgerhospital, dessen Besitzer heilende Kräfte durch Handauflegen zugesprochen wurden. Das Wort „einfach" hätten wir vielleicht beachten sollen. Nachdem wir eingecheckt und für Margit ein Bett reserviert hatten, fragte der Hospitalero, ob wir uns fürs Abendessen anmelden wollten, das immer sehr gut sei. In dem Moment fiel mein Blick auf eine Schale mit Obst, das schon bessere Tage gesehen hatte, und mein Bauch sagte mir, das Abendessen hier lieber sausen zu lassen. Wir würden am Nachmittag eine Ortsbesichtigung machen und dort bestimmt etwas für den Abend finden. Ansonsten aber war die u-förmig angelegte Herberge wirklich beeindruckend: Dicke Baumstämme trugen eine neue Dachkonstruktion, aus der kleine Gauben herauslugten, um mehr Licht in die Zimmer im Obergeschoss zu lassen. Unter einem Vordach standen Holzbänke und Tische, Regale für Schuhe, zwei Getränkeautomaten und im terrassenförmig angelegten Innenhof ragte ein neu angepflanzter Baum seine noch dünnen Zweige in den Himmel. Zwei Sonnenschirme spendeten etwas Schatten. Der Hospitalero zeigte uns den urigen Schlafraum aus groben Natursteinen mit fünf Stockbetten „nur für Mädels", in dem bereits drei Betten von Pilgerinnen aus Dänemark belegt waren. Es gab sogar einen eigenen Schlafraum nur für Schnarcher. Ich freute mich auf eine schöne Dusche und packte meine Handtücher zusammen. Als ich den Sanitärraum betrat, sah ich vor den schwimmbadblauen Toilettenkabinen ausgeleierte Falttüren, die nur noch durch Klebeband zusammengehalten wurden. Ein Blick in die Dusche ließ mich an der Technik zweifeln. Wie bei einer alten Toilettenspülung musste man an einem Klöppel ziehen, um dem Wassertank einige Tropfen warmen Wassers abzuringen. Es war aber alles sauber, dies alles ließ ich mir also noch gefallen. Als Pilger hat man keine großen Ansprüche, verzichtet auf Bequemlichkeit und nimmt gern auch einfache Herbergen hin. Doch die „Sperrmüllabteilung" neben dem Haus mit kaputten Wäschespinnen, Stühlen, gewellten Tischen und einigem mehr verschandelte die Anlage leider sehr.

Katharina spielte draußen mit Chris, Stefan und einigen anderen jungen Pilgern Karten. Ich saß im schmalen Schattenstreifen einer jungen Säulenzypresse, hing meinen Gedanken nach und sah erfreut einige Pilgerfreunde durchs Tor kommen. Das i-Tüpfelchen allerdings waren Buspilger aus Frankreich, die mit leichter Sommerkleidung laut schnatternd in die Herberge getrippelt kamen, an den Füßen leichte Sommersandalen. Staunend betrachteten sie die Herberge aus dem Mittelalter und die Pilger. Einige zückten ihre Kameras und suchten nach dem besten Motiv für ein Erinnerungsfoto, frei nach dem Motto: Da war ich auch. Der Reihe nach ließen sie sich mit dem Hospitalero ablichten, der ihnen danach noch Stempel in die Pilgerpässe drückte. So schnell, wie sie gekommen waren, waren sie auch wieder weg, im vollklimatisierten Reisebus dem nächsten Ziel entgegen. Die ganze Szene dauerte gerade mal zehn Minuten. Was war ich stolz auf meine schweren und staubigen Wanderschuhe und dass ich hier den Tag nach der Anstrengung genießen konnte!

Katharina schlug vor, den Ort zu besichtigen. Natürlich war ich neugierig, und so schlenderten wir durch die verwinkelten Gassen, vorbei an einigen Kirchen, auf den einladenden Marktplatz, wo vor einigen Cafés und Restaurants unter riesigen Sonnenschirmen Tische und Stühle standen. Spontan beschlossen wir, hier am Abend essen zu gehen, und kehrten langsam zur Herberge zurück. Schon von Weitem hörten wir Margit kichern und lachen. Zusammen mit Andreas aus Köln, Hardy, einem in die Schweiz ausgewanderten Berliner, und einigen anderen saß sie unter einem Sonnenschirm und plauderte. Wir setzten uns dazu, und bald erzählten alle von ihren Erlebnissen, Familien und Berufen. Es war das erste Mal, dass über Berufe gesprochen wurde. Nachdem jeder von sich erzählt hatte, blieb nur noch Andreas übrig. Verstohlen holte er ein goldenes Kreuz an einer Goldkette unter seinem Hemd hervor und erzählte, dass er katholischer Pfarrer in Köln sei, der aber im Herbst eine neue Pfarrstelle bei Aachen annehmen würde. Sofort entbrannte eine Diskussion über den Papst und das Zölibat, zu der jeder mit seiner Meinung beitrug. Wir hätten noch viel länger disputiert, aber der Essensgong ertönte, das Pilgermenü war fertig. Es war 21 Uhr. Katharina und ich hatten einfach die Zeit vergessen! Die Restaurants hatten längst geschlossen. So brachen wir zu einer abendlichen Stadtbesichtigung auf. Der laue Wind spielte in unseren Haaren, als wir durch die beleuchteten Gassen zum Marktplatz schlenderten, der nun menschenleer vor uns lag. Aus einer kleinen Kirche erscholl Musik. Neugierig gingen wir hinein und wurden mit einem kleinen Konzert verwöhnt, dem wir gern länger zugehört hätten, doch es war kurz vor 22 Uhr, und das Tor zur Herberge wurde um diese Zeit abgeschlossen. Deshalb gingen wir zügig zurück und genossen das Gefühl, wieder „nach Hause" zu gehen, wo unsere Freunde zusammensaßen und auf uns warteten. Hardy schaute ärgerlich aus und schimpfte über das Essen. Neugierig fragten wir nach dem Grund, worauf alle loswetterten. Am Schluss hatten wir so viel verstanden, dass das Drei-Gänge-Menü für 7,50 Euro miserabel war. Die Vorspeise bestand aus einem grünen Salat und zwei Eiern für 20 Personen, der Hauptgang war ein Eintopf mit undefinierbaren Zutaten und die Nachspeise das vergammelte Obst, das wir bei der Ankunft gesehen hatten. Manchmal war es eben gut, auf sein Bauchgefühl zu hören, auch wenn der Magen an diesem Abend nichts bekommen hatte.

Villafranca del Bierzo → O Cebreiro

30. August 2009 | 31 km

Urgroßmutters Wundertrank

Ungeduldig warteten die Pilger vor dem Tor. Es war 6 Uhr, und wir alle hatten das Bedürfnis, die Herberge zu verlassen. Doch der Herbergsvater kam erst um 6:15 Uhr hinuntergeschlappt, um das Tor zur Freiheit aufzuschließen. Sofort strömten die Pilger in die Dunkelheit und eroberten die Straßen des Dörfchens. Ich informierte meine Mutter über die Wegmöglichkeiten, die sich uns boten. Leise diskutierten wir, ob wir den schönen, aber längeren Weg über den Berg oder den direkt an der Straße entlang nehmen sollten. Da es aber noch stockfinster war und wir auf dem Berg nichts hätten sehen können, entschieden wir uns gegen das Verletzungsrisiko und für die Straße. An der Weggabelung wartete ein riesiger, schwarzer Hund, der uns taxierte. Sofort packte ich meinen Stock fester, doch er lief nur neben uns bzw. neben unserem Mitpilger Hardy her. Wir ließen den beiden einen gewissen Vorsprung, um dem Hund nicht zu nah zu sein, denn er war schon etwas furchteinflößend, und genossen den unglaublich klaren Sternenhimmel. Doch lange konnten wir nicht mehr herumschlendern, und wir nahmen unsere normale Geschwindigkeit auf, sodass der Abstand zu Hardy dahinschmolz, der noch immer von dem schwarzen Riesen begleitet wurde. Aus der Furcht wurde irgendwann Akzeptanz. Kurz vor dem nächsten Ort, Trabadelo, wiesen die gelben Pfeile über die Landstraße, an der wir bislang entlanggewandert waren. Noch bevor wir uns auf den Seitenwechsel eingestellt hatten, schaute der Hund bereits nach links und rechts, überquerte mit großen Sprüngen die Straße und wartete dort auf uns. Ich warf meiner Mutter einen verwunderten Blick zu, und schließlich folgten wir unserem tierischen Reisebegleiter, an den wir uns nun gewöhnt hatten. Doch sehr zu unserem Bedauern hatte der nach etwa zehn Kilometern keine Lust mehr und kehrte um, wahrscheinlich um am nächsten Tag andere Pilger zu begleiten.

Während die Sonne immer höher stieg, legten wir zügigen Schrittes Kilometer für Kilometer zurück. In Ruitelán bemerkten wir die allmählich beginnende Steigung, die uns 600 Meter höher in das noch zehn Kilometer entfernte Dorf O Cebreiro bringen sollte, in die letzte Comunidad vor Santiago. Doch bevor wir den Grenzstein erreichten, galt es durch kleine Ortschaften und Wäldchen zu laufen, deren Bäume uns vor der Mittagssonne bewahrten. Trotz alldem setzte die Hitze meiner Mutter zu. Und noch irgendetwas anderes – tiefe Denkfalten zogen sich über ihre Stirn. Schließlich wandte sie sich an mich: „Sag mal, wie heißt das Ding, worauf du immer schaust, um die Höhenmeter zu erfahren?" „Ähm ... Keine Ahnung ... Höhenmeteranzeige?" „Nein, nein ... irgendetwas mit s." „Mit s?" Nun zermarterte ich mir den Kopf. Wie hieß das nur? Wild wirbelten Neukonstruktionen durch meine Gehirnwindungen, aber ich kam nicht drauf. „Tut mir leid, ich habe nicht den geringsten Schimmer."

Unzufrieden stiefelte sie weiter. Kurze Zeit später hatte ich das Ganze vergessen. Stattdessen beschäftigte mich die Frage, wann die Steigung endlich vorbei wäre. Also zog ich einen Zettel heraus und murmelte vor mich hin: „Ich schau grad mal aufs Höhenprofil, okay?" Da klatschte meine Mutter hocherfreut in die Hände und strahlte mich an. „Genau, das ist es!" „Was ist was?" „Das Wort! Das ich gesucht habe: Höhenprofil!" „Ja, aber das fängt doch nicht mit s an!" „Na ja", entgegnete sie lakonisch, „doch, natürlich – 's Höhenprofil." Von diesem Moment an hatten wir Mühe, kontrolliert zu atmen, da wir lange Zeit lauthals vor uns hin lachten, bis wir schließlich La Faba erreichten mit der letzten Übernachtungsmöglichkeit vor O Cebreiro. Aber wir hatten uns in den Kopf gesetzt, die 31 Kilometer zu laufen, zu denen ja auch nur noch fünf Kilometer fehlten. So erfrischten wir uns in einer kleinen Bar am Ortsausgang mit einer kühlen Flasche Wasser. Jacob und Chris kamen hereingeschlendert und leisteten uns für ein paar Minuten Gesellschaft, bevor wir uns aufmachten. Ich war wieder schneller unterwegs, schaute mich aber in regelmäßigen Abständen um, da ich meine Mutter, die oft stehen blieb, stets im Blickfeld haben wollte. Die Sonne und der Aufstieg forderten ihren Tribut, und ich machte mir Sorgen, dass es sie überfordern könnte. Dazu kam, dass auf dem steilen Weg so gut wie kein Schatten war, unter dem man sich hätte ausruhen können.

Irgendwann erreichte ich den Grenzstein zwischen den Provinzen Kastilien-León und Galicien. Letztere wollten wir gemeinsam betreten, und so wartete ich kurz.

Nach der Grenzüberschreitung nahm mir meine Mutter ihre Schuhe wieder ab, die sie mir kurz hinter La Faba aufgedrückt hatte, zog sie an und schnallte sich die Sandalen auf den Rucksack – ich sah ihr wohl zu mitgenommen aus. So trotten wir weiter, die letzten Kilometer bis O Cebreiro leicht bergan. Inzwischen hatte ich jegliches Gefühl für Entfernungen verloren, ob einhundert Meter oder eintausend, für mich war alles gleich. Nach jeder Biegung hoffte ich vergebens, endlich die Ansiedlung zu erblicken. Erst nach endlosen 20 Minuten kamen die ersten Dächer in Sicht. Meine Mutter war diesmal diejenige, die vorlief, während ich mittlerweile an meine Grenzen stieß. Die Straße, die uns zur Herberge bringen sollte, führte direkt auf eine Weggabelung zu – wie sollte es auch anders sein. Ich hatte weder Lust noch Kraft, noch ein

Stück hochzulaufen, und hoffte, dass uns der ebene Weg zum Eingang bringen würde. Ich war einfach nur ausgelaugt. Also trotteten wir weiter und kamen an den Bädern vorbei. Aus einem der Fenster winkte mir Jacob freudig und erfrischt zu, ich aber bedachte ihn nur mit einem mürrischen Blick. Wir traten um die Ecke, fanden dort jedoch nur den Eingang zur Waschkammer. Die Anmeldung war im ersten Stock. Vor uns lag eine große, steile Treppe.

Meine letzten Kraftreserven mobilisierend, stütze ich mich auf meinen Stock und erklomm Stufe für Stufe. Oben ließ ich mich auf einen Stuhl fallen und regelte von dort aus die Aufnahme, während sich meine Mutter mit zitternden Händen heißhungrig eine Handvoll gesalzener Nüsse in den Mund stopfte. Dann wurden uns die Bettnummern in die Hand gedrückt. In einem riesigen Schlafsaal bezogen wir das Kopfkissen und die Bettdecke mit einem Einwegschutzbezug, der in Galicien an die Pilger ausgegeben wurde, und brachen dann zur Dorfbesichtigung auf. In O Cebreiro waren noch die alten Hütten der Keltiberer, die Pallozas, erhalten und vermittelten einen Eindruck der damaligen Lebensweise. Der Ort hatte zwar nur 24 Einwohner, war aber von Touristen überschwemmt, sodass großer Trubel herrschte. In den vielen kleinen Souvenirläden wurde die Nachfrage nach „typisch" galicischen und keltischen Mitbringseln befriedigt. In einem kleinen Restaurant trafen wir wider Erwarten Andreas, setzten uns zu ihm, verspeisten ein Pilgermenü und unterhielten uns angeregt.

Nach dem Essen wurde mir komisch. Ich verschwand kurz an die frische Luft in der Hoffnung, dass es dadurch besser würde, aber es half nicht gegen die Magenkrämpfe. Also schlappte ich wieder rein und versetzte meiner Mutter mit meinem blassen Gesicht einen Schrecken. Andreas sagte, er habe da etwas, das mir sicherlich helfen würde, es sei aber in der Herberge. Ich solle schon mal vorgehen, sie würden bezahlen und dann hinterherkommen. Ich schlurfte also zurück und legte mich vollkommen geschwächt auf eine Bank, bis sie endlich kamen.

Andreas brachte mir eine Flasche mit einem Gebräu „nach Urgroßmutters Rezept". Ich sollte nur einen kleinen Schluck davon trinken, und nach 20 Minuten würde es mir besser gehen. Meine Mutter schaute zwar skeptisch, aber mir war alles egal, solange es nur helfen würde. Ich setzte das Fläschchen an die Lippen und nahm einen Schluck, der wahrscheinlich nicht mehr als klein durchging. Bei dem Wunderwässerchen handelte es sich jedoch hauptsächlich um hochprozentigen Alkohol. Augenblicklich schossen brennende Flammen meine Kehle empor und durch meine Nase, das Atmen fiel mir schwer. Was war das für ein Teufelszeug! Und das sollte mir helfen? Zu zweit schleppten sie mich ins Bett, wo ich sofort einschlief.

Als ich etwas später die Augen aufschlug, verspürte ich Durst – und fühlte mich viel besser. Also stand ich auf und ging in die Küche, um etwas zu trinken. Dort fand mich meine Mutter wenig später mit anderen Pilgern im Gespräch. Verwundert über die schnelle Besserung, die innerhalb von 20 Minuten eingetreten war, führte sie mich aus der Herberge und zeigte mir die schöne Aussicht über die Berge Galiciens, die ich bei meiner Ankunft einfach übersehen hatte. Zusammen blieben wir dort stehen, bis die Sonne ihren Lauf nach Westen hinter den Bergen beendete.

Meine Mutter machte mich auf einen Spanier aufmerksam, der das Pilgerlied in Ponferrada mitgesungen hatte. Ich nahm also all meinen Mut zusammen und fragte ihn nach dem Text. Er verwies mich an seinen Freund Oriol, den ich in der Küche traf und der mir mit Begeisterung den Text aufschrieb. Mit ihm und drei anderen Mitpilgern unterhielt ich mich, bis alle anderen schon im Bett lagen und es auch Zeit für mich wurde.

O Cebreiro → Triacastela

31. August 2009 | 24 km

Ab heute nur noch Wasser aus der Flasche.

Wieder mal suchte ich den Reißverschluss meines Schlafsacks, nachdem Katharina mich aus dem Reich der Träume geholt hatte. Es war 6 Uhr, die Stille im Schlafsaal unglaublich. Nur keinen Krach machen, sagte ich mir, denn immerhin weilten hier noch 48 Pilger in süßen Träumen, und da sollten sie auch erst einmal bleiben, der Vortag war für alle anstrengend genug gewesen. Endlich hatte ich den Reißverschluss gefunden und erhob mich. Ganz leise rafften wir die Sachen zusammen, nahmen unsere Rucksäcke und tapsten auf Strümpfen im spärlichen Lichtschein einer kleinen Außenlaterne aus dem Schlafsaal. Geschafft! Es fehlten nur noch unsere Schuhe und Stöcke. Auf Zehenspitzen gingen wir also zurück, um sie zu holen. Und dann kam es, wie es kommen musste: Als ich nach meinem am Bett lehnenden Wanderstock greifen wollte, bekam ich ihn nicht richtig zu fassen und stupste ihn zusammen mit Katharinas um. Ich hielt die Luft an. Eine Viertelsekunde passierte nichts – dann schlugen die beiden Stöcke laut scheppernd auf dem Laminatboden auf. Oh nein! Das musste natürlich wieder mir passieren! Um uns herum murrte es laut ... Betreten schaute ich in Katharinas entnervtes Gesicht, hob die Stöcke auf und beeilte mich, aus dem Saal zu kommen. Hoffentlich hatte mich keiner erkannt!

Zwei spanische Pilgerpaare und ein junger Mann aus Korea, die in einem anderen Saal übernachtet hatten, saßen bereits in der Küche und frühstückten. Viel Auswahl an Essen hatten unsere Rucksäcke nicht zu bieten. Wir fanden Brot vom Vortag und zwei Äpfel, was reichen musste. Nach einem Blick aus dem Fenster beratschlagten wir, was wir machen sollten. Eigentlich hatten wir vor, den schöneren Weg über den Pass zu nehmen, aber bei dieser Dunkelheit würden wir weder Pfeile noch Landschaft erkennen, so entschieden wir uns für die Straßenvariante. Müde Pilger schlurfen nun in die Küche. Sie hätten gern noch länger

155

geschlafen, doch irgend so ein Trottel musste ja auch so einen Radau machen ...!

Katharina hatte sich von der Übelkeitsattacke am Vorabend gut erholt, dem Abstieg von 700 Metern stand also nichts mehr im Wege. Wir schnürten unsere Schuhe, schulterten die Rucksäcke und verließen die Herberge in Richtung O Cebreiro, wo wir auf die Straße abbogen, die uns weiter nach Westen bringen würde. Kaum hatten wir das Dorf verlassen, fanden wir uns in vollkommener Dunkelheit wieder, nicht einmal der Mond spendete etwas Licht. „Na, das mag was werden. Man sieht ja noch nicht einmal die Hand vor Augen! Da hätten wir auch länger schlafen können", murmelte Katharina. Plötzlich tanzte ein Licht auf der Straße umher, es kam von der Stirnlampe eines Koreaners, Roy, wie er sich vorstellte. Gern schloss er sich uns an, ja schien eine Art Beschützerinstinkt zu entwickeln, denn er achtete darauf, dass wir stets die Straße sehen konnten. Vermutlich galt es auch gar nicht uns beiden, sondern mehr Katharina, die er fasziniert anschaute. Sie war aber so ins Gespräch mit ihm verwickelt, dass es ihr nicht auffiel, aber eine Mutter bemerkt ja so etwas sofort ... Wir stapften zügig bergab. Zu zügig. Mir wurde leicht schwindlig, und es ging mir überhaupt nicht gut. Gern wäre ich in meine normale Geschwindigkeit zurückgefallen, doch ich war ja auf Roys Lampe angewiesen. Meine Beine lieferten sich nun einen erbitterten Kampf mit mir, denn ich sagte mir ständig, Katharina und Roy gehen in der normalen Geschwindigkeit, du bist hier die Bremse! Also stolperte ich einfach hinterher. Schweißausbrüche jagten über meinen Körper. Was war bloß los? Jammern wollte ich aber auch nicht, das war mir zu dämlich. Und vor allem musste ich schleunigst mal wohin. Nur wo? Links waren steile Felswände und rechts stürzte der Hang ins Tal. Na, klasse. Wären wir allein gewesen, hätte ich vielleicht irgendwie eine Möglichkeit gefunden. Aber so war es mir unendlich peinlich.

Nachdem ich etwa 20 sehr lange Minuten hochkonzentriert hinter den beiden hergeeiert war, erspähte ich hinter einer Kurve die Laternen des kleinen Dorfes Liñares. Rettung in Sicht! Aber – gibt es dort auch eine Bar? Und wenn ja, hat die schon auf? Mein T-Shirt war mittlerweile klatschnass, und der Schweiß lief mir in die Augen. Erleichtert erblickte ich erleuchtete Fenster, hinter denen einige Einheimische schnell ihren ersten Kaffee auf dem Weg zur Arbeit tranken. Ich riss mir den Rucksack herunter, und Katharina fragte erstaunt: „Was ist denn los? Du bist ja ganz nassgeschwitzt im Gesicht!“ Perplex sah sie mir hinterher, als ich ohne zu antworten in Richtung „Servicio“ hetzte. Tja, am Vorabend hatte sie unter Übelkeit und Magenschmerzen gelitten, nun war ich dran mit artverwandten Beschwerden, bei denen mein Verdauungstrakt Räumungsverkauf hatte – alles musste raus. Nach mehrmaligem Besuch des weißen Porzellans und einem hinterhergeschobenen Frühstück mit drei Tassen Kaffee ging es mir wieder besser, und ich hoffte, den Weg gefahrlos fortsetzen zu können. Wir nahmen an, dass Brunnenwasser der Auslöser war, das in dieser Gegend fürchterlich nach Chlor schmeckte. Katharina machte den äußerst vernünftigen Vorschlag, von nun an Mineralwasser in Flaschen zu kaufen, damit wir vor solcherart Attacken in Zukunft verschont blieben. Optimistisch und mit neuem Elan setzten wir die Rucksäcke auf und verließen zusammen mit Roy die heimelige Bar, um uns vom glutroten Licht der aufgehenden Sonne, die sich gerade über den Horizont wälzte, verzaubern zu lassen.

Hätte ich mal das Pilgerhandbuch genauer studiert! Dann wäre mir bewusst gewesen, dass noch ein Anstieg auf den Pass des Alto do Poio mit 1337 Metern vor uns lag. Geschwächt von der Morgenattacke, schlich ich den Berg hoch. Vor einer Bar auf der Passhöhe standen einladend Sitzgruppen zum Ausruhen für die wackeren Wanderer bereit. Etliche Pilger, zwischen denen herumwuselnde Hühner auf herunterfallende Krümel lauerten, genossen bereits die Aussicht auf die bergige Landschaft. Katharina und ich brauchten eine Pause, Roy dagegen wollte weiterziehen. Eine Cola war für uns beide genau das Richtige, um neue Energie zu tanken und unsere aufgewühlten Mägen zu beruhigen. Andreas, der sein goldenes Kreuz nun nicht mehr unter seinem Hemd versteckte, hatte uns entdeckt und setzte sich zu uns. Ein zufriedenes Grinsen huschte über sein Gesicht, als er hörte, dass es Katharina so schnell wieder gut gegangen war nach Uromas Wundertrank. Ja, der Jakobsweg beansprucht den Pilger, manchmal sogar bis aufs Äußerste. Es war wirklich eine gute Erfahrung, zu erleben, wie sich der Körper auf Belastung einstellen kann, denn nie hätte ich zu träumen gewagt, dass ich in der Lage sein würde, diese Anstrengungen zu bewältigen. Wir blieben noch etwas dort und betrachteten die Pilger, denen die Anstrengung, aber auch große Entspannung, Ruhe, Ausgeglichenheit und vor allem Erleichterung anzusehen war, den letzten Pass des Jakobswegs hinter sich gebracht zu haben. Vielleicht waren auch einige von ihnen ein paar „Päckchen" losgeworden.

Ausgeruht, erstaunt und froh über die schnelle Erholung, waren wir bereit für den Abstieg in das 700 Meter tiefer liegende Triacastela. Der Wettergott meinte es wirklich gut mit uns, denn er bescherte uns erneut einen sonnigen und warmen Tag. Frohen Mutes stapften wir durch Wälder mit uralten Baumriesen, die ihre knorrigen Äste und Wurzeln weit über den Weg streckten. Wenn wir nach oben blickten, konnten wir manchmal durch das dichte Blätterdach den tiefblauen Himmel sehen. Ab und zu meinten wir durch Tunnel aus Büschen, Bäumen und Efeu zu wandeln. Aus einigen Natursteinmauern am Wegesrand wucherten verschiedenartige Farne und Gräser, andere waren komplett mit tiefgrünem Moos überzogen. Wo sich der Wald teilte und den Blick freigab, tat sich eine hügelige Landschaft vor uns auf, Wiesen und Weiden, begrenzt durch Natursteinmauern, Baum- und Buschreihen. Eine kleine Straße schlängelte sich am Hang entlang – kurz: eine Augenweide in sattem Grün. So stellte ich mir Irland vor! Ich konnte nicht glauben, dass wir in Nordspanien unterwegs waren. Stundenlang hätte ich hier verweilen können, auf der kleinen Mauer hockend, den Tag genießend und ganz tief die laue Luft einatmend, die himmlisch duftete. Eine halbe Stunde ließen wir die Natur auf uns wirken, ehe wir uns wieder auf den Weg machten, denn es lagen noch viele Kilometer vor uns. Dann wieder wanderten wir in sehr steilem Gelände, wo wir Acht geben mussten, nicht auf den groben Geröllbrocken auszurutschen oder sie loszutreten. In dem winzigen Dorf Viduedo – eigentlich nur eine Häuseransammlung, in der etwa 50 Personen wohnten – wurden wir magisch angezogen vom Duft frischgebackener Crêpes, der mir augenblicklich das Wasser im Mund zusammenlaufen ließ. Mampfende Pilger standen in kleinen Grüppchen auf dem Weg und verursachten einen Stau. Von einer netten Bäuerin ließen auch wir uns heiße Crêpes in die Hand drücken, die wir mit großem Genuss vertilgten. Wir hatten nun endgültig unsere Unpässlichkeiten überwunden.

Der lange Abstieg forderte nun doch seinen Tribut, Beine und Rücken fingen an zu schmerzen. Ich hatte mir die Wanderschuhe angezogen, weil es unverantwortlich gewesen wäre, diese steinige Etappe in Sandalen zu bewältigen. Mehrere kleine Ortschaften unterbrachen auf angenehme Weise unseren Abstieg. Es gab dort kleine Kirchen, verfallene, aber auch sehr schön renovierte Häuser, verwunschene Gässchen und Gärten. Eine rustikale Sitzgruppe unter einem schattenspendenden Baum kurz vorm Ziel kam uns sehr recht. Mit einem Seufzer der Erleichterung ließen wir uns darauf plumpsen. Die Beine lang von uns gestreckt, diskutierten wir, in welche Herberge wir gehen wollten. Katharina hatte Berce do Camino herausgesucht, die 27 Betten in sechs Räumen zur Verfügung stellte, dazu eine Terrasse und auch sonst laut Pilgerhandbuch einen guten Eindruck machte. Gemeinsam blätterten wir nach anderen Herbergen, als auf dem nebenliegenden Parkplatz ein Auto anhielt. Eine Frau kletterte wieselflink heraus, eilte auf uns zu, drückte uns Flyer der Herberge Aitzenea in die Hand und verschwand. Das Ganze dauerte vielleicht 20 Sekunden.

Beeindruckt schauten wir ihr hinterher und dann in den Flyer, als neben uns ein *Hola* ertönte. Wir hatten den Pilger gar nicht wahrgenommen, der nun seinen Rucksack abzog und sich mit einem Stoßseufzer zu uns auf die Bank fallen ließ. „Der Abstieg hatte es in sich", versuchte ich ein

Gespräch zu beginnen, worauf er gar nicht reagierte. Katharina schaute mich an und zog ihre Schultern hoch. „Der spricht bestimmt kein Deutsch, versuch's mal mit Englisch." Auf meinen erneuten Versuch reagierte er nur mit bedauerndem Schulterzucken, sah mich hilflos an und sagte leise: „Français." Ob er auch in Triacastela in eine Herberge gehen wolle, fragte ich nun. Sein *Non* wurde mit einem Kopfschütteln bekräftigt. Er habe fast kein Geld und übernachte nur in Herbergen auf Spendenbasis. In Triacastela verlangten alle feste Preise zwischen 3 und 7 Euro, deshalb liefe er weitere zehn Kilometer bis zum Kloster von Samos. Nun waren wir neugierig geworden und fragten ihn, wie man auf dem Jakobsweg gehen könne, ohne einen Cent in der Tasche zu haben. Man muss doch was essen? Er erzählte uns, dass er in den Herbergen, wenn morgens alle ausgeflogen seien, die Reste äße, die von den Pilgern nicht mitgenommen wurden. Ja, das war uns auch aufgefallen, dass in den Kühlschränken immer Salat, Obst oder sogar komplette Mahlzeiten standen. Bis jetzt sei er damit gut durchgekommen. Und wenn er keine Herberge fände, würde er in dem Kriechzelt schlafen, das er dabei hatte. Damit nahm er seinen Rucksack und Wanderstock wieder auf, verabschiedete sich und zog von dannen. Katharina und ich fragten uns, wie eine Pilgerwanderung ohne Geld aussehen würde. So ganz konnten wir uns mit dem Gedanken nicht anfreunden. Nicht dass wir ein ausschweifendes Leben geführt hätten, aber ab und zu ein Essen in einer Bar oder ein Kaffee war schon eine nette Abwechslung.

Bald schulterten wir wieder die Rucksäcke für den Endspurt. Ich war müde und freute mich auf eine entspannende Dusche. Es war Mittag, als wir in Ramil fasziniert vor einer knorrigen, etwa 800 Jahre alten Kastanie standen. Ehrfurchtsvoll streichelte meine Hand über den ausgeblichenen Stamm, den wahrscheinlich sechs Personen nicht umschließen konnten. Die Krone war ein dichter Schopf aus einem Gewirr von Ästen voll sattgrüner Kastanienblätter. Ich konnte nicht anders, als den Baum zu umarmen, der wahrscheinlich schon im Mittelalter Pilgern Schutz vor Regen und Sonne geboten hatte. Katharina harrte geduldig aus, bis ich mich endlich von diesem Wunderwerk der Natur loseisen konnte und den Kopf wieder frei hatte, um weiterzugehen.

Mit dem Pilgerhandbuch vor der Nase lotste sie mich durch die Fußgängerzone von Triacastela in Richtung der ausgewählten Unterkunft im
Zentrum. Die Tür stand einladend offen, und wir traten ein. Vom Hospitalero war aber nichts zu sehen, weshalb ich mir die Herberge ansah,
die wirklich einen gepflegten Eindruck machte. Die Terrasse aber lag in
der prallen Nachmittagssonne. So zogen wir wieder von dannen und
entschieden uns kurzerhand für die Herberge, deren Flyer wir in die
Hand gedrückt bekommen hatten. Tatsächlich war sie sehr gemütlich:
Im urigen Eingangsbereich stand ein überdimensionaler Esstisch mit
vielen Stühlen, die wir uns nach draußen in den Schatten stellen konnten.
Die Duschen waren sauber, Wäscheschleuder und Waschmaschine standen zur Nutzung bereit. Unter mehreren Schlafräumen wählten wir ein
12er-Zimmer aus. Im Gästebuch der Herberge fanden wir nur positive
Eintragungen, was unser Pilgerherz erfreute. Eine Küche gab es im
Obergeschoss, und neugierig, wie ich nun mal bin, schaute ich in den
Kühlschrank, um nachzusehen, ob dort Platz für unsere Vorräte war.
Natürlich öffnete ich auch das Eisfach, das aber seinem Namen alle Eh-
re machte ...

Als wir unsere Schuhe auszogen, bemerkten wir je zwei Blasen an unseren breitgelaufenen, malträtierten Füßen, was uns aber überhaupt keine
Angst machte, denn wir waren uns sicher, dass diese so schnell wieder
verschwinden würden, wie sie gekommen waren. So zückte ich meine
Utensilien, stach die Übeltäter einfach auf und versorgte sie. Später gingen wir einkaufen, weil wir am frühen Nachmittag etwas kochen wollten,
und füllten auch gleich unsere „Speisekammer" auf. Zufrieden kehrten
wir zur Herberge zurück und bereiteten einen leckeren Eintopf aus verschiedenen Gemüsesorten, den wir im Schatten eines großen Baumes
auf dem Hof genussvoll verspeisten. Den Nachmittag verbrachten wir
in Gesellschaft von Andreas und einigen anderen Pilgern bei einer Besichtigung der alten Kirche, die abends zu einer Pilgerandacht einlud.
Um 18 Uhr brachen wir auf, kamen aber etwas zu spät und wollten uns
klammheimlich auf eine der hinteren Bänke drücken, als der Pfarrer das

Wort an uns richtete. Alle drehten sich um und schauten uns an, Katharina stammelte perplex etwas auf Spanisch. Die Antwort schien ihm zu gefallen, denn er winkte uns nach vorn: Wir sollen uns doch bitte auf die Bank neben dem Altar zu den anderen Pilgern setzen, um dem Gottesdienst einen internationalen Hauch zu verleihen. Alle sollten in ihrer jeweiligen Landessprache ein Gebet vorlesen. Uns gegenüber saß das italienische Pilgerpaar auf Hochzeitsreise, das wir schon aus Ponferrada kannten. Fasziniert betrachteten wir die Frau: Sie kniete andächtig auf einer Fußbank, den leicht geneigten Kopf an die betenden Hände gelegt, wie eine fleischgewordene Madonna. Katharina stupste mich an. Verstohlen zeigte sie auf den Priester neben ihr, tatsächlich kam mir dieser bekannt vor, ich meinte ihn im Vorjahr schon einmal gesehen zu haben.

Nach dem Gottesdienst schlenderten wir durch die Straßen, als wir ein *Hallo, ihr zwei!* hörten und uns umsahen. Es war Hardy aus Villafranca, der vor der Bar saß und uns zuwinkte. Schmunzelnd schaute er Katharina an und fragte sie, die ihre Haare nach dem Duschen offen gelassen hatte, nach ihren Zöpfen. „Ähm, meine Zöpfe ...?" Nun erzählte Hardy, dass er ein paar Kilometer mit Roy gelaufen sei, der ihm begeistert davon erzählt hatte. „Ja, Roy hat Goethes Faust gelesen, er meinte, genau so, wie du ausschaust, würde er sich Gretchen vorstellen ..."

Lange blieben wir in Gesellschaft unserer Pilgerfreunde in der lauen Abendluft sitzen und ließen den Tag bei einem Glas – nein, kein Wein – Apfelsaft, ausklingen.

Triacastela → Barbadelo

1. September 2009 | 24 km

Sehr oft noch habe ich Abbitte geleistet.

Ich träumte gerade von einem noch ofenwarmen Brötchen mit frischer Erdbeermarmelade, als mich Katharina weckte. Sehr bedauerlich. Ganz leise zog ich mich an, nahm meine Sachen, die ich schon am Vorabend gepackt hatte, und schlich in den beleuchteten Flur, echt stolz auf mich, dass mir dies gelang, ohne die anderen Pilger zu wecken. Leises Rumoren vom Erdgeschoss machte mich neugierig, woraufhin ich nachschaute, wer noch früher als wir aufgestanden war. Zwei dänische Pilgerpaare zogen sich soeben ihre Regenjacken an, schulterten die Rucksäcke und verließen die Herberge. Ich zerrte meinen Rucksack hinter mir her die Treppe hinunter in die Eingangshalle, die erfüllt war vom Geruch nach Regen. Ein Blick durchs Fenster zeigte mir im Licht einer Straßenlaterne Regenschleier, die der Wind vor sich hertrieb. Als ich das Katharina erzählte, sagte sie: „Du willst mich doch auf den Arm nehmen, oder?" Mittlerweile aber hatte ich meine neue, ultraleichte schwarze Regenjacke ausgepackt, extra für die Reise gekauft, woran Katharina erkannte, dass ich sie nicht zu verladen gedachte. Mit spitzen Fingern, deutliches Missfallen im Gesicht, zog sie eine quietschgelbe Jacke mit pinkfarbenen Elementen aus dem Rucksack und sagte: „Nee, Mama, die ziehe ich nicht an, die stammt ja noch aus meiner Kinderzeit! Da werde ich lieber nass." Mir war es eigentlich egal, was ich anhatte, beide Jacken passten mir, und es machte mir nichts aus, als Leuchtsignal durch die Nacht zu laufen. Hauptsache, ich blieb trocken. Ein bisschen ritt mich aber der Teufel, und ich ließ Katharina zappeln. Mit immer neuen Argumenten pries sie mir die Kinderjacke an, bis ich mich endlich „breitschlagen" ließ.

Nachdem das geklärt war, konnten wir losziehen. Nun, so ein bisschen Nieselregen sollte uns nicht umhauen. In Galicien oder überhaupt in Nordspanien zeigt sich die Vegetation nicht ohne Grund wesentlich grüner als weiter im Süden. Beschweren konnten wir uns beim Wettergott nicht, wir hatten bislang wirklich Glück, weder im Vorjahr noch in diesem mussten wir unsere Regensachen allzu sehr beanspruchen. Als wir aufbrachen, eilte der Priester vom Vorabend, pilgermäßig ausgerüstet, mit einem *Hola* an uns vorbei. Direkt hinter Triacastela hatten wir erneut zwei Möglichkeiten, über die wir uns schon am Vorabend unterhalten hatten: entweder fünf Kilometer weiter über Samos und das

Kloster San Julián aus dem 17. Jahrhundert oder auf dem Hauptweg über den Pass von Riocabo nach Sarria, wofür wir uns entschieden. Neben uns standen diskutierend und gestikulierend zwei Italiener, Enrico und Maria aus Mailand. Im Licht ihrer Stirnlampen schauten sie im Reiseführer nach der Strecke. Sie plädierte für den Weg über Samos, er schüttelte nur den Kopf, woraus wir schlossen, dass er nicht bereit war, einen Umweg zu laufen. Wer sich da wohl durchsetzen würde? Als wir uns Richtung Feldweg entfernten, umschloss uns die Dunkelheit. Der Mond war durch dicke Wolken verdeckt, aus denen es noch immer nieselte. „Es wäre nicht schlecht, wenn Enrico sich durchsetzen würde. Das Licht seiner Stirnlampe könnten wir hier gut gebrauchen!", überlegte ich laut, worauf Katharina nur antwortete, dass wir uns auch so nicht verlaufen werden, denn es gäbe nur diesen einen Weg. Den konnten wir im Licht meiner Taschenlampe, die trotz neuer Batterien nur noch die Helligkeit eines Glühwürmchens abgab, gerade so erkennen. Langsam schickte die Morgendämmerung aber Licht über den Horizont.

Gegenseitig erzählten wir uns gerade Schauergeschichten, was unsere Stimmung nicht wirklich positiv beeinflusste, als der Weg in einen dichten Wald abbog, dessen Bäume das bisschen Dämmerlicht nicht durchließen. Regen tröpfelte auf das dichte Blätterwerk, sonst war kein Laut zu hören. Letztlich blieb uns nichts anderes übrig, als unseren ganzen Mut zusammenzunehmen. Ohne einen Mucks – um Fremdgeräusche sofort wahrnehmen zu können –, betraten wir mit bangem Gefühl den Wald. Plötzlich griff mich Katharina fest am Arm und sagte: „Mama, da sind Motorengeräusche!" Alarmiert zog ich meine Kapuze vom Kopf und lauschte. Tatsächlich, und da leuchtete auch schon Scheinwerferlicht eines näherkommenden Autos durch die Bäume. Was sollten wir machen? Erst jetzt bemerkten wir, wie angreifbar wir doch waren. Zwei Möglichkeiten blieben uns: Entweder wie schlugen uns in die Büsche, die wir neben dem Weg mit Müh und Not erkennen konnten, und warten, bis das Auto vorbeigefahren war, oder setzten tapfer unseren Weg fort. Noch blieb uns Zeit zum Verstecken. Nein, wir entschieden uns für die zweite Variante, wir waren ja schließlich auf dem Jakobsweg. Mittlerweile hatten uns die Scheinwerfer erfasst. Den Atem anhaltend, warteten wir, bis das Auto an uns vorbeigefahren war. Mir entfuhr ein Stoßseufzer, als sich die Rücklichter entfernten. Doch was war das? Etwa hundert Meter weiter stoppte der Wagen und rollte langsam zurück. Mein Herz setzte aus, und ich umfasste meinen Stock fester. Das Auto hielt neben uns. Jetzt holen sie uns, schoss es mir durch den Kopf, zwei Frauen einsam und allein im großen, dunklen Wald! Und niemand, der uns helfen könnte. Doch keiner stieg aus. Starr blickte ich nach vorn und erkannte im Scheinwerferlicht eine Weggabelung. Dann fuhr das Auto wieder ein Stück weiter und beleuchtete die wegweisenden Pfeile des Caminos. Noch lange danach habe dafür im Stillen Abbitte geleistet! Denn ohne diese fürsorgliche Hilfe hätten wir bis zum Hellerwerden oder bis Pilger mit Stirnlampe vorbeigekommen wären, an der Gabelung warten müssen. Wir aber waren so verdattert, dass wir uns noch nicht einmal bei dem Autofahrer bedankten.

Erleichtert nahmen wir den weiteren Weg in Angriff. Wir kämpften uns gerade einen steilen Weg hoch, als plötzlich ein Rottweiler laut bellend aus dem Gebüsch hervorschoss und mit gefletschten Zähnen vor uns stehen blieb. Meine Güte, was hatte ich Angst! „Katharina, wie war das? Soll man nun einem Hund in die Augen schauen oder nicht?" Leider konnte sie mir diese Frage nicht beantworten. Ich umgriff meinen Wanderstock mit der langen Schraube, bereit, bei Angriff zuzustoßen. Gaaaanz langsam traten wir den Rückzug an, das Ungetüm folgte knurrend. Sollte der Camino hier für uns zu Ende sein? Doch der Hund ließ von uns ab, worauf wir uns aufatmend umdrehten und zurückgingen, denn irgendwie hatten wir das Gefühl, nicht mehr auf dem richtigen Weg zu sein. Tatsächlich hatten wir einen Pfeil übersehen, wir waren falsch gelaufen und in das Territorium des Vierbeiners geraten, der wohl keine Pilger gewöhnt war und nur sein Revier verteidigen wollte.

Mittlerweile hatte es aufgehört zu regnen, und wir packten unsere Regenjacken wieder ein. Bis Sarria, der nächstgrößeren Stadt ging es erst steil bergauf, danach wieder steil bergab. Wir durchquerten einige Dörfer, die teilweise nur aus einer Handvoll Häuser bestanden. Einige waren sauber und gepflegt, die restaurierten Häuser eine Augenweide. Anderswo wiederum mussten wir aufpassen, auf glitschigen, jauche- und mistbedeckten Wegen nicht auszurutschen. Dazu stank es penetrant nach Stall, und ich hatte das Gefühl, dass sich der Geruch in meinen Sachen festsetzte. Einige Hühner scharrten auf Misthaufen nach Würmern, umgefallene Zäune umgrenzten verwahrloste Höfe, alles wirkte einfach nur schmuddelig. Ein Bauer stand an einem Tor, stützte sich auf seinen Reisigbesen mit einer Handvoll Borsten und beobachtete uns mit offenem Mund, wobei wir seine Zähne in Einzelstellung erkennen konnten. Ich hatte den Eindruck, dass sich hier seit grauer Vorzeit nicht wirklich viel verändert hatte. Die Wälder hingegen, die wir auf Sand- oder Felswegen durchwanderten, waren einzigartig schön, ja geradezu mystisch: wie Märchenwälder – riesengroß und knorrig die Bäume, verdrehte Äste ragten weit in den Weg, den uralte hohe Natursteinmauern beidseitig säumten. Illustratoren von Bilderbüchern hätten hier ihre Vorlage finden können. Es war überwältigend, und diese Schönheit durften wir auf den verbleibenden 120 Kilometern genießen. Jeder Schritt brachte uns nun Santiago näher, das Ende rückte heran. Schnell schoben wir die trüben Gedanken zur Seite. Wir wollten nicht an das Morgen denken, sondern das Heute leben.

Bald erreichten wir Sarria; in den Gehweg eingelassene Muschelsymbole wiesen uns den Weg zur Innenstadt, wo ich mir endlich die längst überfällige Stirnlampe kaufte, die uns das Gehen am frühen Morgen erleichtern würde. Zufrieden stapften wir eine unendlich lange, ausgetretene Steintreppe zur Altstadt hoch, an deren Ende einige Pilgerfreunde vor einer Bar saßen: Andreas, der mit einem Glas Bier in der Hand den Pilgertag beendete, und einige andere, die uns zuwinkten. Wo waren die Franzosen aus Lannion, Carina und Susanne aus Würzburg und die beiden aus Augsburg? Sarria mit seinem Bahnanschluss nutzten viele Pilger als Start, um die letzten einhundert Kilometer bis Santiago zu Fuß zu gehen. Eine Voraussetzung, die Compostela zu bekommen. Die Urkunde wird in Spanien gern als Anlage bei Bewerbungen gesehen. Dazu benötigte man mindestens zwei Stempel täglich im Pilgerausweis. Kurzstreckenpilger nannten wir sie oder „Tourigrinos". Die wenigsten unter ihnen pilgerten, sie machten einfach nur Strecke. Der Jakobsweg und die Herbergen würden also von nun an sehr voll sein. So rafften wir uns bald auf für die restliche Strecke bis Barbadelo, wo es eine kleine Herberge mit Küche geben sollte. Vorangetrieben durch die Angst, dort kein Bett mehr zu bekommen und weitere neun Kilometer anhängen zu müssen, stapften wir schwer beladen mit einem Einkauf fürs Abendessen aus der Stadt hinaus. Normalerweise wären wir um diese Uhrzeit noch ganz entspannt gewesen, doch „normalerweise" war nun erst einmal vorbei.

Direkt nach Sarria ging es steil bergan, der Weg führte hier erneut durch einen Zauberwald mit uralten, Spalier stehenden Baumriesen. Ich wurde unruhig und trieb meine Tochter zur Eile an. Mit Einkauftüten rechts und links schnauften wir den Berg hoch. Es war mir aber noch immer nicht schnell genug. Katharina mit ihrer Bedachtsamkeit versuchte mich zu beruhigen, erkannte aber bald, dass nur eines half: Sie würde zügig vorangehen, um Betten zu reservieren, während ich mit den Tüten hinterherschlurfte. Gesagt, getan. Was *war* das warm! Kurzstreckenpilger zogen an mir vorbei, was meiner Motivation nicht gerade zuträglich war. Doch bald erreichte ich den höchsten Punkt und trat aus dem Wald. Die Sonne brannte vom Himmel, und ich setzte meinen Weg nun gemächlicher und guter Dinge fort. Die Vögel sangen ihr Lied vom Himmel, als ich über die Feldwege zockelte. Allein – kein Pilger weit und breit, kein Tourigrino. Hatte ich zu viel Hektik gemacht?

Vor einer Häuseransammlung kam ein Getränkeautomat in Sicht, der mit kühlen Getränken warb. Nirgends war ein Zeichen zu sehen. Konnte das schon Barbadelo sein? Nein, unmöglich. Oder doch? Mit meinen spärlichen Spanischkenntnissen fragte ich einen Anwohner, der in seinem Garten arbeitete, er wies mir gern den Weg. Daraufhin schossen mir Ängste durch den Kopf, die ich noch gar nicht kannte: Was war, wenn ich mich verliefe? Ich hatte mich bislang stets komplett auf Katharina und das Pilgerhandbuch verlassen können. Nun stand mir weder das eine noch das andere zur Verfügung, auch kein Handy, keine Wanderkarte, nichts. Katharina hatte Spaß an der Reiseleitung, sie war auch diejenige, die morgens dafür sorgte, dass wir rechtzeitig aufstanden. Häufig machte sie mich auf fehlende Pfeile aufmerksam. Für mich war das wunderbar, ich war stolz auf meine umsichtige Tochter. So weit, so gut. Aber – war sie eigentlich zufrieden mit mir? Hatten sich ihre Vorstellungen des gemeinsamen Pilgerns erfüllt? War ich ihr vielleicht manchmal zu emotional?

Kaum war ich um die nächste Biegung, kam Katharina auf mich zu. „Ich habe eine gute und eine schlechte Nachricht. Welche willst du zuerst hören?", fragte sie und nahm mir die Tüten ab. Oh je! „Die gute ist, dass wir Betten bekommen haben, die schlechte ist, dass wir den Einkauf morgen wieder mitschleppen müssen. Es gibt zwar eine Küche, aber da ist gar nichts drin, kein Topf, kein Teller, nichts." Im Vorwort unseres Pilgerhandbuchs stand ja tatsächlich, dass eine „Küche" die Einrichtung nicht mit einschloss. Diese Herberge hier war wahrscheinlich früher eine Scheune gewesen. Durch ein Tor, an dessen Seite eine große Kuhglocke hing, kam man in die Eingangshalle mit mächtigen Pfosten, die die schweren Balken der Dachkonstruktion hielten. Auf der rechten Seite waren Sitzgruppen, links führten mehrere Stufen hoch zum Schlaftrakt, und geradeaus ging es in eine große Küche mit angrenzendem Speisezimmer. Der Hospitalero zeigte uns das Zimmer, das wir mit den beiden dänischen Paaren aus Triacastela teilen würden.

Später erkundeten wir die Umgebung und entdeckten draußen auf einer Wiese Stühle und Tische, die wir gleich in Beschlag nahmen. Bald kam

Chris zu uns an den Tisch, und wir fragten ihn, wo Jacob und Stefan seien, mit denen er doch unterwegs war. Er erzählte, dass Stefan wegen des Verdachts auf Allergieschock im Krankenhaus lag, nachdem er von einer Biene gestochen worden war. Jacob – den ich einst in die Schublade „unangenehm" gesteckt hatte, weil er auf mich einen großspurigen Eindruck machte – nahm sich einige Tage Auszeit, um Stefan nicht allein zu lassen. Schnell öffnete ich in Gedanken meinen Schubladenschrank und holte Jacob dort wieder heraus. Bald wurde es mir in der Sonne zu warm und im Schatten zu kalt, weil ein kühler Wind übers Land zog. Ich suchte mir ein anderes Plätzchen, um dort Tagebuch zu schreiben. Zwischen Dorfkapelle und einem alten Brunnen, aus dem frisches Quellwasser plätscherte, entdeckte ich eine alte Steinbank, perfekt für mein Vorhaben. Doch zum Schreiben kam ich nicht. Fasziniert beobachtete ich das dörfliche Treiben. Zuerst holte mich Hufgetrappel aus meinen Gedanken, kurz darauf führte der Herbergsvater seine Pferde zur Tränke, etwas später kam eine ältere Frau, um am Waschstein des Brunnens ihre Wäsche zu säubern. Die Technik hatte natürlich auch hier Einzug gehalten, diese Art der Wäschereinigung diente in erster Linie der Kommunikation zwischen den Einwohnern. Wieder einmal genoss ich das Gefühl, auf dem Weg zu sein, die hiesige Normalität mitzuerleben, das war ein ganz großes Geschenk, denn es bot einen Einblick in ein anderes, ruhigeres Leben, das sich dem Genuss des Augenblicks widmete.

Die große Glocke im Eingangsbereich der Scheune rief die Pilger zum Essen. Auch wir hatten uns angemeldet. Schnell nahm ich noch einen großen Schluck Wasser aus meiner Flasche und ... Igitt! Was war das denn? Das Wasser schmeckte widerlich, wahrscheinlich war es durch die Hitze gekippt. Hoffentlich hieß das jetzt nicht noch einmal „Räumungsverkauf"! Was sollte ich machen? Ich war ratlos. Katharina meinte zögernd, als ich ihr davon berichtete, am besten sei Alkohol, hochprozentiger – zum Desinfizieren. Man muss wissen, normalerweise trinke ich wegen einer Allergie nichts, bin also überhaupt nicht daran gewöhnt, aber in diesem Falle ... Einen Laden gab es in dem kleinen Dorf nicht, so erklärte Katharina dem Herbergsvater die Situation. Schmunzelnd kam er kurze Zeit später mit einer Flasche in der Hand zu uns an den Tisch, schenkte mir ein Glas voll ein und sagte, dass mir das mit Sicherheit helfen würde. Mutig trank ich es mit einem Zug leer. Sofort fingen meine Augen an zu brennen, einen Hustenreiz konnte ich gerade noch unterdrücken, als er das Glas schon wieder gefüllt hatte. Ich dachte an die beschleunigte Verdauung vom Vortag und trank tapfer auch das zweite leer. Grinsend saßen die Mitpilger um mich herum und beobachteten mein Mienenspiel: Chris und die drei Italiener aus Brescia, Giovanni und die Schwestern Caterina und Maria-Elisa, die wir bereits an unserem zweiten Pilgertag gesehen hatten.

Das Pilgermenü bestand aus einer Terrine Linsensuppe als Vorspeise, von der Katharina und ich allein satt wurden. Es folgte allerdings noch Schweinefilet, Kartoffelbrei und Gemüse und als Nachtisch Pudding. Alles schmeckte wirklich ausgezeichnet. Auch mit dem Wein war der Herbergsvater sehr spendabel. Zudem litten vollkommen überraschend auch andere Pilger unter „unerklärlichen Bauchschmerzen", woraufhin sie der Hospitalero mit einem Lächeln im Gesicht mit Schnaps versorgte, sodass wir bald einen lustigen Abend genossen. Gerade noch so in der Lage, ohne Katharinas Hilfe mein Bett zu finden, fiel ich an diesem Abend in einen traumlosen Schlaf.

Barbadelo → Portomarin

2. September 2009 | 21 km

Die Natur ist wunderbar. Sie gibt dir viel.

Vorsichtig öffnete ich meine Augen. Nach dem abendlichen „Exzess" – das waren drei Schnäpse für mich – rechnete ich mit Übelkeit, zumindest aber mit starken Kopfschmerzen. Doch vergeblich wartete ich auf die Anzeichen eines ausgewachsenen Katers. Nichts. Weder Brummschädel noch Magengrimmen, nur ein paar Schwierigkeiten mit der Handhabung meines Schlafsackes und ein bisschen wackelig beim Aufstehen. Katharina sah mich schon den ganzen Tag im Ruhezustand mit nassem Waschlappen auf der Stirn, doch ich konnte sie beruhigen: Dem Pilgertag stand nichts im Wege.

Die Dänen verabschiedeten sich und zogen von dannen. Auch wir verließen kurze Zeit später ohne Frühstück die Herberge in einen stockdunklen Morgen hinein, dessen schwere und kühle Luft uns fest umklammert hielt. Unter den Schuhen knirschte der Kies. Nebel begleitete uns, so pilgerten wir durchs Märchenland, wie ich diese Gegend für mich nannte. Vor meinem inneren Auge schwebte ein Buch, das ich meinen Töchtern nicht oft genug vorlesen konnte, dessen Titel mir aber nicht einfiel: Ein Bär oder Hund namens Tipo hatte mit seinem Reifen gespielt, der ihm davonrollte, immer tiefer in den Wald hinein, wo Bäume standen, mit Astlöchern groß wie Suppenschüsseln und so monströsen Baumkronen, dass die Sonnenstrahlen keinen Weg hindurchfanden. Bis zum Abend hatte Tipo seinen Reifen noch nicht entdeckt. Nun bekam er Angst, denn im Mondlicht sah er Gespenster mit langen Fingern sowie „Lichter" in den Bäumen, und rannte nach Hause. Als er am nächsten Tag zurückkam, wurde ihm klar, dass es sich bei den „Gespenstern" um knorrige Baumriesen handelte, die ihre langen Äste in den Himmel streckten, und die „Lichter" die Augen eines Uhus waren. Ich fragte Katharina, ob sie sich noch an ihr Lieblingskinderbuch erinnern konnte. Verblüfft sagte sie: „Genau daran habe ich auch gerade gedacht. Es ist so wunderschön unheimlich hier!"

Wir wanderten durch Hohlwege, die uns wie große Röhren erschienen, über Stock und Stein, durch Bäche und ehemalige Bachläufe, bergauf und bergab. Mittlerweile war der 2. September, und der Herbst klopfte deutlich an die Tür. Die Sonne hatte an diesem frühen Morgen keine Chance – Bäume und Sträucher konnten wir durch den bläulichen Nebel nur erahnen. Nach zwei Stunden lockte uns der Duft von frischem

Kaffee in eine Bar am Weg, in der wir einige Pilgerfreunde sahen, zu denen wir uns an den Tisch setzten. Katharina stellte ihren Rucksack ab, magisch angezogen vom Duft frischer, knuspriger Croissants, die auf Käufer warteten. Das Essen von Vorabend war so reichhaltig gewesen, dass ich mir nur einen Kaffee bestellte. Uns gegenüber saß ein Pilger, mit dem wir uns schon mal unterhalten hatten. Er fing nun an, von zu Hause zu erzählen und dass er den Jakobsweg auch gern mit seinem Sohn ginge, weil das Pilgern eine Erfahrung für ihn sei, die er sich nicht so vorgestellt hätte – was offensichtlich ja auch innerfamiliär klappen könne, fügte er augenzwinkernd in unsere Richtung hinzu. Die Gemeinsamkeit unter fremden Menschen, das Übernachten in den Herbergen, die vielen Nationen und verschiedenen Sprachen, das alles fand er absolut beeindruckend. Gespannt hörten wir ihm zu, denn er sprach uns aus der Seele.

Nachdem uns der Kaffee wohlig den Magen gewärmt hatte, brachen wir wieder auf. Die Pause hatte Katharina zudem genutzt, um im Pilgerhandbuch zu stöbern. Sie informierte mich, dass wir bald auf sogenannten Corredoiras unterwegs wären, die es in dieser Gegend noch gäbe: Wege aus großen Steinen, die bereits in den Zeiten der Römer viele kleine Ortschaften miteinander verbanden und heute entsprechend verwittert waren. Danach würden wir den Kilometerstein 100 passieren. Die Sonne war noch immer hinter Wolken verborgen, und auch der Nebel hatte sich noch nicht richtig verzogen, als wir die alten Römerwege vor uns sahen: Einige Pilger balancierten bereits im Gänsemarsch auf den großen Steinen, um nicht abzurutschen, was Verletzungen hätte nach sich ziehen können. Schon den ganzen Vormittag schwirrte mir, warum auch immer, ein Lied durch den Kopf: „Life is a rollercoaster" von Ronan Keating. Nun also lief ich konzentriert in eben diesem Rhythmus über die Steine. Als ich Katharina davon erzählte, stöhnte sie auf: „Danke, das kann ich jetzt echt gut gebrauchen: ein Ohrwurm, und dann auch noch Ronan Keating!"

Und dann standen wir vor Kilometerstein 100 – bunt angemalt von den vielen Pilgern, die sich hier verewigt hatten, Rucksäcke rundherum, deren Besitzer dort Pause machten. Still war es, jeder hing seinen Gedanken nach, hier und da unterbrochen von traurigem Lachen. 100 Kilometer = 4 Tage. Der Abschied rückte heran. Katharina blinzelte mir aufmunternd zu. Tapfer schluckte ich. Laut lachend marschierte eine Gruppe junger spanischer Tourigrinos an uns vorbei, ohne dem Stein am Wegesrand Beachtung zu schenken, weshalb es dann auch mit meiner melancholischen Stimmung vorbei war. Die Sonne hatte sich mittlerweile durch den Nebel gearbeitet und brannte brutal auf uns herunter. Meine Beine waren müde und schwer, der Alkohol vom Vorabend forderte nun doch seinen Tribut. Ich brauchte eine Pause. Gerade wollten wir eine Bar ansteuern, da ertönte ein *Hola* hinter uns. Es waren zwei Engländer, die denselben Gedanken hatten und mit denen wir nun einen Tisch im Schatten einer großen Kastanie belagerten. Begeistert erzählten sie uns von ihren Erlebnissen auf dem Weg, von den Pilgern, die sie kennengelernt hatten, und der Neugier, die sie auf dem Weg bis Santiago begleitete.

Ich war froh, als wir die weißen Häuser Portomaríns am Horizont erkennen konnten, daneben den Stausee. Das alte Portomarín verschwand in den 60er-Jahren im aufgestauten Wasser des Flusses Miño, doch zuvor wurden einige alte Gebäude abgetragen und in der neuen Stadt wieder aufgebaut, darunter auch die Kirche San Nicolás aus dem 12. Jahrhundert und eine alte Brücke, über die man gehen muss, um in die Stadt zu gelangen. Gab es hier wohl eine Herberge mit Küche? Noch einmal schleppte ich die Vorräte jedenfalls nicht weiter. So oder so sollten die Sachen hierbleiben, am besten aufgegessen. Wir stellten unsere Rucksäcke ans Ende einer langen Reihe ab und warteten auf die Öffnung der Gemeindeherberge um 14 Uhr. Dennoch gab es kein Gedränge, als die Türen sich öffneten. Die Pilger stellten sich zu ihren Rucksäcken nach dem Motto: „Wer zuerst kommt, mahlt zuerst." Hektik und Schubsen sind auf dem Jakobsweg Fremdworte. Die Küche hatten wir bereits durch ein Fenster gesehen – doch würde man dort auch kochen können, oder bestand sie ebenfalls nur aus leeren Schränken? Also schaute ich sie mir schnell an, suchte aber vergeblich Töpfe und Teller. Katharina hatte unterdessen nach anderen Herbergen im Pilgerhandbuch geschaut, wo wir unser Glück versuchen könnten. Da mehrere zur Auswahl standen, entschieden wir uns für eine neuere Herberge direkt am Ortseingang, einem reinen Zweckbau mit riesigen Fenstern. Der Eingangsbereich und die eingerichtete (!) Küche waren sauber und großzügig. Beides ließ uns hoffen, dass der Rest ebenfalls in diesem Zustand sein würde.

Sehr viele Sanitäranlagen wiesen auf ausreichend Betten hin. Doch als wir den Schlafsaal betraten, waren wir sprachlos: 60 Stockbetten, in endlosen Reihen aufgestellt! Wir wählten Betten am Kopfende des riesigen Saales aus, die nächtliche Geräuschkulisse wagte ich mir lieber nicht vorzustellen ...

Durch den ausschweifenden vorangegangenen Abend war Katharina so müde, dass sie beim Essen fast einschlief. Eine kleine Pause würde uns gut tun, so gönnten wir uns einen Mittagsschlaf, übrigens den ersten und einzigen für mich auf dem gesamten Weg. Nachdem wir etwa eine Stunde tief und fest geschlafen hatten, brachen wir zur Besichtigung des kleinen Ortes auf. Arkaden säumten die „Hauptstraße", die auf einem großen Platz endete, auf dem wir die alte Kirche San Nicolás vor uns sahen. Touristen und Pilger saßen vor den Cafés oder auf dem Marktplatz, von denen wir außer Oriol und Giovanni mit den beiden Schwestern keinen kannten. Sie waren wirklich nett, und es machte Spaß, sich mit ihnen zu unterhalten, dennoch vermissten wir die Freunde vom letzten Jahr. Auch lag über diesem letzten Teil des Jakobsweges eine Atmosphäre, die ich als unpersönlich empfand, verursacht durch die vielen „Tourigrinos", bei denen ich den Eindruck hatte, dass sie gern unter sich blieben. Das Wort Rücksicht war einigen ein Fremdwort. Andere Pilger hatten uns zwar davon schon berichtet, aber so hatte ich mir das nicht vorgestellt.

175

Katharina legte sich am Abend früh schlafen, ich aber war überhaupt noch nicht müde, im Gegenteil: Die laue Abendluft verführte mich zu einem Bummel durch Portomarín. In einem Geschäft kaufte ich etwas für den nächsten Tag ein und setzte mich später noch zu Giovanni, Catarina und Maria-Elisa, die den Abend vor einer Bar ausklingen ließen. Als ich später langsam zurückschlenderte, überkam mich plötzlich große Vorfreude auf Santiago, auf das Erlebnis des Ankommens wie schon Hunderttausende von Pilgern seit dem Mittelalter. Anschließend wollten wir noch weiterlaufen bis zum Meer, nach Fisterra. Ich hoffte, dass der Camino dann nicht mehr so voll und somit wieder etwas persönlicher sein würde. Die Gespräche mit Katharina und den Mitpilgern waren für mich mit das Wichtigste auf dem Weg. Unvorstellbar, ihn allein zu gehen! Ich muss jemanden haben, mit dem ich sprechen kann, um schöne, aber auch traurige Momente zu teilen oder mitzuteilen. Eine Person, die für mich da ist, wenn ich sie brauche, und für die ich da bin, wenn sie mich braucht, der ich auch Danke sagen kann dafür, dass sie da ist. Das sind wohl genug Gründe, nicht allein zu gehen. Und wenn man doch mal das Bedürfnis dazu hat, ist das überhaupt kein Problem: Der Weg ist lang genug, sechs bis zehn Stunden pilgert man jeden Tag, Freiraum ist also vorhanden, wenn man ihn benötigt.

Inzwischen war ich wieder an der Herberge angelangt und betrat unseren Schlafsaal. Katharina schlief ruhig in ihrem Schlafsack, der so aussah, als hätte sie ihn gerade zurechtgezupft. Neidisch betrachtete ich diese Ordnung, denn bei mir war es das genaue Gegenteil. Wenn ich morgens aufstehen wollte, musste ich mich erst einmal wie ein in Zellophan eingedrehtes Bonbon befreien, und der Reißverschluss befand sich nie dort, wo ich ihn vermutete. Nachdem ich einige Spanier um Ruhe gebeten hatte, verlief die Nacht trotz der vielen Menschen ruhig.

Portomarín → Palas de Rei

3. September 2009 | 26 km

Ohne Brille geht das gar nicht.

Ich liege auf einer Wiese. Neben mir steht eine Kuh, die mir mit ihrem Schwanz ins Gesicht schlägt. Immer wieder. Genervt frage ich: „Kannst du dich denn nicht woanders hinstellen, anstatt mich hier beim Schlafen zu stören?" Gelangweilt glotzt sie mich mit großen Kulleraugen an und schlägt weiter ... Langsam kam ich zu mir und öffnete die Augen. Die „Kuh" war Katharina, die aus dem oberen Stockbett heraushing und mir wahrscheinlich schon seit geraumer Zeit mit ihrem T-Shirt im Gesicht herumwedelte, um mich aus meinem Tiefschlaf zu reißen. Müde verdrehte ich die Augen und legte mich schlaftrunken auf die Seite. Ich wollte nicht aufstehen. Doch das Bett fing nun an zu schaukeln, was wohl bedeutete, dass sich Katharina herunterhangelte und mich gleich gnadenlos erneut wecken würde. Wenn ich weiter mit meiner Tochter gehen wollte, sollte ich wohl besser aufstehen.

Es war erst 5 Uhr, doch so hatten wir es am Abend besprochen. Also blieb mir nichts anderes übrig, als mal wieder den Reißverschluss des Schlafsacks zu suchen ... Während ich mich leise anzog, lauschte ich auf die Geräusche der 118 schlafenden Pilger um mich herum. Nichts, gar nichts war zu hören, kein Schnarchen, kein Schnaufen, kein Wecker, es war beeindruckend still. Grinsend malte ich mir aus, wie es sein würde, den Stift aus dem Bodyguard zu ziehen. Oder die Stöcke umzuwerfen. Nein, lieber nicht noch einmal ... Ich packte meine Sachen und schlurfte hinter Katharina her in die große Küche, die wir zu dieser frühen Stunde ganz für uns allein hatten. Wir deckten den Tisch und kramten aus dem Rucksack etwas Käse hervor. Dazu gab es Cappuccino aus der Tüte und das am Vorabend gekaufte, nun ziemlich trockene Weißbrot. Wir unterhielten uns über unser Tagesziel: Palas de Rei, 26 Kilometer von Portomarín entfernt.

Uns ging es gut, die Müdigkeit war verflogen. Das frühe Aufstehen verschaffte uns Zeit, statt dass diese uns davonlief. Auch Zeit dafür, einfach mal Pause zu machen, unter einem Baum auszuruhen und trotzdem am frühen Nachmittag anzukommen. Liebevoll betrachtete ich meine Tochter, zum wiederholten Male dankbar dafür, dass sie mich mitgenommen hatte auf den Jakobsweg. Unternehmungslustig blätterte sie im Pilgerhandbuch und plauderte begeistert drauflos. Was? *„Hallo! Erde an Mama, bist du da?"* Katharina grinste mich an. Was sie mir berichtet hatte – keine Ahnung. Sie würde es mir sicher später noch einmal erzählen.

Tag 11 bzw. 30 unserer Wanderschaft war angebrochen. Was würde er uns bringen? Noch im Dunkeln verließen wir die Herberge und folgten den Pfeilen, die ich zu lieben gelernt hatte, die mir vertraut und die fast immer da waren, wenn wir nach dem Weg suchten. Heute wollten wir wieder versuchen, den größten Teil der Strecke während der angenehmeren Vormittagszeit hinter uns zu bringen. Nebeneinander pilgerten wir gelassen durch das Dorf. Am Ortsende erwartete uns eine schmale, wackelige Hängebrücke, die über einen Seitenarm des Stausees führte. Außer leisem Plätschern kleiner Wellen am Ufer und einem verhaltenen Schnattern war es total still. Kaum hatten wir die Brücke überquert, lenkten uns die Zeichen auf einen steilen Weg, der entlang der Landstraße bergan führte. Die neue Stirnlampe bewährte sich sehr gut, unsere Füße fanden im Gewirr von Wurzeln und Steinen immer sicheren Halt.

Der Weg der Sinne – an diese Bezeichnung dachte ich, als mir plötzlich der Duft frisch gebackener Käsebrötchen in die Nase stieg. Verständnislos blickte ich mich um, doch weit und breit waren keinerlei Lichter zu sehen – leider keine Bäckerei, wo ich der Versuchung wahrscheinlich nicht hätte widerstehen können. Ein Truggeruch? Nein! Kopfschüttelnd stiefelte ich mit knurrendem Magen und in Erinnerung an das karge Frühstück hungrig weiter bergan. Katharina neben mir schwärmte von ofenwarmen Brötchen, bestrichen mit frischer Butter und Marmelade.

Der Weg der Sinne – das war er wirklich. Kaum, dass wir dem Dunstkreis der unsichtbaren Backstube entschwunden waren, duftete es stark nach Eukalyptus. Noch immer umhüllte uns Finsternis, sodass wir die dazugehörigen Bäume nicht sehen konnten, auf die ich schon neugierig war. Aber was soll's – Eukalyptuswälder würden wir noch oft zu sehen bekommen.

Vorangetrieben durch einen kalten Wind, marschierten wir guter Dinge gen Westen. Die Sonne mühte sich durch die dicke Wolkendecke, und es war fast kühl. Hinter uns näherte sich Oriol, der nette Spanier, der Katharina in O Cebreiro den Liedertext aufgeschrieben hatte. Ursprünglich war er mit einer Freundin gestartet. Aber nicht jeder war dazu geschaffen, es miteinander auszuhalten, und so trennten sich ihre Wege. Er freute sich, uns zu sehen, und sprach kurz mit Katharina, bevor er schnelleren Schrittes weiterzog. Außer den drei Italienern trafen wir den ganzen Tag keine weiteren Pilgerfreunde. Wo waren Andreas, die Franzosen, K1 und K2 und die vielen anderen? Wieder einmal schwirrte mir die Endlichkeit im Kopf umher. Harte Wandertage lagen hinter uns, wir hatten das Ziel fast erreicht. Nur – wollten wir auch ankommen? Auf der einen Seite ja, natürlich, aber auf der anderen Seite ist es wieder ein erreichtes Ziel mehr auf der Liste des Lebens. Werden die Erfahrungen auf dem Camino mein Leben verändern?

An diesem Tag sahen wir zum ersten Mal Horreos, Ministeinhäuser, die auch heute noch als Kornspeicher dienen. Sie stehen auf Stelzen, oben mit flachen, großflächigen Steinen bedeckt, damit Mäuse und anderes Getier nicht hineinkrabbeln können, um sie zu plündern. Natursteinmauern säumten die einsame Straße, nur ab und an fuhr ein Auto an uns vorbei. In der leicht welligen Landschaft versteckten sich kleine Dörfer, deren Kirchtürme wie lange Finger in den Himmel ragten. Heidelandschaft mit gelbem Stechginster, unterbrochen von Felsen und Wachholderbüschen, die wie hingeworfen verstreut lagen, wechselten sich ab mit Feldern, auf denen die Dorfbewohner mit Kartoffellesen beschäftigt waren. In einigen Orten wurde in großen, dampfenden Bottichen vor den Häusern die Wäsche gewaschen, die später lustig im lauen Wind trocknen würde. Ältere Leute saßen auf Bänken und Treppen zusammen und genossen den Tag. Dies alles strahlte eine Ruhe und Gelassenheit aus, die ich so gar nicht kannte. Katharina stiefelte gedankenversunken neben mir her. Unverdrossen näherten wir uns Santiago, bis dahin waren es nur noch etwa 70 Kilometer. 70 Kilometer von insgesamt 800! Wir waren fast da, hatten viele Menschen aus den verschiedensten Gegenden der Welt getroffen, Hunderte von Kilometern zu Fuß zurückgelegt, unterschiedlichste Landschaften durchwandert, mal interessante, mal eintönigere, und trotzdem war es uns nie langweilig geworden. Na ja, fast nie, die Meseta war schon ziemlich eintönig, und fürs Spirituelle hatte ich den Kopf wegen der schlimmen Fußschmerzen damals nicht frei. Aber – ist das Glas halb voll oder halb leer? Zum wiederholten Male stellte ich mir diese Frage und entschied mich für die positive Betrachtungsweise: Wir hatten *noch* 70 Kilometer bis Santiago vor uns! Und die Lust am Laufen konnte uns keiner nehmen. Zufrieden genossen wir die Ruhe und Schönheit, die die Natur für uns Pilger bereithielt.

Kurz vor Palas de Rei kamen wir an einer Herberge vorbei, die eine Küche haben sollte. Aufgrund bisheriger Erfahrungen wollten wir aber auf Nummer sicher gehen, bevor wir uns dort anmeldeten. Und das war gut so, denn es fand sich noch nicht einmal ein Teller. Also blieb uns nichts anderes übrig, als in der nächsten Herberge im Stadtzentrum unser Glück zu versuchen. Am Ortseingang thronte eine kleine Kirche auf einem Felsen, von der wir eine schöne Aussicht auf die Landschaft hatten. Ein gepflegtes, lauschiges Plätzchen war das, in der Stadt hingegen empfingen uns Wolken von Dieselabgasen, die unsere Nasen zusetzten. Auf der Hauptstraße stauten sich Autos mit laufenden Motoren hinter einem Lastwagen, der gerade entladen wurde. Zwischen Kisten und Kartons bahnten wir uns den Weg. Palas de Rei – was für ein Name für diese kleine, laute Stadt!

Zwei Herbergen standen zur Auswahl, von denen wir uns für die mit dem schönen Namen Buen Camino entschieden. Sie war im Pilgerhandbuch nett beschrieben und verfügte über eine Küche. Im Gastraum saßen einige Leute und aßen gerade zu Mittag. Wir bekamen Betten in einem Zimmer, das wir über verwinkelte Flure, Zwischenzimmer, Sitzecken und Treppen, vorbei an der Küche, erreichten. Der Dielenboden knarrte, als wir unser gemütliches Zimmer mit zwei Stockbetten betraten. Der Blick aus dem Fenster ging auf die noch menschenleere Terrasse. Nach dem Duschen kam Katharina ins Zimmer zurück und präsentierte mir mit leicht gequältem Gesicht eine Blase am Fuß. Die Behandlung aber verlegten wir auf den Abend, denn zuerst wollten wir den Ort erkunden. In einem kleinen Lebensmittelgeschäft fanden wir alles, was wir fürs Abendessen brauchten, inklusive Obst. Mit vollen Tüten schlenderten wir zurück, als der Bus aus Sarria neben uns hielt, aus dem Stefan und Jacob mit glücklichem Grinsen herausstolperten. Stefan war am Morgen aus dem Krankenhaus entlassen worden, sofort waren beide hierhergefahren, um sich mit ihren Pilgerfreunden zu treffen. Da sie sich für eine andere Herberge entschieden hatten, verabschiedeten wir uns mit einem *Buen Camino*.

Mittlerweile hatten wir mächtig Hunger, der sich noch verstärkte, als wir die Stufen zu unserer Etage erklommen. Dort duftete es verführerisch nach Knoblauch und Zwiebeln, denn eine spanische Familie hatte sich gerade zum Essen an den Tisch gesetzt. Wir wünschten guten Appetit und stellten unsere Tüten in die Küche, wo wir Teller, Bestecke und auch eine Schüssel fanden. Doch leider war der einzige taugliche Kochtopf gerade im Einsatz. Der Boden eines zweiten Topfes war abgerundet, also mehr zum Schaukeln geeignet. Es blieb uns nichts anderes übrig, als zu warten, bis die Spanier mit dem Essen fertig waren. Wer etwas etepetete ist, hätte hier vielleicht Probleme bekommen, aber – ist nicht der Pilger auch mit Kleinigkeiten sehr zufrieden?

Nach dem Essen legte sich Katharina für eine Stunde schlafen, und ich ging auf die Terrasse, um mich dort zum Lesen hinzusetzen oder vielleicht auch in der Hoffnung, dort den einen oder anderen Pilgerfreund zu treffen. Leider blieb ich allein, zudem waren die Stühle und Tische so dreckig, dass ich nichts darauflegen wollte. Nun saß ich ziemlich betröppelt da und versuchte mich an einem Sudoku. Wie langweilig! Ganz anders als in den kleinen Dörfern auf dem Jakobsweg, die boten zwar keine Abwechslung, strahlten dafür aber viel Behaglichkeit aus, was ich hier sehr vermisste, desgleichen unsere Pilgerfreunde. In Palas de Rei war alles nur kalt und unpersönlich, und es stank nach Autoabgasen.

Ein *Hallo* ertönte von oben. Katharina war vom Mittagsschlaf erwacht. Zusammen machten wir einen weiteren, leider vergeblichen Versuch, schöne Ecken oder vielleicht doch noch bekannte Gesichter im Ort zu finden. Leicht frustriert schlenderten wir zur Herberge zurück, denn ich musste ja auch noch die Blase an Katharinas Fuß aufstechen, die sich an einer für sie unerreichbaren Stelle angesiedelt hatte. Mit Nadel, Faden, Antiseptikum, Sterilium und Pflaster ausgerüstet, setzten wir uns in die Essecke, und Katharina streckte mir guten Mutes ihren Fuß entgegen. Sofort fielen mir drei Dinge auf, die das Unterfangen erschwerten, wenn nicht unmöglich machten: Erstens war es zu dunkel, zweitens: Ohne Brille lief gar nichts, ich konnte leider nichts erkennen. Also schickte ich Katharina los, brillentragende Pilger zu fragen, ob sie mir ihre Sehhilfe leihen würden. Tatsächlich kam sie nach einigen Minuten mit dem benötigten Objekt zurück, außerdem mit unserer Stirnlampe. Dann galt es noch das dritte Problem zu lösen: Dem Fuß entstieg der strenge Geruch von Pilgerfüßen ... Sofort fiel mir der Hinweis einer Arztpraxis am Ortseingang ein: Die Pilger wurden gebeten, sich vor dem Arztbesuch zu duschen. Das hatte Katharina zwar getan, aber es half nichts, der Geruch haftete der Haut an. Was tun? Nach kurzen Überlegungen stopfte ich mir zwei gesalzene Erdnüsse in die Nase, schnallte mir die Stirnlampe um, bewaffnete mich mit Nadel, Schwamm und Faden und rückte dem Quälgeist zu Leibe. Die OP wurde allerdings dadurch erschwert, dass Katharina sich wegen meines Anblicks vor Lachen schüttelte. Aber schließlich konnten wir einen Sieg verbuchen, der nächste Wandertag war gerettet.

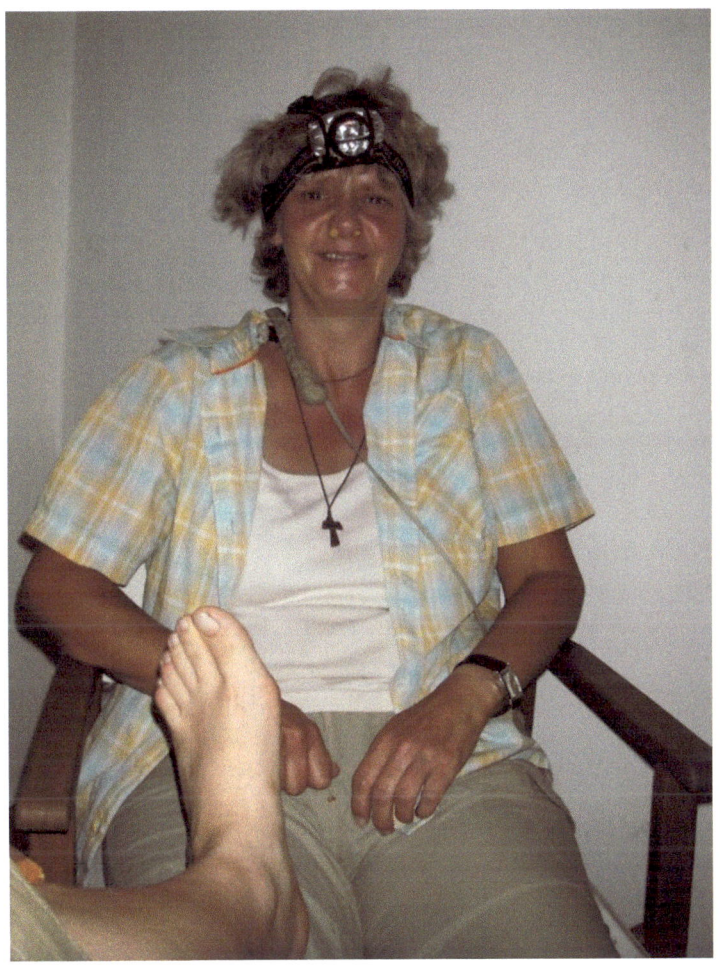

Palas de Rei → Ribadiso

4. September 2009 | 29 km

Der frühe Morgen schenkt dir Kraft und Stille.

6 Uhr. Müde stellte ich den Handywecker aus, der mich mit leiser Musik aus dem Schlaf geholt hatte. Ein neuer Wandertag stand bevor, 29 Kilometer nach Ribadiso. Leise zogen wir uns an und verließen auf Strümpfen den Schlafraum, um das spanische Pärchen, das spät am Abend angekommen war, nicht aufzuwecken. Ich tastete nach dem Lichtschalter im Vorraum, der kurz darauf von einer 60-Watt-Birne erhellt wurde, sodass wir die Sitzecke, an der mir meine Mutter am Vorabend die Blasen aufgestochen hatte, erkennen konnten. Ob die sich wohl heute neu bilden würden? Nach einem schnellen Frühstück verließen wir die Herberge und pilgerten aus der Stadt, deren Tristesse auf unser Gemüt drückte, und atmeten auf, als wir wieder auf der Landstraße waren. Die Pfeile führten uns in einen Wald. Manchmal sahen wir Hunde in den Höfen, die uns zwar anbellten, was aber wohl eher aus Langeweile denn aus Boshaftigkeit oder Aggression geschah, dafür hatten wir inzwischen ein Gespür entwickelt.

Der Weg führte uns wieder über die typisch galicischen Sandwege und in grüne Wälder. Nebelschwaden hingen über den Feldern und zwischen den Bäumen, während die frühe Morgenstunde alles in ein bläuliches Licht tauchte. Man sagt, dass Galicien deshalb so grün sei, weil es oft regnet. Das mag ja sein, aber wir hatten Glück mit dem Wetter, denn es war trocken. Die große Hitze war aber ebenfalls vorbei, mit etwa 22 Grad hatten wir perfektes Wanderwetter. Und die Ruhe war fantastisch. Nach etwa sieben Kilometern erreichten wir Casanova. Ein interessanter Name, er bedeutet jedoch nichts anderes als „neues Haus". Am Ortsausgang erblickten wir einige Pilgerfreunde, die vor einer Bar in der Sonne saßen, sie hieß „Die zwei Deutsch" – ein liebevoller Versuch, der Bar einen deutschen Namen zu verleihen. Die Taufpaten waren offensichtlich am Plural gescheitert. Sie hatten trotzdem unsere Sympathie, und wir setzten uns für eine kleine Pause hinein. Auf dem Tresen stand eine Orangenpresse! So genehmigten wir uns einen frischen Saft – die saure Süße explodierte schier im Mund, wir lehnten uns zurück und schlossen genüsslich die Augen. Anschließend gönnten wir uns noch jeweils ein Stück hausgemachten Gugelhupf, das so groß war, dass wir uns die Hälfte einpacken ließen.

Auch wenn wir dort gern Wurzeln geschlagen hätten – schließlich wurden wir selten so verwöhnt –, erscholl wieder einmal der Ruf des Weges. Also schulterten wir unsere Rucksäcke und machten uns auf, um das Tagesziel zu erreichen. Strammen Schrittes ging es voran. Bald fiel uns auf, wie still es um uns herum geworden war. Lediglich das Geräusch unserer Schuhe und Stöcke auf dem Asphalt war zu vernehmen.

Verwundert blickten wir uns an. Schließlich hielt meine Mutter inne und schnupperte. Sollte es etwa möglich sein? Und dann sahen wir ihn – einen Eukalyptusbaum beziehungsweise einen ganzen Wald davon. Die hohen Bäume mit der faserigen Rinde verströmten den intensiven Geruch von Hustenbonbons. Ich holte das Pilgerhandbuch hervor und las die Infos: Diese Wälder waren ursprünglich für die Möbelherstellung angelegt worden. Der Eukalyptus ist jedoch ein schwieriges Gewächs, er nimmt anderen Pflanzen die Lebensgrundlage, sodass in weiten Teilen Galiciens kein Leben in den Wäldern herrscht. Das erklärte natürlich auch die fehlenden Geräusche. Ehrfürchtig in die hohen Baumwipfel schauend, durchschritten wir den Wald. Doch der grobsteinige Pfad belehrte uns bald eines Besseren, sodass wir wieder nach unten blickten, um nicht zu stolpern.

Die Faszination nahm nicht wirklich ab, aber nach und nach gewöhnten wir uns an die neue Umgebung. In den kleinen Ortschaften, die wir durchquerten, war der Eingangsbereich häufig mit Weinreben verziert, die in voller Frucht standen. Sicherlich konnten die jeweiligen Besitzer den Verlust von ein paar Trauben verschmerzen ... So stibitzten wir welche und verzehrten sie genüsslich. Auch diese sonnenverwöhnten Früchte waren unglaublich süß und herb zugleich. Allmählich näherten wir uns Ribadiso. Mal wieder in Gedanken versunken, lief ich vor mich hin, als mich plötzlich jemand auf Spanisch ansprach. Erschrocken machte ich einen kleinen Satz zur Seite und schaute mich verwirrt um, aber da war niemand. Hörte ich jetzt schon Stimmen? Kopfschüttelnd wollte ich weitergehen und setzte einen Fuß vor – da war es wieder. Schließlich entdeckte ich eine Konstruktion: ein Lautsprecher mit Bewegungsmelder, um Werbung für eine Herberge zu machen.

Mittlerweile wanderten wir auf einem gepflasterten Weg, der sich durch die grüne Landschaft zog. Er führte uns schließlich nach 29 erschöpfenden Kilometern ans Ziel, nach Ribadiso. Die Bäume am Wegesrand bildeten ein grünes Dach über unseren Köpfen, als wir den Miniaturort betraten, in dem vielleicht zehn Menschen wohnten, der aber über eine Herberge verfügte. Bei meiner Mutter war es Liebe auf den ersten Blick, und auch ich konnte mich dem Charme nicht entziehen: Die Herberge lag direkt an dem kleinen Fluss Iso, welcher von einer römischen Brücke aus dem 14. Jahrhundert überspannt wurde. Durch ein großes Tor gelangten wir in den Innenhof, wo wir mehrere Steingebäude entdeckten. Der Komplex stammt aus dem 15. Jahrhundert, war jedoch eine Zeitlang in Vergessenheit geraten und verfallen. Mit dem Aufschwung des Caminos wurde hier alles wiederbelebt, und man bietet den Pilgern Betten für eine Nacht an.

Wir belegten zwei Betten im Schlafsaal und suchten die Sanitäranlagen auf, die etwa 40 Meter entfernt waren – unter freiem Himmel, nach oben war alles offen. Schönwetterbäder sozusagen. Dies sorgte natürlich stets für gute Belüftung, doch hätte ich heute gut darauf verzichten können, denn es war windig und recht frisch, und meine Dusche bequemte sich nicht, einen beständig warmen Wasserstrahl bereitzustellen. Nach dem Duschen an der frischen Luft stellte sich Hunger ein, so suchten wir die Küche auf, um unser Essen zuzubereiten. Durch einen großen Speisesaal mit hohen Wänden, einem riesigen Kamin, großen Holztischen und einer Vielzahl von Stühlen und kleinen Schießscharten als Fenstern gelangten wir in die ebenso große Küche. In der Mitte war eine Kochinsel mit vier Herden, an den Wänden rundherum eine Arbeitsfläche mit sage und schreibe 16 Waschbecken. Meine Mutter zog die erste Schublade unter der Arbeitsplatte auf – leer. Na, das musste ja nichts heißen. Die zweite Schublade – drei Teller, das ließ ja auf Besteck hoffen. Sie öffnete die dritte, die vierte und schließlich alle Schubladen – nichts war zu finden. Kein einziger Löffel, von Messern ganz zu schweigen. Doch zum Glück ist man als Pilger ja mit einem Taschenmesser ausgerüstet, sodass wir nicht darben mussten. Anschließend setzten wir uns auf die Stufen, die zum Fluss hinunterführten, und schrieben Tagebuch, während sich andere Pilger im kalten Wasser vergnügten. Zusammen begrüßten wir die Neuankömmlinge, die uns freudig und erschöpft zuwinkten.

Es sollte an diesem Abend erst recht spät Abendessen geben, da wir auf die spanischen Zeiten angewiesen waren. Wegen des kalten Windes setzten wir uns aber schon gegen 17 Uhr ins Restaurant und spielten Canasta. Ein Glück, dass wir die Karten dabei hatten! Ich merkte, dass meine Mutter sich in Ribadiso nicht ganz so wohl fühlte, weil außer mir niemand da war, mit dem sie reden konnte, denn alle anderen Pilger sprachen nur Spanisch. Irgendwie fühlte ich mich für sie verantwortlich, so blieb ich bei ihr. Das lag allerdings auch an meiner Erschöpfung, die jegliche Konversation auf Spanisch sehr schwierig gestaltete. Und beim Canastaspielen amüsierten wir uns prächtig.

Um 22 Uhr war es Zeit, ins Bett zu gehen. Wir suchten noch einmal die Frischluftanlage auf und danach den Schlafsaal, der sich aufgrund der vielen Menschen schnell aufheizte und bald auch dementsprechend roch. Doch wie immer überwältigte mich rasch die Müdigkeit, und ich schlief einem neuen Tag entgegen.

Ribadiso → Pedrouzo

5. September 2009 | 24 km

Bin ich traurig? Bin ich froh? Eine schwierige Frage.

Um 5:30 Uhr war für uns die Nacht vorbei. Das mag für manche wirklich zu früh sein, doch uns bereitete es große Freude, schon vor Sonnenaufgang unterwegs zu sein, den Morgen zu genießen, der oft so klar war, dass wir das große Sternenzelt, das sich über uns wölbte und durch keinerlei Licht beeinträchtigt wurde, in voller Pracht bewundern durften.

Ich hatte schon gepackt und wartete wanderbereit an der Tür auf meine Mutter. Leise machte sie sich fertig, nahm ihren Rucksack und tapste hinter mir her nach draußen. Meine Güte, was war das kalt! Sofort flüchteten wir in den Comedor, den Speiseraum, in dessen dicken Mauern noch die Sonnenwärme der vergangenen Wochen gespeichert war. Zwei kleine Lampen erhellten den riesigen Raum mit der großen Feuerstelle nur spärlich. Leicht aufgekratzt unterhielten wir uns, das Frühstück muffelnd, über die kommenden Tage, das Ende unseres Pilgerabenteuers. Eine schöne Zeit vergeht doch wesentlich schneller, wenn man jeden Augenblick genießen kann. Bevor wir zu unserer vorletzten Etappe vor Santiago de Compostela starteten, zogen wir alles an, was der Rucksack hergab: Schlafshirt, Top, alle Shirts und die dicken Fleecejacken. Dann kam der Augenblick, dass wir unser warmes Nest verlassen mussten. Leider waren Handschuhe nicht im Inventar vorhanden, sodass wir die Stöcke mit klammen Fingern umfassten. Mit großen Höhenunterschieden war heute nicht zu rechnen. Das Murmeln des Flusses begleitete uns noch bis zum Tor der Herberge, die uns wirklich ausgesprochen gut gefallen hatte. Fast tat es mir leid, sie zu verlassen – wäre da nicht die luftige Dusche gewesen ...

In der Dunkelheit fanden wir die Wegweiser nur sehr schwer, manchmal gar nicht. Auf gut Glück entschlossen wir uns für eine Richtung, die wir für Westen hielten. Tatsächlich entdeckten wir bald wieder einen Pfeil, der im Licht einer Straßenlaterne sichtbar wurde. Hier und da konnten wir in erhellte Zimmer blicken, dort bereiteten sich die Menschen auf den Tag vor, während wir schon wieder mittendrin waren. Nach drei Kilometern durchquerten wir das Dorf Arzúa entlang der Hauptstraße. In einer Bar tranken Einheimische einen schnellen Espresso, bevor sie sich auf den Weg zur Arbeit machten. Eine ältere Frau in einem pink-farbenen Morgenmantel und passenden Schlappen mit Bommeln wackelte mit einem frischen Brot unter dem Arm vor uns her. Eine beeindruckende Darbietung von Nonchalance.

Mittlerweile wurde es heller, und die Sonne schickte ihre ersten warmen Strahlen zur Erde. Wir kamen durch gepflegte Orte mit Palmen in den Gärten, dann ging es wieder durch Wiesen und Felder, oder wir liefen auf Waldwegen mit riesigen Farnteppichen zu beiden Seiten. Und natürlich durchquerten wir erneut die stillen Eukalyptuswälder, in denen wir die Musik des Waldes vermissten. An diesem 5. September 2009 wollten wir bis Pedrouzo laufen, 20 Kilometer vor Santiago. Was erwartete uns wohl morgen? Würden meiner Mutter mal wieder die Tränen übers Gesicht laufen? Bestimmt! Wird es mir vielleicht ebenso ergehen? Was wird das für ein Gefühl sein, anzukommen? Wann werden wir da sein? Werden wir ein Zimmer finden? Welche Pilgerfreunde werden wir wiedersehen? Die Leichtfüßigkeit und Unbeschwertheit, die Vorfreude auf das Neue und Unbekannte, die wir am Anfang gespürt hatten, waren nun verflogen. Doch die Neugier stieg, das Ziel war zum Greifen nah. Nur noch eine Nacht in Pedrouzo. Dort fanden wir eine neue Herberge, wo wir uns richtig wohlfühlten. Ein kleiner Brunnen plätscherte im verglasten Innenhof, die Terrasse war überdacht, die Schlafräume mit hellen Möbeln ausgestattet und die Dusche einfach nur ein Traum: Ein riesengroßer Brausekopf ließ das warme Wasser wie einen Regenschauer über mich rieseln, ich hätte stundenlang darunter verbringen können. Doch das kleine Dorf lud auch zur Besichtigung ein. Vielleicht würden wir hier auch zum letzten Mal eine Pilgerandacht besuchen. Wir wuschen unsere Sachen wie an jedem vorangegangen Tag, meine Mutter spielte sogar mit dem Gedanken, ihre Strümpfe zu waschen – übrigens das erste Mal auf dem Weg, und so sahen sie auch aus. Jeden Tag hatten wir uns die Füße mit Hirschtalg gegen Hornhautbildung eingerieben, und sie ist den größten Teil mit Sandalen auf staubigen und sandigen Wegen gewandert. Die Strümpfe standen von selbst, und so stellte sie sie zur allgemeinen Erheiterung auf das Regal zu den Wanderschuhen. Sie fielen dazwischen fast gar nicht auf. Schließlich wusch sie die Strümpfe zur Feier des Tages doch.

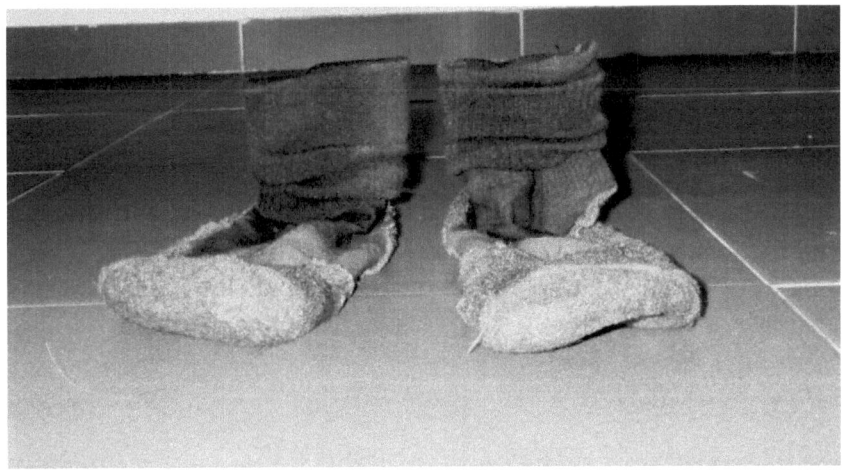

Danach setzen wir uns auf die überdachte Terrasse. Gedankenfetzen schossen durch meinen Kopf, die Tage auf dem Jakobsweg rekapitulierend. Wie sollte man diese Zeit beschreiben? Wie konnte man versuchen, den Zauber in Worte zu kleiden? Eigentlich war es ja gar nichts Außergewöhnliches, vielleicht bis auf die zurückgelegte Strecke. Wir haben keine Heldentaten vollbracht, keine waghalsigen Abenteuer bestanden. Aber dafür gab es etwas, was für uns viel bedeutender war: Wir haben Menschen entlang des Weges kennengelernt, die uns große Herzlichkeit entgegenbrachten und uns ihr Vertrauen schenkten. Sie sind aus meinen schönsten Momenten nicht wegzudenken – eine Erfahrung, die noch

191

immer nachhallt. Der Alltag und die Gesellschaft drängen uns in eine Rolle, deren Erwartungen wir zu erfüllen haben. Wir sind Figuren, die ihre Wünsche und Hoffnungen oft begraben oder verstecken, weil sie nicht regelkonform sind, weil sie nicht zu unserem Alter oder Beruf passen. Auf dem Jakobsweg aber kann man sich, zumindest für eine Weile, neu definieren. Man hat keine Vergangenheit, kein Alter, keinen Beruf, keine Nationalität. Die anderen Pilger erfahren nur das, was man bereit ist zu teilen. Peinliche Anekdoten aus jedermanns Leben, die Misserfolge – alles kann man zurücklassen und sich auf sein Inneres konzentrieren, weil es keine Erwartungen zu erfüllen gibt. Die Menschen zeigen sich so, wie sie sind, und nicht, wie die Gesellschaft sie haben möchte. Vielleicht macht das diese Erlebnisse so besonders.

Auch meine Mutter war mit der Verarbeitung des Weges beschäftigt, so verharrten wir in Stille, bis die Kirchenglocken zur Andacht riefen. Doch die Ruhe, die ich sonst immer empfunden hatte, fehlte dieses Mal, denn der Pfarrer leierte die Andacht emotionslos herunter. Danach allerdings erhielt jeder Pilger einen Stadtplan und Informationen zu Santiago de Compostela – ein äußerst pragmatischer Ansatz.

Pedrouzo → Santiago de Compostela

6. September 2009 | 20 km

Santiago de Compostela, eine Stadt, in der die Tränen Ausgang haben ...

„5 Uhr, aufstehen!" Katharinas Stimme schlich sich in meinen tiefen Schlaf. Doch als ich schließlich die Augen aufschlug, war ich auch sofort hellwach, denn unser Ziel an diesem Tag hieß *Santiago de Compostela!*

Nach einem schnellen Frühstück verließen wir noch vor 6 Uhr die Herberge und folgten den Pfeilen, die uns auf einem breiten, beleuchteten Weg aus dem Dorf herausführten. Doch sobald die Häuser und damit auch die Laternen hinter uns lagen, war es dunkel. Der Mond versteckte sich meist hinter schweren Wolken, allein dank der Stirnlampe fanden wir den nächsten Pfeil, der nach links zeigte, auf einen schmalen Pfad, und bogen ab – direkt auf einen finsteren Wald zu. Hohe Bäume türmten sich bedrohlich vor uns auf, als wollten sie uns den Zutritt verwehren. Unwillkürlich blieb ich stehen und griff nach Katharinas Arm. Warum nur hatten wir diesen Teil des Weges nicht noch am Vortag bei Tageslicht hinter uns gebracht! Ich fühlte Katharinas Blick auf mir ruhen. „Und jetzt?", fragte sie mich. Zögernd nahm ich schließlich allen Mut zusammen, und gemeinsam stapften wir mit „ausgefahrenen Antennen" in die Dunkelheit hinein, stets bedacht, nicht über Baumwurzeln oder Steine zu stolpern. Psst – waren da nicht Schritte hinter uns? Immer wieder blieben wir stehen und lauschten. Aber da war nichts – gar nichts! Vielmehr umgab uns nicht weniger beunruhigende Stille, nur das Rauschen der Blätter im Wind war zu hören. Beklommen stiefelten wir weiter, wurden dabei immer schneller und durchmaßen schließlich eiligen Schrittes den Wald, konzentriert Ausschau haltend nach den alle 500 Meter aus der Dunkelheit auftauchenden Kilometersteinen – einzige Anhaltspunkte, dass wir richtig waren.

Endlich: Vor uns schimmerten die Straßenlaternen San Antóns durch die Bäume, welches wir kurz darauf durchquerten. Es folgte herrlich offenes Gebiet, die Pfeile führten bergauf und bergab, und wir erreichten schließlich bei zögerlicher Morgendämmerung eine Hochebene. Unter uns breitete sich die faszinierende spanische Landschaft mit verstreut liegenden, beleuchteten Dörfern wie ein Teppich aus. Doch Muße zum Genießen nahmen wir uns nicht, es zog uns mit Macht voran. Da war zum einen die große Neugierde auf unser Ziel, zum anderen drängte die Zeit, denn wir wollten möglichst vor 11:30 Uhr am Ziel sein und uns die „Compostela" abholen, um in der Pilgermesse um 12 Uhr in der Kathedrale von Santiago mit Namen genannt zu werden. Zügig marschierten wir weiter, zuerst auf Feldwegen, später tauchten wir erneut in einen dichten Wald, in dem wir wieder die Stirnlampe zu Hilfe nehmen mussten. Doch dann bahnte sich taghelles Flutlicht einen Weg. Als wir aus dem Wald traten, blickten wir über den Flughafen von Santiago,

Lavacolla. Auf der Piste stand eine Iberia-Maschine in Startposition. Mit ohrenbetäubendem Lärm rollte sie an, erhob sich und überflog eine kaum 300 Meter vom Rollfeld entfernte Häuseransammlung. Drei Tage zuvor hatte ich einen schweren Traum gehabt, der noch immer in meinem Kopf umhergeistete: Eine rot-weiße Maschine flog bedrohlich dicht über ein kleines Dorf … Mit erleichtertem Lächeln sah ich nun dem Flugzeug hinterher, das dröhnend im Morgenhimmel verschwand.

Die Zeit drängte, weiter ging's. Hinter dem Dorf liefen wir erneut durch offenes, siedlungsfreies Gelände. Santiago war noch ca. zehn Kilometer entfernt. Trotzdem hörten wir in der Ferne Glockengeläut und schauten uns verblüfft an, denn eigentlich war klar: Das konnten nur die Glocken der Kathedrale sein. Wir waren fast in Santiago – fast am Ziel! Ein dicker Kloß stieg mir in den Hals. Katharina bemerkte es und rollte die Augen: Typisch Mutter! Sie selbst hatte mit solcherart Gefühlsbädern offenbar keine Probleme. Fehlte nur noch, dass meine Tochter mich in den Arm nahm und tröstete, dass doch alles nicht so schlimm sei! Nach einer weiteren Stunde strammen Gehens erklommen wir die letzte Erhebung vor Santiago, den Monte de Gozo, zu Deutsch: „Berg der Freude". Ein trister Betonklotz samt futuristischem Eisengebilde thronte auf seinem Gipfel, ein Denkmal für einen Papstbesuch. Durch die Bäume konnten wir schemenhaft die Vorstadt erkennen: Eintönige Häuserblocks verschmolzen mit grauem Morgendunst. Trotz allem – es war Santiago de Compostela, wir hatten es geschafft! Katharina schaute mich prüfend von der Seite an und fragte nach meinem Befinden. Grinsend winkte ich ab, doch beim Weitergehen durchforstete ich mein Inneres. Was fühlte ich? Nun, Stolz, Glück, Erleichterung. Aber auch Trauer. Ja, ich war traurig: weil der Weg zu Ende ging, weil wir bald wieder nach Hause fuhren, weil ich nun nicht mehr mit meiner Tochter … Ich schluckte den Kloß im Hals runter, denn ich wollte stark sein und die Freude des Ankommens genießen. Bis zur Kathedrale waren es noch fünf Kilometer. Links vor uns lag ein gewaltiger Herbergskomplex mit 3000 Betten, die letzte Pilgerunterkunft vor Santiago, wir marschierten zügig daran vorbei – hin zum Ziel! Plötzlich ertönten Kanonenschüsse aus Richtung Stadt. Katharina grinste: „Das finde ich ja nett, aber es wäre doch wirklich nicht nötig gewesen, dass sie uns mit Salutschüssen begrüßen. Ob das immer so ist?" „Nein", antwortete ich schmunzelnd, „ich denke, das machen sie wahrscheinlich nur für Töchter mit Müttern, die ohne erkennbare Blessuren durch innerfamiliäre Nahkämpfe in der Stadt eintreffen."

Auf einer schmalen Straße erreichten wir die ersten Häuser. An einem Stromkabel über die Straße hinweg hingen etliche aneinandergebundene ausgediente Wanderschuhe, sie hatten dort oben ihren Ehrenplatz gefunden. Dann das Ortsschild: Santiago de Compostela. Ich schluckte. Während der 800 Kilometer seit Roncesvalles hatten wir uns dieses Ankommen oft ausgemalt, hatten uns über eine Allee oder durch ein altes Stadttor schreiten sehen. Stattdessen führten uns die Pfeile durch graue Stadtrandgebiete, über laute Hauptstraßen und Plätze. Warum auch nicht? Schließlich ist Santiago eine ganz normale Stadt, die sich um die Kathedrale entwickelt hat. Durch die Porta do Camiño gelangten wir schließlich direkt in die Fußgängerzone der Altstadt. Da war was los! Laute Dudelsackmusik begrüßte uns, die Straßen quollen über vor fröhlich feiernden Menschen, immer wieder wurden Salutschüsse in dem Himmel geschickt, und eine Prozession bahnte sich ihren Weg. War das hier immer so? Nein, das konnte nicht sein, aber wir wurden mitgerissen, obwohl wir keinen blassen Schimmer hatten, worum es eigentlich ging. Schließlich fragte Katharina eine ältere Frau nach dem Grund und übersetzte mir dann mit heiserer Stimme, dass am 6. September der Tag des Pilgers gefeiert werde ... Beherzt bahnten wir uns einen Weg durch die Menschenmassen – wir wollten zur Kathedrale!

Überwältigt standen wir schließlich auf der Plaza de Obradoiro. Vor uns ragte das Gotteshaus in einzigartiger Schönheit in den Himmel. Ich wäre gern noch stehen geblieben, doch wir mussten ja dringend zum Pilgerbüro. Dort reihten wir uns in die Schlange ein, die erfreulicherweise nicht so lang war wie befürchtet. Strahlende Pilger kamen uns mit ihrer Compostela entgegen und wurden von den Wartenden schulterklopfend beglückwünscht. Stolz und glücklich war auch ich, als ich das Dokument – recht nüchtern übrigens – in die Hand gedrückt bekam, in lateinischer Sprache stand darauf: „*Das Kapitel der Apostel- und Metropolitankirche von Compostela, Hüter des Siegels des Altares des seligen Apostels Jakobus, macht – entsprechend seiner Absicht, allen Gläubigen und Pilgern, die aus der ganzen Welt aus frommer Neigung oder zur Erfüllung eines Gelübdes an der Schwelle unseres Apostels, des Patrons und Schutzherren der spanischen Lande, des heiligen Jakobus, zusammenkommen, eine gültige Urkunde zur Bestätigung ihres Besuches auszustellen – hiermit allen und jeden, die in die vorliegende Urkunde Einblick nehmen werden, bekannt, dass Claudia Orth dieses hochehrwürdige Gotteshaus, von Frömmigkeit getrieben, ehrerbietig besucht hat. Zur Beglaubigung dessen überreiche ich ihm/ihr, die vorliegende Urkunde, versehen mit dem Siegel der genannten heiligen Kirche. Gegeben in Compostela, den 6. September 2009.*"*

Nun zog es uns zurück zur Plaza de Obradoiro, wo ein großes, in den Boden eingelassenes Muschelsymbol den Punkt 0 des Jakobsweges anzeigte. Bewegt stand ich davor. Welch ein Gefühl! Insgesamt 33 harte Wandertage hatten wir bewältigt, teilweise voller Schmerzen, Verzweiflung und Hilflosigkeit. Hier vor der Kathedrale durchlebte ich eine wahrhaft emotionale Achterbahnfahrt: von himmelhochjauchzender Glückseligkeit bis hin zu tiefster Traurigkeit. Die Pilgerschaft war zu Ende. Wehmut überkam mich, wie so oft während unserer Reise. Meine Tochter, gerade flügge geworden, war das Risiko eines Hardcoreurlaubs mit ihrer Mutter eingegangen. Doch es hatte funktioniert – und wir würden es wieder machen, zusammen! Welch ein Erlebnis! Gemeinsam viele Wochen zu wandern, oft unter extremen Bedingungen. Welch eine Erfahrung! Ein Land kennenzulernen, indem man es durchläuft. Die Hilfsbereitschaft, Zuvorkommenheit und vor allem die Freundschaft von Pilgern und Einheimischen. Welch ein Wandel! Als Wanderer anzufangen und als Pilger weiterzugehen. Welche Innigkeit! Die Pilgerandachten, die mir so oft die innere Ruhe zurückgaben. Die vielen Kreuze und Blumen am Wegesrand zum Gedenken an verstorbene Pilger, die durch Überanstrengung, Stürze auf den steinigen Wegen oder aus anderen Gründen ums Leben gekommen waren, sie ließen uns so manches Mal innehalten. Der Weg fordert den Pilger, man muss mit seiner ganzen Kraft dahinterstehen. Doch man muss auch auf den Körper hören und nicht ignorieren, was er verlangt, wenn man gesund ankommen will.

Welch ein Frieden ...

„Hör doch, Mama, die Glocken! Wir müssen in die Kathedrale, der Gottesdienst beginnt!" Katharinas Worte drangen zu mir durch. Ja, sie hatte recht. Zusammen betraten wir ehrfurchtsvoll das Gotteshaus. Brechend voll war es, denn neben den Jakobspilgern drängten sich viele andere Besucher in die Kathedrale. Alle Bänke und Stühle waren besetzt – zumeist allerdings mit Touristen, die den anstrengenden Weg bewältigt hatten, mit ihren Handtäschchen die Treppe zur Kathedrale emporzusteigen ... Aber was soll's! Wir hatten insgesamt 800 Kilometer mit schwerem Gepäck zurückgelegt und würden sicher auch diese Stunde ohne Sitzplatz durchstehen. Langsam und andächtig arbeiteten wir uns vor und stellten uns an die Seite, von wo wir alles gut überblicken konnten. Eine Nonne sang mit klarer Stimme ein Lied. Nach und nach entdeckten wir unsere Pilgerfreunde, fast alle waren da: Giovanni und die Schwestern aus Brescia, Jacob aus Chicago, Chris aus Minneapolis, die Koreaner K1 und K2, sogar Andreas und Saskia aus Augsburg, denen wir nur am ersten Tag unserer Reise begegnet waren. Allein die Franzosen aus Lannion, Margit, Oriol und Andreas, der Pfarrer aus Köln, schienen zu fehlen.

Der Gottesdienst begann, viele Geistliche in grünen Talaren betraten den Altarraum. Ich meinte unter ihnen den Pfarrer zu erkennen, den wir im Vorjahr sowie dieses Jahr in Triacastela getroffen hatten. Ich war mir aber nicht sicher und bahnte mir einen Weg nach vorn, um besser sehen zu können. Er war es tatsächlich, und neben ihm stand Andreas – unser katholischer Pilgerfreund. Machtvoll und feierlich erklang nun die Orgel, verstohlen wischte ich mir ein paar Tränen aus den Augen. Stundenlang hätte ich hier stehen und zuhören können! In meinen Gedanken ließ ich den Camino noch einmal Revue passieren – Hunderte von Kilometern, fest darauf vertrauend, dass wir unser Ziel gesund erreichen. Dankbar und stolz genoss ich die Pilgermesse, erfüllt von der Orgelmusik und dem einmaligen Gefühl, hier in Santiago zu sein. Ein kleiner Wermutstropfen war lediglich, dass wir nicht den Botafumeiro sahen, welcher in unregelmäßigen Abständen zum Einsatz kommt: ein 54 Kilo schwerer Weihrauchkessel, der von mehreren Männern auf einer Länge von 65 m im vorderen Kirchenschiff geschwenkt wird.

Nach der Messe gingen wir durch die belebten Straßen, um nach einem Zimmer für die Nacht Ausschau zu halten. Das war aber gar nicht nötig, denn ein älterer Mann sprach uns an und vermittelte uns ein hübsches Zimmer in einer kleinen Wohnung direkt in der Fußgängerzone. Erleichtert nahmen wir es in Beschlag, deponierten unser Gepäck und schlenderten entspannt zurück zur Kathedrale, um uns mit den Pilgerfreunden für den Abend zu verabreden. Anschließend stürzten wir uns ins Getümmel, erkundeten die Altstadt mit ihren verwinkelten Straßen und vielen kleinen Geschäften. Unser Geldbeutel war nun nicht mehr sicher, denn die Kauflust überkam uns. Wir konnten nun alles bis zu unserer Rückkehr nach Deutschland im Pilgerbüro deponieren, denn Katharina und ich wollten ja ab dem nächsten Tag weiterlaufen, 90 Kilometer bis Fisterra am Atlantischen Ozean. Früher nahmen die Pilger den Weg ans Meer noch zusätzlich auf sich, um von dort eine Jakobsmuschel mitbringen zu können.

Doch daran mochte ich jetzt gar nicht denken, freudig und entspannt liefen wir durch die Straßen. Wegen der vielen Touristen und des Trubels konnte man vergessen, dass Santiago das Ziel des Jakobsweges war, doch die kleinen Momente des Wiederfindens, die wir so oft unterwegs erlebt hatten, gab es auch hier. So kreuzte sich unser Weg erneut mit Oriol, von dem sich Katharina nun verabschieden konnte, was ihr wichtig erschien. Später verbrachten wir mit ein paar Freunden einen kurzweiligen, traurig-frohen Abend – hieß es doch nun Abschied nehmen.

Santiago de Compostela → Vilaserio

7. September 2009 | 37 km

Und weiter geht's nach Westen.

Montagmorgen, 6 Uhr. Müde und irgendwie auch ein bisschen erschöpft saß ich am Bettrand. Erst lange nach Mitternacht war es in der Fußgängerzone ruhig geworden. Allerdings währte diese Ruhe nicht lange, denn kurz darauf begannen die Straßenreiniger ihren Dienst: Um 5 Uhr wurden klappernd die Mülltonnen geleert, die anscheinend allesamt direkt vor unserem Fenster standen. Ja, Santiago will sich eben allen Ankommenden als eine saubere Stadt präsentieren!

Nichtsdestotrotz hieß es für uns einmal mehr: Rucksack packen, frühstücken und los – genau wie die Wochen zuvor. Und doch war die Situation eine ganz andere: Wir gingen nicht mehr auf das Ziel zu, sondern entfernten uns mit jedem Schritt davon. Zügig durchliefen wir die menschenleere Fußgängerzone Richtung Plaza de Obradoiro, wo die Kathedrale ihre dunklen Türme in den Morgenhimmel streckte. Unsere Pilgerfreunde schliefen sicher noch tief und fest, sie würden den Tag gemeinsam genießen. Ohne uns ... Es tat mir leid, dass wir Santiago wieder verlassen mussten, doch Fisterra, das Ziel nach dem Ziel, rief. Bald hatten wir die Stadt hinter uns gelassen. Plötzlich schreckte Katharina auf: „Wo sind die Pfeile?" Ja, stimmt, wir hatten schon seit einiger Zeit keine mehr gesehen! Mir war das gar nicht aufgefallen, so tief in Gedanken versunken, wie ich war. Na, das fing ja mal wieder gut an! In diesem Fall war das Verlaufen aber von Vorteil, denn als wir umkehrten, erwartete uns eine atemberaubende Sicht über Santiago: Hinter den Türmen der Kathedrale schob sich eine glutrote Sonne in den Himmel. Berauscht von der Farbenpracht, fanden wir bald wieder die vertrauten Muschelsymbole, deren Strahlen uns nun die Richtung wiesen. In mir kämpfte es. Fisterra – was sollte ich dort? Eigentlich wollte ich auch gar nicht mehr laufen, irgendetwas torpedierte meine Pläne, und mein Kopf sprach zu meinen Beinen: „Warum soll ich Befehl geben zu laufen – wir sind doch am Ziel!" Doch ich ließ mich nicht beirren, schließlich hatten wir beschlossen, abends im 37 Kilometer entfernten Vilaserío zu sein. Also: den Blick tapfer nach vorn gerichtet und nicht zurück, denn nur so war es möglich, die Etappe bei Tageslicht hinter uns zu bringen. Nach einigen Kilometern hatte ich mein Tempo gefunden, wir kamen zügig voran, und ich nahm langsam die Landschaft wieder wahr, die sich wirklich alle Mühe gab, uns den Abschied zu erleichtern. Und unsere Füße wurden durch weiche Sandwege verwöhnt, die durch weite Heidelandschaften führten, in denen sich kleine Ortschaften verstecken. Unbeirrt folgten wir den gelben Pfeilen durch Eukalyptuswälder, Dörfer und Felder, kreuzten mehrere Male eine Landstraße, die ebenfalls nach Vilaserío führte. Zwar hätten wir einige Kilometer gespart, wenn wir darauf gelaufen wären, doch das war ja nun wirklich nicht der Sinn der Sache.

Die Kilometer, der mangelnde Schlaf und die zunehmende Wärme: Müde schleppten wir uns durch einen wildromantischen, von Efeu überwucherten Eichenwald. Katharina keuchte hinter mir her. Wir benötigten dringend eine Pause! In Al Pena gab es zum Glück eine Bar – leider endlose einhundert Meter vom Weg entfernt und dazu noch auf einem Berg. Wir stolperten durch die Tür und fielen entkräftet auf die Stühle, um zu verschnaufen, schlichtweg erschöpft. Da fiel mein Blick auf die Theke – und sofort sammelte sich Wasser in meinem Mund. KitKat! Have a break, have a KitKat … Das Problem war nur, dass einer von uns sich erheben musste. Ein Blick zu Katharina machte meine Hoffnungen zunichte. Mit einem Seufzen rappelte ich mich hoch und wankte zur Bar, wo ich der Wirtin zu verstehen gab, was mein Begehr war. Als ich an den Tisch zurückkehrte, hatte Katharinas Gesichtsfarbe von Tomatenrot wieder in den Normalzustand gewechselt und ihre Atmung sich beruhigt. Heißhungrig verschlangen wir die Riegel.

Noch ganz im süßen Rausch trotteten wir wenig später auf der Straße weiter und verpassten mal wieder einen Pfeil, nämlich dort wo unser Weg von der Landstraße abbog, denn unsere Konzentration war auf ein

Minimum geschrumpft. Die Beine führten ein Eigenleben und taten, was sie wollten. Bis uns der Fehler auffiel, waren wir schon einige Minuten unterwegs. Was nun? Es nützte ja nichts, wir mussten auf den Camino. Also studierten wir die Karte und stellten fest, dass der Jakobsweg parallel zur Straße verlief. Gab es eine Möglichkeit, dorthin zu gelangen, ohne umzukehren? Neben uns lag eine Kuhweide, dahinter schien der Pfad zu sein. Sollten wir es wagen? Oder gab es in dieser Herde vielleicht einen feurigen Jungstier ...? Besonders schnell wären wir mit unseren Rucksäcken ja nicht. Misstrauisch beäugten wir die Tiere, die stoisch zurückglotzten. Egal, alles war besser, als zurückzugehen. Mutig überstiegen wir den Zaun und hasteten über die Weide, dabei mussten wir höllisch aufpassen, um nicht in einem der frischen Kuhfladen auszurutschen. Mit klopfendem Herz erreichten wir schließlich ein Dornengestrüpp, das wir noch durchbrechen mussten, bevor wir leicht zerkratzt wieder auf dem Camino standen – der uns kurz darauf abermals auf die kurvige Landstraße zurückführte. Alles umsonst!

Eiernd bewegten wir uns weiter, immer die kräftesparende Innenkurve nehmend. Autos gab es hier höchst selten, wir hatten das Gefühl, ins Nirgendwo zu gehen. Das änderte sich auch nicht, als wir abends endlich Vilaserío vor uns liegen sahen. Dorf kann man eigentlich nicht sagen, dafür war es zu klein. Wir freuten uns sehr auf die *„einfache Herberge am Ortsausgang"*, wie Katharina aus unserem Pilgerführer vorlas: *„Matratzen auf dem Boden, warme Dusche und Sitzgelegenheiten. Altes Schulgebäude gegenüber eines blau gestrichenen Hauses."* Das würde ja zu finden sein, dachten wir, denn wir hatten schon schwierigere Beschreibungen gemeistert. Und was das „einfach" anbelangte – kein Problem, Matratzen auf dem Boden können schließlich auch bequem sein ... Mittlerweile war es 18 Uhr. Bald erkannten wir auch ein blaues Haus. Gegenüber stand ein altes, graues, unansehnliches Gebäude. Sollte das etwa unsere Herberge sein? Katharina schlug panisch den Reiseführer auf und las wieder und wieder die Beschreibung. Anschließend debattierten wir, ob das Haus auf der linken Straßenseite wirklich blau war oder nicht doch eine andere Farbe aufwies. Vergebens: Zwischen hoch aufschießendem Unkraut und zwei verrosteten Schaukeln, die ein trostloses Dasein neben einem wohl ehemals roten Klettergerüst fristeten, von dessen Nutzung ich dringend abraten würde, entdeckten wir ein Schild: Albergue. Vorsichtig betraten wir das Schulgebäude. Eigentlich sollten wir ja langsam wissen, dass die Beschreibung „einfach" in unserem Führer auch wirklich genau das bedeutete. Dünne blaue Turnmatten, einige Wolldecken, drei Stühle, ein Tisch. Wir reservierten uns mit den Schlafsäcken zwei Matratzen und gingen auf die Suche nach der Dusche. Ich fand sie im Obergeschoss: ein winziger Raum, Duschwanne ohne Abtrennung, Wasserschlauch mit glücklicherweise warmem Wasser, aber ohne Duschkopf. Die dick aufgequollene Tür versuchte ich erst gar nicht zu schließen, sonst bestand sicher Gefahr, diese nie mehr öffnen zu können. Während ich duschte, gurgelte das Wasser in den Siphon und plätscherte lustig aus dem Abflussrohr draußen auf die Erde …

Hungrig trotteten wir schließlich zurück zu der Häusergruppe, überraschenderweise gab es dort sogar eine Bar, in der wir etwas zu essen bekamen. Selbiges blieb uns aber im Hals stecken, als ein Mann zur Toilette ging, neben deren Eingang wir saßen, die Tür offen ließ und geräuschvoll pinkelte. Augenblicklich waren wir satt und verließen diesen ungastlichen Ort, um zurück in unser „Hotel" zu schleichen. Dabei hatten wir eigentlich geplant, so lange wie möglich zu bleiben, um die Rückkehr in die Herberge aufzuschieben … Mit hereinbrechender Dunkelheit waren weitere Pilger eingetrudelt, die in Negreira – 23 Kilometer hinter Santiago und somit die einzige Herberge vor Vilaserío – kein Bett mehr bekommen hatten und aus dem Grund bis hierher hatten weitergehen müssen. Matratzen gab es inzwischen keine mehr, der Platz war eng, doch für Isomatten reichte es.

Vilaserío → Olveiroa

8. September 2009 | 21 km

Eigentlich wollte ich sie schlafen lassen.

Ich war froh, als die kurze Nacht auf der harten Matratze vorüber war und Katharina mir um 5:30 Uhr das Zeichen zum Aufstehen gab. Um die anderen Pilger nicht zu wecken, stellten wir unsere Sachen in den Hausflur und machten uns dort reisefertig. Während ich meinen sperrigen Rucksack aufzog, flüsterte Katharina mir etwas zu, worauf ich den Finger auf die Lippen legte und leise antwortete: „Pst, gleich – draußen, wir wecken sonst die anderen!" Die armen Pilger, die noch im tiefen, wohlverdienten Schlaf lagen, hatten das Pech, dass wir an diesem Morgen früh starten wollten, denn als ich mich zur Tür drehte, streifte die außen an meinem Rucksack angebrachte Isomatte das Fahrrad eines Pilgers, das im Flur abgestellt war. Mit lautem Geschepper fiel es um und riss dabei gleich alle anderen Fahrräder mit sich … Dass immer ich diejenige sein musste, die die anderen weckte!

Eine klare Nacht umfing uns, als wir, der Landstraße folgend, aus Vilaserío hinausstiefelten, aufs Frühstück hatten wir mangels Möglichkeiten verzichtet, weshalb wir es noch im Rucksack spazieren trugen. Auch schien es uns geraten, das Etablissement nach meiner Fahrradattacke schnellstmöglich zu verlassen, bevor die anderen Pilger aufstanden und ihren Ärger kundtun konnten ... Durch das Licht des Vollmondes konnten wir die Straße gut erkennen. Stille umgab uns, nur der Ruf eines Käuzchens war zu hören. Die Luft war mild, für September eigentlich sehr mild, doch der nahe Herbst schickte seine Vorboten in Form von dichtem Nebel, der in den Tälern und Mulden waberte und ab und an von Scheinwerfern entgegenkommender Autos durchbohrt wurde. Mäuse raschelten im hohen Gras neben der Straße. Die Melodie des beginnenden Morgens begleitete uns. Wieder einmal überkam mich große Zufriedenheit, so früh durch die Stille laufen zu können. Die erwachende Natur mit all ihren Geräuschen, das am Osthimmel langsam zunehmende Licht, all das gab dem Moment etwas Erhabenes. Es war wie ein Geschenk. Genau als das wollte ich die Pilgerwanderung annehmen, als Geschenk von etwas ganz Besonderem.

Das Ziel zog uns zwar nicht mehr so kräftig voran wie vor Santiago, doch ich war auch sehr neugierig auf Fisterra. Inzwischen machten weder Füße noch Knie irgendwelche Schwierigkeiten, sogar das Gewicht des Rucksacks merkten wir gar nicht mehr. Eigentlich hätte ich noch viel weiter laufen können. Erschöpfung oder Müdigkeit spürte ich nicht, im Gegenteil, ich hatte das Gefühl, mit jedem Kilometer, mit jedem neuen Tag mehr Kraft und Ausdauer zu bekommen, wie ich es vor unserer Wanderung niemals geahnt hätte. Nach dem vorherigen langen Wandertag war ich zwar müde, aber die Nacht, wenn sie auch sehr unbequem war, hatte meinen Energiespeicher wieder aufgeladen. Mittlerweile stand die Sonne hoch am Himmel, als wir auf dem Monte de Aro innehielten, um das Panorama zu genießen: Kiefernwälder wechselten sich ab mit Flächen voll lilafarbener Heide und gelbem Stechginster. Hecken umgrenzten Wiesen und Weiden. Die Hügel waren übersät mit großen bizarren Felsblöcken. Der Nebel hatte Schwierigkeiten, aus den Tälern emporzusteigen. Wir unterhielten uns wieder über Fisterra, das Kap und den Leuchtturm, das Ziel nach dem Ziel. Wie stellten wir uns die Ankunft vor? Würden wir auch dort noch einmal das Gefühl der Gemeinsamkeit mit vielen fremden und hoffentlich auch uns bekannten Pilgern erleben?

Noch lagen aber etwa 50 Kilometer vor uns. Guter Dinge marschierten wir bergauf und bergab durch die grüne Landschaft des nordwestlichen Spaniens, über der sich der blaue Himmel wölbte. Irgendwo hinter der Hügelkette musste das Meer sein, dachte ich. Dort wollten wir am nächsten Tag ankommen. Wie haben sich wohl die Pilger in früheren Zeiten gefühlt, als sie dem Ziel so nah waren? Die Strapazen in einer Zeit, als der Weg noch nicht mit gelben Pfeilen oder Muschelsymbolen gekennzeichnet war, als man nicht wusste, wo man das nächste frische

Wasser oder ein Dach über den Kopf bekam, sind unvorstellbar. Hinzu kam die Angst vor Wegelagerern, die die Pilger ausraubten oder gar töteten. Wir haben es heute doch ziemlich bequem mit unseren Wandersandalen und Trekkingschuhen, der leichten Wanderkleidung und den Regencapes, die sich nicht mit Wasser vollsaugen. Wir wissen, dass es immer möglich ist, mit dem Handy Hilfe zu holen, und können das Gefühl der früheren Pilger allenfalls erahnen.

Obwohl wir am Morgen nichts gefrühstückt hatten, waren wir nicht hungrig. Unternehmungslustig stiefelten wir immer weiter nach Westen, Richtung Fisterra. Lange waren wir nun schon zusammen unterwegs, und trotzdem wurde es nie langweilig. Wir sprachen über Gott und die Welt, bestaunten die Naturschönheiten, sinnierten und diskutierten über dies und das und bemerkten nicht, wie die Stunden verrannen. Mittlerweile war es Mittag, und wir hatten noch immer nichts gegessen. Vergeblich hielten wir Ausschau nach einer Möglichkeit zum Rasten. Schon am Anfang unserer Pilgerschaft war mir aufgefallen, dass nur selten Bänke am Wegesrand standen, was mich doch sehr verwunderte. Auf anderen Wanderrouten gibt es immer wieder Möglichkeiten zum Verweilen. Aber ist der Jakobsweg überhaupt eine Wanderroute? Nein, es ist ein Pilgerweg und soll es auch bleiben. Dafür setzt man sich doch gern mal an den Wegesrand.

Zwei Kilometer vor unserem Tagesziel überquerten wir den kleinen Fluss Xallas und kamen nach Ponte Olveiroa, wo wir unter einer großen Kastanie Rast machen konnten. Andere Pilger wanderten an uns vorbei und grüßten mit *Buen Camino*. Wehmütig gingen meine Gedanken zurück zu unserer ersten Etappe im Vorjahr, als wir in Puente la Reina an der alten Pilgerbrücke gefrühstückt hatten. Wie viele Kilometer lagen dazwischen? Das müsste ich nachrechnen, aber die Erfahrungen, die wir seitdem gemacht hatten, kann man nicht addieren, sondern sich dafür nur bedanken. Ich erzählte Katharina von meinen Gedanken, worauf sich ihr Blick in der Ferne verlor ...

Wenig später erreichten wir die Herberge in Olveiroa, zu der mehrere rustikale Granithäuser eines alten Bauernhofes gehörten. Mintfarbene Fenster und Türen gaben den Gebäuden ein gemütliches Aussehen. „Wir sind bestimmt die ersten Pilger, die heute hier ankommen", sagte Katharina. Da ging die Tür auf, und heraus kam Helen aus Schottland, 65 Jahre, Pilgerin, wie sie sich gleich vorstellte, mit einer Schüssel Waldorfsalat in der Hand, von dem sie uns gleich anbot. Sie sei nur mit kleinem Rucksack unterwegs, erzählte sie, da ihr Wanderrucksack bei der Anreise auf einem anderen Flughafen gelandet sei und sie sich das Nötigste neu kaufen musste. In einem der Häuser reservierten wir zwei Betten mit unseren Rucksäcken, in einem anderen befand sich eine gut eingerichtete Küche mit einer geräumigen Sitzecke und einer großen Feuerstelle. Gleich bekamen wir Hunger. Also machten Katharina und ich uns auf die Suche nach einem Laden. Das Dorf war aber so klein, dass die Suche erfolglos blieb, doch wurden auf einem Bauernhof frische Paprika angeboten. Ohne lange zu überlegen, kauften wir uns welche für den nächsten Tag. Wir brauchten aber nicht hungrig ins Bett zu gehen, denn im Dorf gab es mehrere Bars, in denen man mit vorzüglichem Essen versorgt wurde.

Nach und nach trudelten Pilger ein, unter ihnen auch einige Bekannte. Mit einem jungen Paar aus Deutschland, Christian und Wiebke, verstanden wir uns auf Anhieb sehr gut. Am späten Abend war die Herberge richtig voll, viel mehr Leute wollten dort übernachten, als Betten vorhanden waren. Doch das war für die nette Hospitalera überhaupt kein Problem: Sie erlaubte das Übernachten auf Isomatten im Nebenraum der Küche, im Fahrradschuppen, der Rezeption, auf dem Dachboden und überall sonst, wo die Pilger Platz fanden.

Olveiroa → Corcubión

9. September 2009 | 23 km

Und dann kam der Atlantik in Sicht.

Das vorletzte Mal rüttelte Katharina mich wach. Wir waren nicht die Ersten, die sich früh auf den Weg machen wollten, denn es rumorte in den Bädern und im Treppenhaus. Aus der Küche erscholl das Sprachengewirr verschiedenster Nationalitäten, die sich aufgekratzt unterhielten. Für viele war dies der letzte Wandertag, da sie am Nachmittag das Ziel erreichen würden. Wir beide wollten hingegen nur 23 Kilometer bis Corcubión gehen, um dort noch einmal zu übernachten, denn Katharina wünschte sich, vormittags in Fisterra anzukommen, um es in Ruhe genießen zu können. So saßen wir beim Frühstück inmitten vieler Pilger an dem großen Küchentisch, was ganz ungewohnt war. Anschließend verließen wir die Herberge. Um 6:30 Uhr waren wir ganz allein auf den heimelig beleuchteten Gassen des gepflegten Dorfes unterwegs, um direkt am Ortsende auf einen Feldweg abzubiegen, in tiefe Dunkelheit. Zum Glück hatten wir die Wegbeschreibung noch einmal gut durchgelesen, denn sonst wäre uns die Abzweigung gar nicht aufgefallen. Ein kalter, strammer Wind fegte über die Landschaft, welche ab und zu vom Vollmond beleuchtet wurde, wenn er eine Lücke in der Wolkendecke fand. – Moment mal, Vollmond? Die dritte Nacht hintereinander? Ungläubig starrte ich nach oben. Nein, er flachte am oberen Rand ab, sodass er aussah, als wäre er auf den Rücken gekullert.

Es hätte mich schon interessiert, wie diese Landschaft bei Tageslicht aussah. Die Stirnlampe beleuchtete nur den Weg unmittelbar vor uns, der direkt auf ein rot blinkendes Ungetüm von Windrad zuführte, das sich vor uns aufbaute. Es wirkte unheimlich. Was wohl passieren würde, wenn es durch den starken Wind umfiele ...? Schnell verbannte ich diesen Gedanken aus meinem Kopf. Nach etwa einer Stunde lag Hospital de Logoso in der Morgendämmerung vor uns, direkt daneben eine bedrückend aussehende Fabrik: Große, schwarze Schornsteine stachen wie riesige Finger in den Himmel, und dicker Qualm quoll empor. Die Fabrik gab sicherlich vielen Einwohnern Arbeit, doch das Leben in diesem kleinen Dorf mochte ich mir nicht vorstellen. Diese Trostlosigkeit! Katharina fiel sofort die amerikanische Tragikomödie „Edward mit den Scherenhänden" ein.

Nachdem wir den nächsten Hügel überquert hatten, erblickten wir eine Bar, an der wir nicht vorbeikamen, Kaffeeduft schlug uns durch die geöffnete Tür entgegen. Kurz darauf traten Wiebke und Christian ein und setzten sich zu uns. Sie erzählten, dass sie zuerst nach Fisterra wandern und danach mit dem Bus nach Muxía fahren wollten, einem nördlich gelegenen Wallfahrtsort. Bald darauf verabschiedeten wir uns mit einem *Buen Camino*, denn wir wollten zeitig in Corcubión sein. Der Weg führte uns nun auf Sandwegen durch einsame Heidelandschaften. Andere Pilger entdeckten wir nicht, obwohl am Morgen doch einige kurz nach uns aufgebrochen waren. Durch den starken Wind begleitete uns lautstarker Flügelschlag der vielen Windräder auf den umliegenden Höhenzügen. Wir erklommen eine Hochebene, wo der Wind Sturmstärke erreichte. Wir mussten uns mühen, auf den Beinen zu bleiben.

Und dann sahen wir ihn vor uns: den Atlantik. Wehmütig verharrte ich bei diesem Anblick, denn er bedeutete, dass dieses einmalige Erlebnis des Pilgerns nun bald zu Ende war. Der Wind zerrte an meiner Kleidung und holte mich in die Wirklichkeit zurück. Über steile Serpentinen gelangten wir in den Ort Cee an der Küste, wo wir für unser Abendessen einkauften. Im Pilgerführer stand, dass es in Corcubión keine Einkaufsmöglichkeiten gäbe. Da wir großen Hunger hatten, kauften wir dementsprechend ein. Neben Obst fanden auch Tomaten, Wurst und natürlich Getränke ihren Weg in den Einkaufskorb. Katharina packte ihre Tüte in den Rucksack, und ich behielt meine in der Hand, es war ja nicht mehr weit. Als wir uns wieder auf den Weg machten, starrte ich ungläubig auf die vielen Pilger, die wir nun trafen – nach der stundenlangen einsamen Wanderung am Vormittag ein ungewohntes Bild. Wollten da etwa auch einige in die Miniherberge von Corcubión? Dann wäre die sehr schnell voll. Ich teilte Katharina meine Befürchtung mit, sie schüttelte aber nur den Kopf und seufzte angesichts meiner Panik. Mittlerweile brannte die Sonne wieder auf uns herab. Hinter Cee erwartete uns ein langer, steiler Anstieg auf einer Schotterpiste, den ich, wie eine alte Dampflok schnaufend, möglichst rasch hinter mich zu bringen versuchte. „Katharina, beeil dich! Wir kriegen sonst kein Bett mehr!" Allerletzte Kraftreserven mobilisierend, hetzte sie, aufgeputscht durch Adrenalin, den Anstieg hoch und überholte tatsächlich noch die Pilger, welche vor uns liefen. Was tat man nicht alles der Mutter zuliebe! Total erschöpft und mit hochrotem Kopf erreichte sie die Kuppe und verschnaufte am Eingang der Herberge. Als auch ich mich endlich hochgequält hatte, war es 13 Uhr. Wir stellten unsere Rucksäcke vor die Tür — es waren die einzigen! — und erblickten einen großen Zettel: Die Herberge öffnete erst um 17 Uhr. Wir verbrachten die Wartezeit mit Kartenspielen und trotzten dem heftigen Wind. Währenddessen zogen unsere „Verfolger" an uns vorbei, alle wollten weiter nach Fisterra ...

Später trudelten noch Chris, Helen, Christian und Wiebke sowie einige weitere Pilger ein, doch fünf der 14 Betten blieben frei. Als die Herbergseltern kamen, wurde in der Küche gekocht und gebraten. Es roch verführerisch nach Knoblauch und Zimt. Neugierig setzten wir uns an den Tisch, denn die Hospitaleras luden uns zum Essen ein. Es gab Reissalat mit Hühnchen und verschiedenen Gemusesorten. Zum Nachtisch wurden wir mit knusprigen Torrijas verwöhnt, bei denen ich mehrmals zulangte. Die Einkäufe hatten wir somit umsonst hierher geschleppt. Nach einem geselligen Abend verschwanden wir mit gemischten Gefühlen im Schlafraum, denn es war die letzte Übernachtung auf dem Weg. Durch das Fenster konnten wir unser Ziel des nächsten Tages sehen: das kleine Fischerdorf Fisterra und weiter im Westen den Leuchtturm von Finisterra. Lange standen Katharina und ich dort und betrachteten das sich drehende Licht in der Dunkelheit.

Corcubión → Finisterra

10. September 2009 | 10 km

Wir sind am Atlantik angekommen, am Ende der Welt. Doch uns fehlt etwas: das Pilgern.

Am Morgen saßen alle beim Frühstück zusammen. Eile hatte keiner mehr, denn die restlichen zehn Kilometer nach Fisterra würden ohnehin viel zu schnell vergehen. Außerdem wurde hier niemand ohne Frühstück entlassen, und das gab es erst ab 8 Uhr, abermals getoastetes Brot mit Marmelade, dazu aber Kakao und Kaffee. Vorfreude war in den Gesichtern zu lesen, Neugier, aber auch eine große Portion Wehmut. Als wir uns schließlich auf den Weg machten, war ich einerseits berauscht davon, dass wir beide es geschafft hatten und das letzte Stück des Pilgerweges vor uns lag, andererseits sehr traurig, dass die Reise nun zu Ende ging. Zehn Kilometer – das war nichts. Verglichen mit den anderen Tagesetappen war es sogar lächerlich, aber weiter als bis zum Kap Finisterra – lat. finis terrae = Ende der Erde – konnte man ja nicht laufen.

Um mich abzulenken, richtete ich meine Aufmerksamkeit auf die anderen Pilger um uns herum. Irgendwie gelang es mir sogar, einen leichten Plauderton anzuschlagen. Katharina und ich schmunzelten über Helen und José, einen Spanier, der ebenfalls in der Herberge übernachtet hatte. Sie sprach kein Wort Spanisch, er kein Englisch. Trotzdem unterhielten sich die beiden prächtig den ganzen Weg über bis zum Meer. Katharina schritt ohne erkennbare Emotionen neben mir her – ja, sie wirkte auf mich munter und ausgeglichen, während ich noch immer von den unterschiedlichsten Gefühlen hin und her geschmissen wurde, was ich aber für mich behielt, denn ich wollte ihr nicht schon wieder mit meiner Sentimentalität kommen. – Oder ging es Katharina tief innen ebenso, und sie hatte sich nur besser im Griff? Wenn sie Ähnliches spürte wie ich, dann versteckte sie es jedenfalls gut. Das war nicht auszuschließen ... In mir kreisten weiterhin die Gedanken, Gefühle, Ahnungen. Den Weg spürte ich nicht.

211

Und dann erreichten wir das Meer. Katharina und ich betraten den Strand und blickten übers Wasser auf die Halbinsel, wo Fisterra zu sehen war. Der Rucksack drückte, der Stock behinderte uns. Wir legten beides beiseite und genossen es.

Eine leichte Brise kam von Westen übers Meer und trocknete meine Tränen, ich wollte sie weder aufhalten noch abwischen. Einmal mehr kamen mir die Worte der deutschen Herbergsmutter aus Pamplona in den Sinn: „Ihr werdet euch noch wundern, was ihr alles erleben werdet!“ Ja, wir hatten viel erlebt. Die Pilgerherbergen, ob einfach oder komfortabel, sie alle verband etwas: Sie waren Kommunikationszentren, Begegnungsstätten, worauf man als Pilger nicht verzichten möchte. Sie waren Teil des Caminos, ein sehr wichtiger Teil. Und wenn jeder etwas Rücksicht nahm, war es auch kein Problem, in großen Schlafräumen Ruhe zu finden, denn alle hatten ihren Schlaf bitter nötig. Die große Hilfsbereitschaft und Freundlichkeit der Spanier und der Mitpilger hatten mich wirklich überrascht, vor allem die der zahlreichen jüngeren.

Wir alle haben etwas gemeinsam: Wir sind gestartet, um ein persönliches Ziel zu erreichen und um zu uns selbst zu finden. Ich selbst habe gelernt, mein Schubladendenken zu hinterfragen. In Zukunft wollte ich mir stets einen zweiten Blick gönnen, bevor ich jemanden vorschnell verurteilte. Das Gehen schärft den Blick für das Wichtige, der Pilgerweg schafft Abstand zum Alltag. Pilger gönnen sich den Luxus, zu genießen, auf die Uhr zu verzichten, ganz bei sich selbst zu sein. Die Zeit ist unwichtig, alles Äußere ist unwichtig. Pilger lassen sich vielmehr durch ihr Gefühl leiten. Natürlich – wie weit man sich von all dem vereinnahmen lässt, ist jedem selbst überlassen. Aber viele Jakobspilger lässt der Weg nicht mehr los, und sie kehren zurück. Auch Katharina und ich? Ja, vielleicht. Ich hoffe es.

Schließlich schulterten wir ein letztes Mal unsere Rucksäcke, um über den langgezogenen Sandstrand zu schlendern, Fisterra entgegen. Dabei suchten wir den Boden ab. Gab es hier denn überhaupt keine Jakobsmuscheln mehr? Wir wollten schon aufgeben, als sie plötzlich in allen Größen vor uns verstreut lagen. So suchten wir uns ein paar besonders schöne aus und steckten sie ein – als Andenken an eine wunderschöne Zeit, wie die Pilger Jahrhunderte vor uns. Fast drei Stunden benötigten wir für die letzten zwei Kilometer Weg, denn wir genossen dieses Stück, suchten und fanden immer wieder Muscheln – und waren unendlich stolz und erleichtert.

In der Gemeindeherberge von Fisterra, in der man nur eine Nacht bleiben konnte, bekamen wir Betten und auch die „Fisterrana", die Urkunde, dass wir die letzten 90 Kilometer zu Fuß zurückgelegt hatten, belegt durch die Stempel in unseren Ausweisen. Später zog es uns zurück zum

Strand. Dort sahen wir ankommenden Pilgern zu, denen man anmerkte, dass es ihnen genauso erging wie uns Stunden zuvor. Natürlich wollten wir auch den Sonnenuntergang am Kap Finisterra erleben, seit Jahrhunderten ein Ritual der „Finalisten". Bepackt mit einer Flasche Sahnelikör, unserem „Lieblingssekt", und zwei Gläsern, in einem Lebensmittelgeschäft neben unserer Herberge gekauft, liefen wir die letzten drei Kilometer bergauf zum Kap, zusammen mit zahlreichen anderen, mit und ohne Rucksack, mit Wohnmobil oder Auto – und doch allein. Wir waren am Punkt 0 unserer Pilgerreise angekommen. Reich beschenkt mit Erfahrung und Erlebnissen würden wir nun wieder nach Hause zurückkehren. Schmerzen und Strapazen waren vergessen. Zurück blieb die Faszination, die Einmaligkeit des Weges, eine Erinnerung, die uns niemals jemand nehmen kann.

Am Leuchtturm setzten wir uns auf die Felsen und warteten auf den Sonnenuntergang. Ein leichter Wind wehte vom Meer zu uns herüber. Es war warm und trotz der vielen Menschen um uns herum ziemlich ruhig. Alle hatten den Weg hier abgeschlossen, ihren Weg, ihren ganz eigenen Camino. Ein buntes Durcheinander der Emotionen spiegelte sich in den Gesichtern wider, einige strahlten, andere schauten nachdenklich, Tränen flossen, Tränen der Erleichterung, Tränen der Rührung oder Tränen des Abschieds, denn nun hieß es Ade sagen. Es sind viele Freundschaften zwischen Pilgern entstanden, die in den unterschiedlichsten Städten, Ländern, ja Kontinenten wohnten. Auch wir hatten so viele liebe Menschen kennengelernt und ins Herz geschlossen, fast alle haben wir hier oder in Santiago wiedergetroffen. Nur wenige fehlten, ihnen galten jetzt unsere Gedanken, vor allem Margit aus Österreich, die wir nach Villafranca aus den Augen verloren hatten, weil sie etwas langsamer unterwegs war, und die Franzosen aus Lannion.

Mitten in einer großen Gruppe saßen wir auf den sonnenwarmen Felsen und genossen das Naturschauspiel, wie die Sonne langsam am Horizont verschwand, während das Meer golden aufleuchtete. Plötzlich ein Lachen. Katharina drehte sich um, das Lachen kannte sie. *„Margit?"* Ungläubig standen wir auf. „Margit! Bist du es wirklich?" Ja, sie war es. Nach einer herzlichen Umarmung erzählte sie, dass sie soeben mit dem Bus aus Santiago angekommen war. Lange noch saßen wir zusammen und verbrannten später gemeinsam mit anderen, einem alten Pilgerritual folgend, zerschlissene Kleidung direkt unterhalb des Leuchtturms.

Stunden später machten wir uns auf den Rückweg und liefen das erste Mal seit Wochen wieder Richtung Osten. Aufgewühlt und unruhig mochten wir allerdings nicht ins Bett – an Schlafen war gar nicht zu denken! So gingen wir noch in eine Bar am Strand und erst spät, sehr spät zurück zur Herberge. Wer aber dachte, nun sei der Moment für etwas Ruhe und Schlaf gekommen, der irrte …

Früh am nächsten Morgen stiefelten wir in der Dunkelheit mitsamt unseren Sachen schon wieder in Richtung Kap. Durch die engen Straßen des Ortes zog der Duft frischgebackenen Brotes. Ein netter Spanier zeigte uns den Weg zur Backstube, wo wir uns mit warmem Brot versorgten. Es war noch immer dunkel, als wir am Kap ankamen und uns auf die Felsen setzten. Wiebke, die dort oben geschlafen hatte, gesellte sich zu uns. Der Leuchtturm schickte sein Licht übers Meer. Fischerboote mit Netzen zogen ihre Kreise auf dem ruhigen Wasser. Bald zeigte sich auf der anderen Seite der Bucht ein Schimmer über den Bergen Galiciens. Wir warteten. 8:30 Uhr. Ein wunderschöner Sonnenaufgang verzauberte die Landschaft. Lange genossen wir die Ruhe und Entspannung.

Den Pilgerweg abschließen.

Ausruhen.

Den Morgen beginnen.

Dem Licht des Leuchtturms zusehen.

Auf den Tag warten.

Anspannung gehen lassen.

Ruhig werden.

Den Fischerbooten in der Bucht zusehen.

Meine Hände auf den Felsen legen.

Durchatmen.

Die Sonne beobachten,

die hinter den Bergen Galiciens emporsteigt.

Die Augen schließen.

Das Gesicht der wärmenden Sonne entgegenhalten.

Der Natur zuhören.

Ich sein.

Loslassen. Träumen.

Freunde wiedersehen.

Mit ihnen zusammen schweigen.

Zu mir kommen.

Bereit sein für die Zukunft.

Lächeln.

Den neuen Tag beginnen.

Später kehrten wir nach Fisterra zurück und suchten nach einer Übernachtungsmöglichkeit, da wir noch eine Nacht bleiben wollten. Auf Empfehlung weiterer Pilger suchten wir eine Herberge am Ortsrand auf. Gedämpfte Gitarrenmusik aus versteckten Lautsprechern begrüßte uns, sobald wir über die Schwelle traten. Die Hospitalera war noch im Gespräch mit anderen Pilgern in der Küche, weshalb wir die Unterkunft in Augenschein nahmen. In dem Raum, aus dem die Musik erklang, lagen Teppiche und Sitzkissen, falls man den Wunsch verspürte, eine spirituelle Verbindung mit wem auch immer einzugehen. Ich zog eine Augenbraue hoch und schaute zu meiner Tochter. Wie immer, keine sichtbare Reaktion.

Die Rezeption in der Garage war zugepflastert mit unzähligen Fotos und Stickern. Das Einzige, was fehlte, war ein Selfie mit dem Dalai Lama. Angesichts dessen stieß ich aus: „Oh Gott, was ist das denn für eine Burg!" Just in dem Moment sagte hinter mir jemand: „Guten Tag ...?" Die Herbergsmutter, eine ehemalige Pilgerin aus Südtirol, wie sich herausstellte, hatte inzwischen ihr Gespräch beendet und wollte uns aufnehmen. Ein Seitenblick zu Katharina – sie war vor Pein tomatenrot angelaufen. Da sie gerade zu nichts mehr zu gebrauchen war, klärte ich die Formalien. Anschließend machten wir eine Ortsbesichtigung und waren einmal mehr ernüchtert: vom Schmutz auf den Straßen, den allgegenwärtigen leeren Flaschen und alten Zeitungen, den Baustellen, auf denen wahrscheinlich seit Monaten keiner mehr gearbeitet hatte.

Ein letztes Mal wollten wir noch hoch zum Kap, um uns einen Stempel für den Pilgerausweis zu holen. Weit vor uns auf der kurvigen Straße, die sich an der Landzunge bergauf schlängelte, kamen uns Pilger mit großen Rucksäcken entgegen. Wir trotteten langsam bergan und hingen unseren Gedanken nach. Ich blickte auf und stutzte. Im selben Moment sagte Katharina: „Das glaube ich nicht, das sind Denise und Jean-Paul!" Ein breites Grinsen überzog deren Gesicht, als sie uns erkannten, ein kräftiges Umarmen folgte. Dass wir die beiden noch einmal trafen, hatte ich nicht für möglich gehalten. Tatsächlich waren wir ihnen immer nur wenige Kilometer voraus gewesen. Sogleich tauschten wir E-Mail-Adressen aus, denn ich hatte vor, sie während unseres nächsten Frankreichurlaubs zu besuchen. Nach einer herzlichen Verabschiedung ging jeder seines Weges.

Viele Tagestouristen waren am Kap, Pilger sahen wir weniger, sie würden frühestens am Mittag oder Abend hier ankommen. Als wir mit dem Stempel im Ausweis wieder zurück in Fisterra waren, sprach uns jemand an: „Hallo ihr zwei! Seid ihr auch gerade angekommen?" Erstaunt schaute ich die junge Frau an. Zwei steile Falten erschienen auf ihrer Stirn, als auch Katharina sie fragend anblickte. „Erkennt ihr mich nicht? Ich bin Susanne aus Würzburg!" „Oh ja, natürlich, aber wo ist Carina?", wollte ich sogleich wissen. Bedauernd teilte sie uns mit, dass sie seit Ponferrada allein gegangen sei, da Carina den Weg abgebrochen hätte ...

Mit dem Bus fuhren wir am nächsten Vormittag zurück nach Santiago, wo wir noch zwei Tage blieben und die Zeit nutzten, um die Stadt zu besichtigen und uns treiben zu lassen. Natürlich folgten wir der Tradition und umarmten die Statue des Heiligen Jakobus in der Kathedrale. An unserem letzten Nachmittag saßen wir auf dem Plaza de Obradoiro und schauten den Pilgern zu, die teils vor Freude laut rufend, teils weinend oder einfach nur ganz still ihr Ziel erreichten.

~ ~ ~

Der Jakobsweg ist wie das Leben selbst. Man geht seinen Weg, und manchmal kreuzt sich dieser mit dem Weg anderer Personen. Sie begleiten einen über kurze oder lange Strecken und verschwinden wieder.

Danke!

Wir bedanken uns bei den vielen Herbergseltern, die uns eine saubere Unterkunft in ihren Häusern boten, häufig mit herzlicher und persönlicher Atmosphäre. Dies sei entgegen einiger anders lautender Berichte betont.

Liebe Christina, wir danken dir für deine vielen guten Ideen zur Gestaltung des Buches und des Covers!

2010. Ich sitze gerade am Computer und schreibe an einige unserer Pilgerfreunde, mit denen wir Kontakt gehalten haben, als Katharina mich aus Erlangen anruft. „Mama, du glaubst nicht, wen ich heute bei Facebook entdeckt habe! Margaret und Daniel. Sie sind verheiratet und haben ein Kind. Ich weiß nur noch nicht, ob sie in Australien leben oder in Cambridge ...“

Esta Llave te abrirá los caminos de la suerte, la salud y la abundancia.